"十三五"普通高等教育应用型规划教材·市场营销

推销原理与实务

（第2版）

郑锐洪　李玉峰　编著

PRINCIPLE AND APPLICATION OF SELLING

中国人民大学出版社

·北京·

前言

FORWARD

有人认为，推销既是一门科学也是一门艺术，同时还是一种实践性很强的销售技术。推销作为一门科学，在西方已经发展了几十年，有一套完整的、系统的理论和方法。推销作为一门艺术，特别是人际交往的艺术，存在很多微妙之处值得琢磨领会。而推销作为一种销售技术，需要经过长期探索，反复实践，才能达到熟练运用的境界。可以说，随着市场经济的深入发展，推销行为已经渗透到我们生活的方方面面，影响着我们每个人、每个家庭乃至每个企业的前途。虽然有人认为推销只是“市场营销冰山的一角”，但就我国目前的市场实际而言，推销对于大多数企业来说仍然不可或缺。

从职业角度，推销首先是一个行业，目前在我国仍然是一个富有诱惑力的热门的行业。推销行业意味着丰厚的回报，意味着有机会快速实现“第一桶金”的梦想，为创业和追求更大的事业发展奠定基础，事实上，世界上很多企业家都是从推销起家的，比如王永庆、迈克尔·戴尔等。其次，推销也是一种工作，一种刺激且具有挑战性的工作，这种工作要求业务人员具有较高综合素质，能够巧妙地融知识、勇气、意志和智慧于一身，对于具有强烈企图心和勇于挑战的年轻人非常具有吸引力。

纵观目前国内图书市场，已经有不少关于推销方面的书籍。有的是比较宏观的注重理论体系完整性的教材，但缺少实践操作性的内容；有的是比较微观的操作性的销售技能培训读物，却缺乏理论的提升；有的是国外翻译过来的推销管理教材，文字生硬，内容不切合中国实际。总之，教师感觉不好用，学生感觉不好学。本书力图将推销及销售管理原理与我国市场的操作实际结合起来，希望给读者奉上一本既有一定理论铺垫，又有系统的操作策略和方法，适合应用型院校人才培养的好学好用的好教材，也可作为企业销售人员的参考读物和销售培训教材。本书作者具有多年推销及企业销售管理实战经验，为本书的编写质量及实用性提供了有力的保障。

从内容上讲，推销有人员推销、电话推销、网络推销等形式，其中人员推销最根本和最有代表性；推销对象包括有形商品的推销和无形服务的推销，推销技术在有形商品领域更易展现。本书立足人员推销视角，更多针对有形商品的推销行为构建理论和策略体系。再者，推销工作的核心技能其实是人际沟通与交往。特别在现代互联网、大数据、移动终端甚至人工智能大背景下，业务人员可以借助更多的现代媒体和社交平台实现对目标顾客的信息传递、交流与产品推销，但本质上还是离不开人与人的互动，只不过是借助现代媒介与工具达成人际交往与销售目标而已。因此，本书始终围绕“推销的核心工作在于人际交往”这一思想，在内容结构安排上体现推销工作过程的实践逻辑，全书共分11章，从基本概念、理论到推销素质、技能准备，再到推销工作的几大关键环节，最后是推销服务与管理，内容循序渐进逐步提升，适合大学本科经济、管理类相关专业教学。本书的内容特色主要体现在以下几个方面：

1. 理论可读性

本书在编写过程中尽量避免使用晦涩的语言和冗长的语句表达含混的思想，力求用流畅的文字表达深邃的思想，用简洁明了的语言准确传达推销的策略与方法要领，同时增加部分前沿创新主题，以增强教材的可读性。

2. 体系完整性

本书以推销的工作过程为导向，全书共11章的内容体现了“树立现代推销理念—进行推销前的素质准备—掌握推销过程的步骤、策略与方法—推销售后服务与管理”的逻辑关系，紧密结合企业推销工作的实际，以便于读者学以致用。

3. 案例本土化

推销工作具有很强的本土化特征，因此，本书在编写过程中大多采用本国企业的案例、新近的案例、发生在我们身边的案例，有的甚至是作者亲身经历的案例，尽量少使用国外案例，以增强案例的关联性、适用性和说服力。

4. 方法实用性

本书在注重推销工作的实践逻辑的基础上，加强了推销实际操作策略与方法的讨论，替换或补充了不少案例，以体现教材实践性、应用性特征。其中不少策略与方法都是作者多年营销实践的经验总结，具有很强的可操作性和实用价值。

本书由天津工业大学经济与管理学院郑锐洪、上海海洋大学经济管理学院李玉峰联合编撰与修订。其中第1～4章、第9～11章由郑锐洪负责，第5～8章由李玉峰负责，全书由郑锐洪负责统稿。此外，来自业界的肖月红总经理、黄崇铭总经理、蔡涛总经理、范庭敏总经理、黄越人总经理等提供了部分案例资料。

本书修订过程中得到上海市教育委员会第五批应用型本科专业（上海海洋大学物流管理）建设项目支持，得到天津工业大学一流学科（纺织科学与工程）建设项目支持，还得到了我国营销界知名学者、中国人民大学商学院郭国庆教授的关怀和指导，得到了作者所在单位领导和同事们的大力支持，在此致以诚挚的谢意！书中参考借鉴了不少国内同行的案例素材、统计数据、翻译资料以及其他研究成果，在此一并表示衷心的感谢。最后想说的是，虽然作者在编撰过程中付出了十分的努力，但由于个人的能力所限，错漏和不足在所难免，诚恳希望同行、专家、读者批评和指正。

目录
CONTENTS

第1章

推销概述

本章要点

- 了解推销的基本概念的内涵
- 辨析推销、销售与营销的关系
- 分析推销的实质及推销工作的特点
- 讨论推销的商业伦理原则

引　例

王永庆的推销心经

当初16岁的王永庆在台湾嘉义靠卖大米为生。由于米铺多竞争激烈，王永庆在偏僻小巷中的铺面，一开始门庭冷清。为了在市场上立足，王永庆琢磨着要在提高米的质量和服务质量的细节上下功夫。

首先，王永庆从挑米开始自己的努力。经过细致挑拣的大米，因为没有沙子、小石子和杂物而提高了档次，受到顾客的青睐。其次，王永庆开始为顾客提供送米上门服务。对于习惯了自己买米扛回家和一些体弱、工作忙的顾客来说，这样的便民服务无疑又让小王得到了很多好评和认可。再次，送货上门的同时开展问卷调查工作。当时尚无问卷调查之说，但是从王永庆询问记录顾客米缸的大小、家庭人数、大人小孩的比例、大米的消耗等数据来看，他做的就是问卷调查的事情。在收集到资料后，顾客会发现，每当他们的米快要吃完的时候，这个小王就会把米送到自家门口，让顾客总是心里热乎乎的。最后，负责把米倒进米缸。这原本是个很简单的举动，但是，就在这个简单的举动中，王永庆又一次用细心和职业的素养把顾客感动了。他在把新米倒进米缸前，一定是将旧米倒出，擦干净米缸，然后倒进新米，再把旧米放在上面。这一举动是对顾客的体贴，也赢得了顾客的心。

思考：你从王永庆卖大米的方法中得到了什么样的经营启示？

1.1 推销的概念内涵

界定推销

1. 话说推销

说起“推销”（selling）大家并不陌生。推销是人们所熟悉的一种社会行为，它是伴随着商品交换的产生而产生，伴随着商品交换的发展而发展的，它已经融入我们的生活并成为生活中不可或缺的内容。推销作为现代企业经营活动的一个重要环节，渗透在人们的日常生活之中。可以说，随着市场经济的深入开展，推销行为时时刻刻、无处不在地存在于我们的生活中，影响着我们每个人、每个家庭、每个企业乃至国家的前途。

仔细想来，我们或者在推销我们的产品和服务，或者在推销我们的思想、知识或解决方案，或者就是在推销我们自己，每一个人每一分钟都没有停息。无论你干什么都需要自我展示，也都是一种自我推销。从街市上沿街叫卖的小贩，到街头五彩缤纷的路牌广告，再到各种宣传媒介的商品信息；从婴儿对母亲的微笑，朋友之间的互相招呼，到下属对上司的工作汇报，其实都是一种社会推销行为。从广义来理解，不同职业的人也都是不同行业的推销员，如作家推销其作品，医生推销其医术，教师推销其专业知识，政治家推销其政见等。所以，推销不仅是一种企业销售行为，而且是一种社会交往行为。

人在社会当中的所有交往行为都可以视为一种推销行为。一个人要取得成功，就要不断地取得别人的理解、好感、信任和支持，就要赢得友谊、爱情以及事业上的合作伙伴，实际上就是不断推销自己。实践经验告诉我们，推销是一种生存能力，也是一种社会本领，自我推销能力的大小深深影响着一个人一生的成败。因此，想要拥有成功的事业和人生，不妨使自己成为一个成功的推销专家，推销产品的同时顺便推销自己。

2. 推销的概念界定

目前，国内外关于“推销”的定义或说法有180多种。其中世界著名的欧洲推销专家海因兹·戈德曼认为：推销就是要使顾客深信，他购买你的产品是会得到某些好处的。日本的“推销之神”原一平认为：推销就是热情，就是战斗，就是勤奋地去工作，去追求。澳大利亚推销专家则认为：推销是说服人们，对推销人员所宣传的产品、服务或观念，理解、认同并愿意购买。其核心是发现和说服，也就是要发现人们的需要和欲望，并说服他们采用推销的产品或服务，以满足其需要。我国的一些权威人士则认为，推销是指推销人员在一定的推销环境里，运用各种推销技术和推销手段，说服一定的推销对象，同时也达到推销人员自身特定目的的活动。

推销可以从广义的推销和狭义的推销两个方面来理解。本书主要从狭义的推销，即直接的、面对面的人员推销的角度，来阐释现代推销学的过程和行动内容。

广义的推销是指推销的主动发起者采用一定的技巧，传递有关信息，刺激推销对象，使其接受并实施推销内容的活动与过程。推销是一种说服、暗示，也是一种沟通、促进，从这个角度讲，当今社会生活中处处充满推销，每个人都在进行着推销活动。

狭义的推销是一种上门的或者面对面的人员推销行为，是指推销人员通过与顾客直接接触，运用一定的推销方法和手段，将自己的产品或服务信息传递给顾客，并促使其购买的销售行为和过程。换言之，通常意义的推销就是运用一切可能的方法和手段把产品或服务提供给顾客，并促使其接受或购买的过程。因此，狭义的推销是以企业或推销员为推销主体，以产品或服务为推销内容，以目标市场的购买者为推销对象的。

3. 对推销的认识误区

由于在改革开放初期，很多身无特殊专长的人在谋职无门的情况下去做了推销员，因此，社会对推销工作以及从事推销工作的推销人员产生了低看一等的认识，认为推销是一件很容易的事情，只要是一个正常的人就能做，只要会与人打交道、勤快就可以将推销工作做好，认为推销不是一个值得尊敬的职业。有的人认为好产品自然会畅销，推销属于无谓的投入，是浪费钱。还有很多人把推销与沿街叫卖、上门兜售联系在一起，并且认为推销人员都是唯利是图、不择手段的，推销是不道德的行为，以推销为职业的人只会花言巧语，都是不可靠的，由此贬低推销。这种误解对推销人员的形象及推销的发展影响最大。怪不得大多数推销员，当亲友问起工作时含糊其词，不能以推销为荣，这是行业的一种悲哀，主要缘于社会对现代推销工作和推销人员的误解。

对于推销，社会上存在种种误解：

（1）推销就是“高明的骗术”；

（2）推销就是“耍嘴皮子、吹牛”；

（3）推销就是“说服、诱导顾客”；

（4）推销就是“迫使顾客掏钱”；

（5）推销就是“拉关系，搞回扣”；

（6）推销就是“骗钱，赚取暴利”；

…………

把推销描绘成一种骗人的把戏，一种见不得人的行为这些错误的认识，阻碍了人们对于推销学以及推销活动过程的探讨和研究。

对于推销工作，社会上也存在种种不同的看法：

（1）推销一般是那些文化水平低、没有什么本事的人干的职业；

（2）干推销赚不了什么大钱，还可能随时被公司解雇；

（3）推销就是欺骗顾客，让顾客购买他不需要的产品或服务；

（4）酒香不怕巷子深，好的产品或服务是不需要推销的；

（5）推销的产品或服务一定是有什么问题的；

（6）推销属于低知识含量的夕阳行业，很快会被淘汰；

…………

这些似是而非的认识不知阻挡了多少渴望进入推销行列的年轻人的脚步，把推销看成一种不负责任的销售行为也影响到企业优秀推销队伍的建立。

其实，推销为交换提供了一种机制，通过这个机制和过程，顾客的需要得到了满足，企业也得到了发展。推销是一种神圣的工作，是具有很强挑战性的工作，虽然也是比较艰苦的行业，却是能够成就大事业和实现自我价值的工作。世界上很多大企业的老板或首席执行官（CEO）都是从干推销起步的，华人富豪王永庆早年就是靠推销起家的。据权威部门统计，世界上90%以上的巨富是从推销员干起的。推销是充满挑战、充满发展空间的朝阳行业，推销很需要责任感，报酬丰厚。正确认识推销是投入推销行业、掌握推销技巧、提高推销技能的前提。

4. 推销的实质

综上所述，推销既是一门科学和艺术，同时还是一种销售技术。作为一门科学，在西方已经发展了几十年，有一套完整、系统的理论和方法，是人们推销实践经验的结晶。这些有益的知识和经验可以通过学习间接得到。推销作为一门艺术，有很多微妙之处需要领会，懂得灵活运用推销的方法和技巧，才能游刃有余。而推销作为一种销售技术，需要长期积累，反复地演练、摸索、实践，才能达到熟练运用的境界，推销的独特之处在于它是去满足每个顾客的具体需求。我们可从以下几个方面全面理解“推销”这一销售行为的实质，以帮助我们正确理解“推销”和搞好“推销工作”。

（1）推销是一个具有挑战性的行业。

从“推销”本身的字面含义分析，推销就是通过“推”的方式，把自己的产品或服务“销”出去的过程，这是一个运动变化的过程，也是一个艰难复杂的过程，“销”是该运动过程的目的和结果。从表面看来，推销是一件很平常的事情、一件很简单的事情，但事实上，改革开放以来，随着市场经济的深入发展，我国市场上产品出现过剩，市场竞争日渐加剧，企业之间通过推销占领市场成为必然的选择，推销竞争白热化。所以，推销工作对于当代企业的生存和发展来说，是一件极其重要的事情。

同时，推销成为一个热门的行业，有数百万人专门从事各种产品的推销工作，形成一支浩浩荡荡的推销大军。但推销员之间的推销竞争也日益激烈，推销行业成为既有吸引力又很有挑战性的行业。从事产品的推销工作，有可能帮助一个刚起步的年轻人改善经济状况，构建事业发展的基础，实现自身的价值，但不是谁都可以做好推销工作的，它需要很高的综合素质和能力，特别是不怕苦、不怕累，积极上进，勇于创新的精神。

（2）推销活动是一个系统的交换过程。

推销过程包括寻找顾客、接近顾客、推销洽谈、处理顾客问题、促成交易、交易反馈等环节，各环节相互制约、相互影响，最后形成交易。推销过程是人们感情、能量、信息、物质、货币等经济社会要素不断进行交换和交易的系统过程。推销活动的要素包括推销主体（推销人员）、推销对象（顾客、用户等）和推销客体（产品、服务、观念等）。这三个要素在整个推销过程中相互依存、相互关联、相互作用，实现了能量和信息的交换，实现了商品使用价值和价值的转换。

（3）推销的实质是满足顾客的需求。

市场经济是消费者主权经济，生产者、经营者的经营活动能否成功，关键取决于其提供的产品和服务是否符合消费者的需求。市场营销的基本原理告诉我们，一切商业活动必须以更好地满足消费者的需要为出发点，而推销活动也不例外，也必须以满足消费者的需求为中心，不能违背消费者意愿，不能搞强制推销，更不能坑蒙拐骗，同时还要考虑消费者需求的现实性，即消费者是否急需，是否有能力购买。所以推销人员在进行推销活动时，应该做到：

1）寻找对产品使用价值有急切需求的顾客，并由此确定推销目标和计划。产品的使用价值是促使顾客购买的首要因素，寻找有急切需求的顾客是推销人员的重要任务。

2）通过推销满足顾客的主要需求。顾客的需求总是多种多样，而其中有极少数需求是主要的，所推销产品的主要特点只有与顾客的主要需求相吻合才可能取得成功。

3）通过推销满足顾客的潜在需求。已经存在并已被顾客认识的需求是推销机会，但还没有被顾客认识的潜在需求更是推销的契机，推销工作要求具有前瞻性。成功的推销人员要善于发现顾客的潜在需求，通过说服、刺激与引导促成购买。

（4）推销的核心内容是说服顾客。

很多专业推销人员虽然从事推销工作多年，但绩效并不理想，其中一个很重要的原因就是注重了前期的情感投入，但抓不住推销的核心工作——说服顾客。推销技巧看似多种多样，但只要我们抓住说服顾客的要领，就可能成功。因为说服顾客接受并购买特定的产品或服务并不是一件容易的事，要做到令对方心悦诚服、自觉自愿就更加困难，这就需要把推销的重点放在说服环节上。

推销工作的核心就是说服，说服力的强弱是衡量推销人员素质、水平的重要标准。怎样才能更有说服力？这不仅需要推销人员具备专业的知识、良好的口才，更重要的是要掌握说服别人的原则和技巧，要抓住对方切身利益展开说服工作，使顾客相信所推销的产品是顾客所需要的，由此产生认同感、信任感，这样才能达到推销效果。说服的过程是一个艺术的过程，不但要消除顾客对产品的顾虑，更要增进顾客对推销品的认同、信任，还要激发顾客对产品的购买欲望。不但要让顾客清楚产品的功能价值和附加价值，与顾客拉近感情上的距离，还要达成心灵的沟通与理念的共识，这样才能促使顾客作出购买决策。

（5）推销既是商品交换与服务顾客的过程，又是信息反馈的过程。

推销首要的功能是实现商品交换与服务顾客，表现为商品买卖、商务沟通、售后服务、客户关系的管理过程。通过推销活动，实现企业（产品）、顾客与推销员三者之间的价值交换，这也是社会分工的必然结果。企业通过推销活动实现产品功能价值，获得经营利润；顾客通过推销活动获得自己需要的产品，获得使用价值；推销员通过推销活动实现自己的人生价值，获得薪酬或佣金，这是推销工作的动力所在。

小知识 一个人适合从事推销工作的重要条件

同时，推销活动又是信息沟通与信息反馈的重要过程。一方面，推销工作需要将行业、企业、产品的相关信息传递给顾客，通过信息的传播、接收、加工、反馈、存储、处理等环节，实现推销员与顾客的双向信息互动，加强顾客的有效认知，以促进销售；另一方面，推销工作也需要从顾客、行业甚至竞争对手那里反馈信息给企业，了解顾客需求变化及市场竞争状况，以便企业进行新产品开发和市场策略的决策。

推销工作的类型与特点

推销是一种富有吸引力和挑战性的工作，容易获得高回报或收入，也可能是一种非常自由和轻松的工作。因为每一个人的情况不同，对推销工作会有不同的感受和认识。按照推销大师原一平的说法："销售（推销）是一项报酬率非常高的艰难工作，也是一项报酬率最低的轻松工作。所有的决定均取决于自己，一切操之在我。我可以是一个高收入的辛勤工作者，也可以成为一个收入最低的轻松工作者。销售就是热情，就是战斗，就是勤奋工作，就是忍耐，就是执着的追求，就是时间的魔鬼，就是勇气。"可见，推销并不是一项简单的工作，它需要推销人员巧妙地融知识、天赋和才干于一身。

1. 推销工作的类型

（1）交易型推销。

交易型推销（transactional selling）是指有效地针对价格敏感型顾客的需要进行销售的一种推销过程。买卖双方只对交易的产品及其功能和价格感兴趣，交易结束推销活动即结束，没有售后服务和客户关系管理内容。

价格敏感型顾客主要对产品价格和便利性感兴趣，他们对自己的需要有充分的认识，并且可能已经了解他们想要购买的产品或服务的大量信息。基于交易的顾客倾向于关注低廉的价格，所以交易型推销大多采用低成本的推销策略。低成本交易推销战略包括电话推销、直邮和互联网推销等。这种推销方法通常为那些认为不需要花费太多时间来评估顾客需要、解决问题、构建关系或售后跟踪的营销人员所采用。

（2）顾问型推销。

顾问型推销（consultative selling）强调推销员要了解把握顾客的实际需求，充当顾客的购买顾问，为顾客提供产品购买的解决方案。顾问型推销出现于 20 世纪 60 年代末 70 年代初，是市场营销观念在推销领域的应用和延伸。

这种推销方式强调通过推销人员和顾客之间的有效沟通来识别需要，帮助顾客解决合理购买问题，因此非常符合现代顾客的购买心理需求。推销人员通过适当地询问和仔细地倾听顾客的意见，建立起双向沟通渠道。推销人员扮演顾问的角色并提供深思熟虑的推荐意见，以帮助顾客形成解决方案。推销人员要为长期伙伴关系奠定基础，要站在顾客的角度考虑，商谈代替了操纵，赢得了顾客信任。因此，采用顾问型推销方式的推销人员要掌握倾听、识别顾客需求和提供一个或多个解决方案的关键能力。

在企业营销实践中，那些具有市场营销观念的生产、服务、零售和批发公司都已经采用或者正在采用顾问型推销实践并取得成效。顾问型推销方式的主要特点包括：

1）顾客被视为服务的对象，而不仅仅是推销产品的对象。顾问型推销人员认为他们的职责就是给顾客以充分的咨询与指引，帮助顾客作出明智的决定。所以，顾问型推销人员首先得是一个信息专家或产品行家，还要是一个热心者。顾问型推销一般采用四步骤推销流程，包括发现需要、选择解决方案、需要—满足和推销服务（如图1-1所示）。

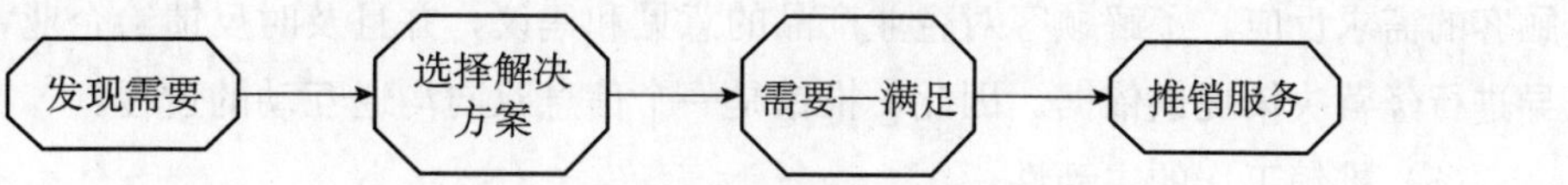

图1-1　顾问型推销流程示意图

2）顾问型推销人员不像早期的小贩那样采用高压的推销陈述对顾客进行强力推销，相反，他们在拜访之前先进行调研，在推销拜访过程中进行询问，尽可能多地了解顾客的需要和感知，通过双向沟通确认顾客的需要，尊重顾客并帮助顾客作出正确决策。

3）顾问型推销强调提供专业信息、技术咨询和双向沟通，而不是操纵。这种方法使推销人员和购买者建立起更加信任的关系。推销人员通过帮助购买者在掌握充分信息的情况下作出更明智的购买决策，为产品推销过程增加价值。

4）顾问型推销强调售后服务。在越来越多的现代交易活动中，顾客在接受推销之后产生了更高的服务期望，推销后的服务增加了推销的价值，这种个性化的售后服务可能包括信用安排、产品的配送和安装、服务保证以及对顾客投诉的妥善处理等，由此推销员与顾客的平等、互利、沟通的客户关系得到了加强，更加有利于公司业务的进一步开展。

所以，顾问型推销是适应现代消费需求的高层次的推销方式，是现代营销理念在推销领域的具体应用。顾问型推销是一个复杂的寻找解决方案的过程，是一个持续进取的过程，它对推销人员的意识、知识和能力都有很高要求。顾问型推销应该是现代企业的推销追求，成为顾问型推销人员应该是现代推销人员的发展目标。

例1-1　小方的“热情”

2. 推销工作的特点

无论是人员推销，还是利用媒体推销，在推销过程中都要掌握推销活动的特点，灵活运用多种推销策略和技巧，才可能有效提高推销效率。推销作为一种直接的销售行为，表现出如下主要特征。

（1）推销目标的指向性。

推销是对特定对象的销售行为，是企业在特定的市场环境中为特定的产品寻找买主并实现交易的商业活动，它首先必须确定目标顾客或潜在顾客，然后再有针对性地向目标对象传递产品及企业信息，进而说服其购买。因此，与销售的泛对象不同，推销总是有特定工作对象的。任何一位推销员的任何一次推销活动，都具有这种目标的指向性。推销不可能是漫无目的的，没有特定对象的推销不太容易取得成功。

（2）推销过程的互动性。

推销是推销员与顾客之间关于产品及其价值的信息交流与价值交换。换句话说，推销不是一个推销员向顾客单向传递信息的过程，而是信息传递与反馈的双向沟通过程。推销员一方面向顾客提供有关产品、企业及售后服务等方面的信息，另一方面必须了解顾客的需求反应，了解顾客对企业产品的意见和建议，并且及时反馈给企业，为企业领导进行经营决策提供依据。因此，推销是一个信息双向沟通互动的过程。

（3）推销工作的主动性。

推销是一项开创性的工作，需要不断地开发客户资源，主动和顾客接触，因此，对于推销员的主动性、进取心有较高的要求。推销是用最短的时间、最合适的方式让客户了解产品并采取购买行动的行为过程。这项工作本身需要主动性和开拓精神，需要艰苦努力，不断进取。

（4）推销工作的服务性。

在推销行业有这么一句话，推销就是要创造推销人员与顾客面对面接触的机会，以达到把高质量的产品或周到完善的服务介绍给顾客的目的。推销需要售后服务，推销本身也是一种服务，属于现代服务业范畴，现在的顾客不仅是买产品，也是在买服务。所以说，成功的推销是对顾客的最好的服务。

（5）推销活动的互利性。

现代推销活动是一种互利互惠的双赢行为，企业不仅需要将产品推销出去以获取利润，满足顾客需求，更重要的是使所推销的产品或服务让顾客满意。成功的推销需要买与卖双方都有利可图，企业通过推销活动实现产品价值，获得盈利，顾客通过推销活动获得物超所值的商品使用价值，获得需求的满足，其结果是“双赢”。只有这样，企业的生意才可能持续发展，任何只顾单方面利益的推销行为都是没有生命力的。

（6）推销手段的说服性。

推销活动中推销的是产品，但使用者是顾客，所以，推销的中心是人而不是物。说服是推销的重要手段，也是推销活动的核心工作。为了争取顾客的信任，使顾客接受企业的产品，并且采取购买行动，推销人员必须将产品的特点和优点耐心地向顾客展示、介绍，影响并促使顾客接受推销人员的观念、产品或服务。一句话，说服是讲究艺术的。

（7）推销方法的灵活性。

虽然推销对象具有特定性，但顾客的偏好和个性心理特征千差万别，推销环境与顾客需求都是千变万化的，其他不确定性影响因素也多种多样。所以，推销没有固定模式，推销活动必须适应推销环境的这种变化，具体问题具体分析，因地制宜、灵活机动地运用推销的原理和技巧，恰当地调整推销的策略和方法。可以说，采取因地制宜、灵活机动的战略战术是推销活动的一个重要特征。

小知识

专业推销的十大成功因素

(1) 倾听能力；

(2) 跟进能力；

(3) 因时制宜地改变销售模式的能力；

(4) 对任务的执着精神；

(5) 组织技能；

(6) 口头沟通能力；

(7) 与组织中不同等级人员交流的能力；

(8) 克服障碍的示范能力；

(9) 成交能力；

(10) 个人规划和时间管理能力；

资料来源：乔布，兰开斯特．推销与销售管理：第7版．北京：中国人民大学出版社，2007.

(8) 推销工作的挑战性。

推销工作给大家一种易于赚钱和成就事业的感觉，有很大的想象空间，是一种有很强的吸引力的工作，同时，推销工作对推销人员的素质与能力也有较高的要求，不是什么人都适合做推销。成功的推销员除了具有基本的专业知识、文化素质和社会沟通交往能力外，特别要具有非凡的自信心、吃苦耐劳的精神、面对挫折的勇气与强烈的成功欲望。另外，完成推销目标任务的压力、推销竞争环境存在的压力也决定了推销工作的挑战性。

1.2　推销、销售与营销

有人说营销就是推销。的确，营销离不开推销，但是仅靠推销，树立不起一流的品牌，仅靠推销也实现不了营销的目标。那么，营销和推销究竟是一种什么样的关系，营销和销售之间又是怎么回事，这是经常困扰营销人员的一个重要问题。其实，推销与营销或者销售的概念无论从内涵还是外延上讲都不完全相同。推销是销售的基础，销售又是营销的一个重要构成部分，推销与销售、营销之间密切联系，其外延有逐次扩大的趋势（如图1-2所示）。前面的推销与销售工作做好了，有利于企业整体营销的开展；企业营销工作做得越有成效，后面的销售和推销工作的压力也就越小。所以要在战略上藐视推销，战术上重视推销。

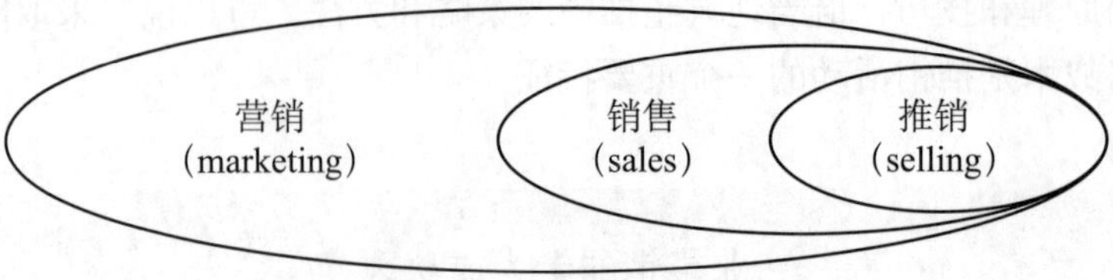

图 1-2　推销、销售与营销的关系

推销与营销

很多人将推销与营销混为一谈，把营销等同于推销。其实，现代企业的市场营销活动包括市场调研、产品推销、目标市场选择、市场定位、产品开发、定价、分销、促销、品牌建设、营销策划、销售管理、客户关系管理等一系列丰富的活动内容，推销仅仅是市场营销活动的一小部分，而且是最基础的部分。而市场营销的精神是企业通过使用一定的营销策略与方法（“营”的过程）比竞争对手更有效地销售产品（“销”的结果），其中“营”的过程显得更加重要，而“销”只是顺带的结果，所以，市场营销的含义比推销更广泛、更丰富，层次更高，要求也更高。按照菲利普·科特勒的说法，推销不是市场营销的最重要部分，推销只是“市场营销冰山”的一角。但话说回来，营销的目的还是“销”，“营”只是手段。企业只有将产品卖出去并把货款收回来才是硬道理。换句话说，作为营销的一种职能，推销在现代经济生活中仍然有它的位置。

早期的市场营销与推销几乎是同义语。如第二次世界大战前的英文词典将 marketing 释义为“推销”或“销售”，以致迄今国内外仍存在营销即推销的误解。事实上，推销是企业营销人员的工作职能之一，但不一定是最重要的职能。这是因为，如果企业的营销人员做好了市场研究工作，了解了消费者的需求，并根据消费者的需求来设计和生产适销对路的产品，同时进行合理的定价，搞好渠道分销、终端促销等营销工作，那么产品的销售或推销就是轻而易举的事情。正因为如此，管理大师彼得·德鲁克提出的“市场营销的目标是使推销成为多余”只是一个美好的愿望，事实上，推销不可或缺。

市场营销与推销存在原则上的区别。市场营销属于顾客导向或市场导向，特别重视顾客的需求和市场竞争的需要，主要考虑如何更好地满足顾客需求，如根据顾客的需要设计产品和进行产品创新；根据顾客的需要定价，使顾客愿意接受和能够购买；根据顾客的需要确定分销渠道，以方便顾客购买；同时根据顾客的需要进行促销，及时传播产品信息并与消费者充分沟通。而传统的推销，主要指面对面的或一对一的直接的人员推销，属于企业导向或产品导向性质，还是站在企业自己的立场考虑问题，重视的是卖方的需要，以销售现有的产品、实现企业盈利为主要目标，不顾消费者的需求和感受。

推销与营销的主要关系特征体现在以下三个方面。

（1）推销只是市场营销的基础职能。

推销仅仅是营销过程中的一个基础步骤或者一项基本活动，在整个营销活动中并不是最主要的部分。当企业面临的销售压力很大时，很多人都会把推销放在非常重要的地位。但是，如果企业通过周密的市场调研、科学的市场细分、有针对性的目标市场选择，按照顾客的要求组织设计产品，按照顾客能接受的价格水平来定价，按照顾客购买的便利性来构建分销渠道，推销就不会显得那么重要了。从整体市场营销的视角来看，推销只是其中的一个基础性的环节，在营销中并未处于太重要的位置。

(2) 推销是市场营销冰山的一角。

推销的目的就是要尽可能多地实现公司产品的销售，营销的目的大抵也是如此，只是营销追求的是比竞争对手更有效地满足市场需求、实现产品销售，所以，两者的落脚点是一样的。如果把营销形象地比作一座冰山，推销就是冰山露出水面的一角。由此可见，推销只是营销活动中的一部分内容，而且是要依赖营销这座“冰山”才可能有保障，否则推销的目标就实现不了。因此，必须踏踏实实地做好营销的每一项工作，才能帮助实现推销目标。当然，营销的目的也是销售，两者是紧密联系的。

(3) 营销的最终目标是使推销成为多余。

管理大师德鲁克提出：“市场营销的目标是使推销成为多余”，也就是说，如果能够重视营销工作，科学地做好营销管理工作，就可以使我们的推销压力变得越来越小。不过，目前情况下，推销作为营销的基础环节有其存在的必要和可能，原因就在于营销作为一种操作技术，其基础就是产品的推销，还因为营销的目的就是销售，处于营销过程末端的推销不可能没有压力。当然，从战略的角度看，推销不是最重要的，前面的营销工作越有成效，后面的推销压力就越小。因此，要重视营销工作的整体性和协调性，提高企业的整体营销水平，最终的目标是“使推销成为多余”，这是一种境界。

可见，市场营销的出发点是市场（需求），传统推销的出发点是企业（产品）；市场营销以满足消费者的需求为核心，传统推销以销售企业的产品为核心；市场营销采取的是整体营销的手段，传统推销更侧重个体推销的技巧。现代推销观念把推销看作营销组合的一个重要环节，也是市场营销不可缺少的基础而重要的内容。

推销与销售

也有人将推销与销售混同。其实，严格来讲，销售与推销是有分别的。因为销售包含批发、零售、代理、分销、促销、人员推销等诸多形式和内容，而推销只是销售的一种方式而已。可见，销售比推销范围更广，内容更丰富。

但在现实生活中，由于推销、销售的实质是一样的，目的都是将产品卖出去，把货款收回来，所以，在日常业务用语中，将推销与销售混同使用，不作严格的区分，大家心知肚明，书中也会出现推销与销售两个概念交替使用的情况。正因为有上述概念混同使用的情况，但实际上概念间又有分别，所以在此对推销与销售相关概念进行辨析。

1. 推销（selling）与销售（sales）

推销主要指的是狭义的推销，是指推销人员通过与顾客直接接触，运用一定的推销方法和手段，将自己的产品或服务信息传递给顾客，并促使其购买的销售行为和过程。selling 是动名词，表现一个主观动作；sales 是名词，表明一个客观事实。推销大多是指一种上门的或者面对面的人员推销行为，推销的主体主要是个人。而销售是企业将自己的产品或服务卖给顾客，实现产品价值和企业盈利的经营行为。销售的主体可能是个人（销售人员），也可能是企业组织；销售的方式可以是直接的（直销），也可以是间接的（分销），可以是面对面的，也可能是通过中间商或者网络等其他媒介的。可见，销售的方式、内涵及范围都比推销大，推销只是一种销售的方式，但推销大多是指人员推销，其主观能动性的特点更为显著。

2. 推销（selling）与分销（distribution）

推销大多是指人员推销，这种推销关系是直接的，属于一级渠道关系；而分销主要是指通过中间分销机构（经销商、代理商、零售商、中介、经纪人等）实现销售的企业经营行为，属于间接销售，体现出多层次的渠道关系特征。当然，推销人员与分销渠道中的中间商的接触，也是推销工作的一部分。中间商既是生产企业分销的对象，也是推销员推销的对象，对机团[①]或组织的销售属于推销的范畴。一句话，推销是单层次的，分销是多层次的。

3. 推销（selling）与促销（promotion）

促销，顾名思义就是促进产品销售的意思。促销的主要手段和方式包括人员推销、广告、公共关系、营业推广，其中人员推销是促销的一个重要组成部分。广告也是一种促销手段，这个观点经常为一些非专业人士所不理解。而推销的主要工具和方法在于“推”，推销主要指的是人员推销，这与促销形成了方式上的差别。虽然目前已经出现了利用电话、网络媒介的推销行为，但推销的主观人员特征还没有实质性的改变。

1.3 推销的商业伦理原则

销售行业的道德失范

在日常的销售活动中，受到过度营销风气的影响，过度推销的现象非常严重。比如过分夸大产品的功能，过度使用广告轰炸，在信息不对称的前提下容易对顾客产生诱导甚至误导，有的推销假冒伪劣产品，有的涉嫌价格欺诈，有的虚假促销，有的空头承诺，总之，不道德的推销行为对于顾客来讲是不公平的，轻则直接损害消费者利益，重则殃及整个社会的利益，违反整个社会的伦理道德准则，也不利于经济秩序的健康发展。具体来讲，现代销售行为的道德失范大体表现在如下几个方面。

---

① 机团是企业内部对机关团体客户的俗称。

1. 产品假冒伪劣现象严重

市场中的假冒伪劣产品很常见。比如许多企业看到人们追求名牌的心理，纷纷炮制名牌，如仿制“梦特娇”“鳄鱼”“金利来”“花花公子”等，有的生产致命的假酒和假药、使人毁容的劣质化妆品、使农民颗粒无收的假种子。假冒伪劣产品已经渗透到了各行各业，包括衣、食、住、行等各个方面，深深损害了人们的消费利益，害人害己。这些事件向人们敲响了警钟，必须重视质量建设，把质量提到议事日程上。

2. 价格欺诈与价格陷阱

有些企业打着价格低廉的幌子，让消费者上当受骗。比如“1 元购机”“跳楼价”“震撼价”“清仓转行最后三天”“大甩卖”“全市最低价”等，大多是价格陷阱。由此，价格投诉成为一个热点问题，其中以电信、教育、医疗、交通、住房、药品等方面的价格欺诈及投诉最为突出。一些公用事业单位利用自身的垄断地位多收费、乱收费，甚至收费不提供收据现象时有发生。商场里名目繁多的打折、优惠、买赠等，暴露出价格中的大量水分。不知这些价格水分何时才能“蒸发”，还消费者以公平。

例 1-2

中秋来临，某时尚百货推出中秋送大礼终端促销方案，其核心是“买 100 送 100”优惠活动。商场将“买 100 送 100”字样印在宽大的横幅上，悬挂于店门上方，吸引了不少过往行人的注意，不少人认为这是一个享受优惠购物的机会。小张周末也和她老公匆匆赶去该店购物，在商场门口拿到促销单仔细阅读。促销方式是这样的：促销时间为 9 月 15 日至 10 月 31 日，凡促销期间在本店购物享受“买 100 送 100”优惠，即买 100 元商品赠送价值 100 元优惠卡一张，多买多送，优惠卡在下次购买时抵现金，购足 200 元才能使用一张优惠卡，10 月 31 日前有效。小张暗自高兴，直接到以前经常去的某品牌时装专卖柜，准备把上次看中的那套 300 元的时装买下，以了结自己的心愿。到了一看，小张傻眼了，那套原来 300 元的时装现在标价 600 元！小张知道商场“买 100 送 100”的门道了！羊毛出在羊身上，原来可以只花 300 元，现在却要花更多的钱。小张最后什么也没买，悻悻而归。

问题：商场“买 100 送 100”优惠背后的真正目的是什么？

3. 虚假促销与虚假广告

为了提升销量，有的企业搞虚假促销，夸大产品性能、功效，有意提供不完整信息，隐瞒产品或服务缺陷信息，甚至做虚假的特价、减价广告，做不文明广告，传播不健康文化，有的刊登有偿新闻，故意贬低竞争对手等。如欧典地板的广告宣传，可谓做得有板有眼、有模有样，虚假宣称“源自德国，著名品牌地板”，借洋品牌误导消费者，而且大部分产品都没有标注生产厂家和地址，侵害了消费者的权益。又如一些广告随意夸大功效，使用绝对化语言，进行伪科学的表述，利用科技、环保概念进行商业炒作，假借患者、专家、医疗机构名义作证明，玩猫腻，甚至不具备资质的企业也敢做广告。再如有些药品、保健品企业随意夸大产品功效，包治百病，药到病除，甚至有企业吹自己的药能治愈艾滋病。

4. 售后服务虚假承诺

许多企业在产品销售过程中，对消费者百般热情，笑脸相迎，承诺实行“三包”，保证产品质量，并且可以在15日内无条件退换货等。但当购买的产品出了问题寻求处理时，卖方的态度就一落千丈，或者采用拖延战术，或者干脆翻脸不认账，这种现象非常普遍。服务营销、售后服务是企业营销竞争的利器，只有完善售后服务，提供给消费者更多的附加价值，才能让消费者满意，才能赢得顾客。这个道理大家都懂，但很多企业的售后服务只是一个说辞，很难落到实处，到顾客真正退换货时，不少企业推托和回避，最终不了了之。

例1-3

一天下午，李佳正和朋友逛街。一个提着化妆品口袋的姑娘礼貌地叫住她：“靓女，耽误您一分钟行吗？我是欧盟化妆品公司的营销代表，这是我们公司的化妆品，送您免费试用……”李佳担心上当不想要，但那位姑娘继续拦着她说：“我们公司是国际品牌，产品刚进入国内市场，现特搞赠送活动，一套200多元的化妆品免费送给您，征求您的意见。”李佳动心了，于是停下来看看，姑娘抢着说：“产品免费送您使用，但由于我们到这儿来赠送产品要花路费，公司规定每赠送一套产品收取30元的交通费。”李佳听说要付交通费，心里实在不爽。要送就送，不送拉倒，何必要这些花招，浪费时间。

问题：你怎么看待企业此种“免费试用”行为？

此外，销售人员还面临行贿、欺诈、强买强卖、互惠购买等不道德行为，在签约和履行合约方面，宴请、送礼、娱乐、搞关系、拉关系、关联交易等“灰色销售”现象严重，欺骗性承诺、强迫甚至胁迫销售影响到消费者的信心，使用不公平的格式合同，强加霸王条款，不履行承诺，故意曲解并违反合同等，在现代销售活动中经常出现。特别是强制推销，往往违背消费者意志，对销售行业的健康发展造成负面影响。由于上述不道德销售行为的影响，社会对推销行为、推销人员出现不理解甚至抵触的现象，这对于推销行业的发展非常不利。所以，我们有必要澄清，也有责任要求销售人员遵守社会道德规范。

推销的商业伦理原则

我们的社会既是一个法制社会，也是一个伦理社会。企业的商业活动不但受国家法律法规的规范，还受地方风土人情、风俗文化及伦理道德的制约。中国是一个文明古国、礼仪之邦，历来注重儒家道德文化的修养，但最近这些年，由于受到西方物质文明和不健康的道德观的冲击，在企业的经营活动过程中也出现了很多道德失范现象，这对于我国经济社会的文明发展都是不利的。因此，需要规范相关销售人员的商业道德行为，以净化我们的商业环境。根据社会商业发展的要求，现代推销工作需要遵循如下伦理原则。

小知识 赫克金法则

1. 尊重顾客意愿，反对强制推销

现代推销也要遵循现代营销的顾客导向和市场导向原则，以顾客需求为中心生产和推销产品，目的是满足消费者多样化、个性化的需求。当今社会推崇人性化的管理思想，推销也要充分尊重顾客的意愿，要努力将公司目标与顾客意愿结合起来，实现供求双方的双赢，反对违背消费者意愿的强制推销行为。

所谓强制推销，就是企业在向消费者推广自己的产品或服务的过程中带有直接或间接的不平等性质，使消费者感觉到某种压力而不得不接受的销售行为。强制推销的结果是使消费者不悦或反感，影响顾客满意和顾客忠诚，不利于生意的持续发展，属于推销的“短期行为”，因为消费者是聪明的、理智的，消费者最终是用脚投票的，企业不能失去消费者，否则就会失去生命之源。推销员必须学会理解人的本性，学会尊重顾客，设身处地为别人着想，照顾和体谅别人的感受，搞好人际关系，这对成功推销有非常大的帮助。

2. 坚持互利互惠，反对损人利己

推销活动是企业和顾客之间通过交换分别实现产品价值和使用价值的过程，成功的推销应该能够照顾到双方的利益，任何有损其中一方利益的销售行为都是不会长久的。推销人员在推销活动中要设法满足自己和顾客双方所追逐的目标，实现“双赢”是培养忠诚客户的要求，是顾客不重复购买的基础，也是取得顾客口碑传颂效果的条件。

互惠互利原则是指在推销过程中，推销员要以交易能为双方都带来较大的利益或者能够为双方都减少损失为出发点，不能从事损害一方或给一方带来损失的推销活动。推销人员在贯彻互利互惠原则时，必须善于认识顾客的核心利益，并与顾客加强沟通，在推销之前分析交易活动能够给顾客带来的各种利益，因为不同产品带给顾客的利益会有差异，要在准确判断推销品给顾客带来的利益的基础上找到双方利益的均衡点，开展双赢推销活动。同时，一个优秀的推销人员，不仅要看到当前的推销利益，而且要看到长远的推销利益；不仅要看到直接的推销利益，还要看到间接的推销利益，要多因素综合评价利益均衡点。

3. 坚持诚实守信，反对商业欺诈

诚信属于道德范畴，包括诚实和守信，主要内涵体现在两个方面：一是实事求是，

销售货真价实的产品，不夸大，不欺骗；二是信守承诺，提供顾客急需的服务，不反悔，不敷衍。可以说，在现代推销活动中，诚信居于举足轻重的地位，双方是否有信用，是否诚实可靠，是决定推销成功与否的基础，而推销货真价实的产品是诚信推销的根本。诚信推销既是推销人员的素质与道德要求，也是职业规范的要求。诚实的意义在于不欺诈，中国商业文化倡导的“生意不成仁义在”，正是诚信经营的写照。

“诚信”也是中华民族所遵从的一种传统美德。孟子说：“诚者，天之道也；思诚者，人之道也”，可见诚是天和人之最高准则，中国古代无论浙商、徽商还是晋商都把诚信经营作为其成功经营的信条。诚信经营、做老实人往往会吃一些眼前亏，不诚信的商业行为往往会暂时获得一些好处，因此就有一些道德水平低下的人通过投机获取短期利益，但从长远来讲，不道德的行为总会在消费者面前败露并带来严重后果，最终会受到消费者的惩罚。其实，诚信是企业的一种美德，只有诚信经营才能赢得消费者的信任，有效降低交易成本，才能有效留住老顾客和吸引新顾客，培养顾客忠诚。建立在诚信经营基础之上的企业声誉是一种稀缺资源，是企业重要的无形资产，是企业永续经营的原动力。因此，要持续发展就必须诚信经营，任何自作聪明、搞商业欺诈的行为都属于短期行为。

4. 保护消费者权益，反对不正当竞争

随着我国的法制化，消费者的地位得到很大提高，消费者的权益受到社会的广泛重视，得到法律制度的保障，特别是现代顾客导向的营销和推销，以满足消费者的需求为己任，以充分尊重消费者的权益为特征。正所谓“君子爱财，取之有道”。为此，我国1993年颁布了《消费者权益保护法》，保护消费者的基本权益不受侵害。其中规定了消费者的九项基本权益，包括安全权、知情权、自愿选择权、公平交易权、索赔权、结社权、获知权、受尊重权和监督权。根据我国实际，消费者权益保护重点突出以下六项权益。

（1）自愿选择权。选择权是确保消费者在消费生活中行为自由、生活自主的法律保障。

（2）公平交易权。一是消费者有权获得质量保障、价格合理、计量正确等公平交易条件；二是消费者有权拒绝经营者的强制交易行为。

（3）安全权。消费者有权要求经营者提供符合保障人身安全、财产安全要求的商品和服务。

（4）知情权。知情权是消费者了解商品和服务，避免因盲目购买使用商品和接受服务而遭受损害的法律保障。

（5）索赔权。索赔权是法律赋予消费者在其权益受到损害时的一种救济权，使消费者所受损害得到经营者的赔偿，同时对经营者的欺诈行为进行惩罚。

（6）受尊重权。消费者在购买、使用商品和接受服务时享有其人格尊严、民族风俗习惯受到尊重的权利，坚决制止侵犯消费者人身权利的行为。

此外，我国还制定了《反不正当竞争法》《产品质量法》《食品卫生法》《商标法》

等法律法规，形成了消费者权益保护的法律体系，使消费者权益在法律上有了切实可行的保障。虽然消费者权益、企业权益可以通过国家法律法规来保护，但要从根本上解决这个问题，伦理道德层面的规范工作更加重要。只有销售人员的职业道德意识和职业操守加强了，销售主体才可能自觉地关心消费者权益和减少不正当竞争，商业环境才可能净化。

5. 坚持绿色推销，弘扬社会责任

绿色推销的理论基础来源于绿色营销。20世纪绿色营销的产生是基于人类面临危及自身生存和发展的几大社会伦理问题：全球人口呈几何级数增长造成的资源短缺和资源争夺，工业化带来的环境污染、气候变暖、资源枯竭，生态的恶化使得人类的健康、安全得不到保障。绿色营销要求营销者关注环境、资源等自然和社会生态，关注消费者的安全和健康以及社会权利，反对以污染环境、资源浪费、危害消费者安全为代价获取短期经济效益，它要求企业从产品设计、生产、营销到使用的整个营销过程都要充分维护环保利益，做到安全、卫生、无公害，反对营销近视症和企业短期行为。绿色推销同样要求销售人员保护自然环境和社会生态，实现企业经济利益与消费者利益、环境利益的统一，实现经济与生态环境的协调共生，反对任何破坏生态、浪费资源和损人利己的事情。

另外，企业是社会的一个分子，用彼得·德鲁克的话讲："工商企业是社会的一种器官"，因此，企业应该义不容辞地履行"社会公民"的社会责任，做一些有益于全社会的事情。企业的社会责任意味着企业在创造利润、实现股东利益最大化的同时，应该考虑利益相关者的利益，承担对社会和环境的责任，包括遵守商业道德、诚信经营、安全生产、保护生态、节约能源、维护劳动者权益、遵纪守法等。推销亦不能损公肥私，不能追求短期的利益。企业履行社会责任绝不是简单的成本投入，而是一种战略投资，因为企业履行社会责任更加能够赢得社会各界的信任和支持。实践经验表明，企业承担社会责任往往与企业的经济绩效正相关，所以，国内外多数知名企业都会积极投身于社会公益事业。

案例分析

硬汉影星史泰龙的"自我推销"经历

史泰龙是享誉世界的电影明星，但鲜为人知的是他年轻时遭遇的挫折。史泰龙年轻时穷困潦倒，在他30岁生日时，饱受穷困之苦的他面对妻子用1.5美元买来的生日蛋糕发誓说："我一定要摆脱贫困！"他当时梦想当演员，于是就到纽约去找电影公司应聘推销自己。

由于史泰龙的英语发音不标准，长相又不怎么样，他跑了50多家电影公司都遭到了拒绝。他当时只有一个想法："过去不等于未来，过去的失败不等于未来会失败。"他继续找电影公司应聘，又被拒绝了50多次，但他仍然坚持自己的想法："过去不等于未

来。”他回过头又去找应聘过的电影公司继续推销自己，结果还是被拒绝，他失败了150多次之后心中还是那个想法：“过去不等于未来。”

在经历这么多失败之后，史泰龙推销自己做演员的信念未变，但他改变了策略。他用一段时间写了一个剧本，然后拿着剧本向电影公司推荐自己。在失败了180多次之后，终于有一家电影公司同意用他的剧本，但还是不让他当演员，于是他拒绝了这家电影公司的要求，一直到第186次，史泰龙才如愿以偿当上了演员，从此一发不可收拾。史泰龙演的第一部电影《洛基》用的就是他自己编写的剧本并一炮走红，成就了全球演艺界的硬汉形象，史泰龙也成为全球片酬最高的男演员之一。

资料来源：钟立群，李彦琴．现代推销技术．3版．北京：电子工业出版社，2013.

问题

史泰龙的“自我推销”经历对于推销工作有什么启示？

重点名词

推销　交易型推销　顾问型推销

测试题

1. 推销既是一门科学和艺术，还是一种销售技术。推销工作的核心就是________。

（1）产品　（2）交易　（3）说服　（4）服务

2. ________推销强调推销员要了解把握顾客的实际需求，充当顾客的购买顾问，为顾客提供商品购买的解决方案。

（1）交易型　（2）交换型　（3）顾问型　（4）互利型

3. “市场营销的目标是使推销成为多余”是著名管理专家________的观点。

（1）戈德曼　（2）科特勒　（3）德鲁克　（4）西蒙

4. 根据我国法律，消费者权益主要包括自愿选择权、公平交易权、安全权、________、索赔权、受尊重权等六项权益。

（1）自由权　（2）生活权　（3）知情权　（4）投诉权

5. “要当一名优秀销售人员，首先要做一个好人”，推销学的赫克金法则就是________。

（1）关系法则　（2）交换法则　（3）诚信法则　（4）质量法则

思考题

1. 怎样理解“市场营销的目标是使推销成为多余”这句话？

2. 你认为应该具备怎样的素质与能力才能胜任推销工作？

3. 互联网时代的推销工作有什么特点？

实训练习

为了加深对推销的认识、树立正确的推销观念，可以围绕“推销与营销”或“推销的商业伦理”设计一次课堂辩论，自愿报名或抽签形式组织两个辩论队，分正反两方提前选题。两个选题的正反辩题分别为：

1. 正方：推销是营销的基础和核心，在中国不可或缺。

反方：营销最终使推销成为多余，推销可有可无。

2. 正方：推销应该循规蹈矩讲究商业道德。

反方：为了达到推销目的可以采用任何可能的方式。

第2章

推销基本原理

本章要点

- 了解推销三角理论
- 了解推销人员方格和顾客方格
- 了解四种类型的推销模式及各自的特点
- 讨论新时期推销创新

引　例

搭话见功夫

一天，一位年轻的女士来到某服装店服装柜台前，仔细打量着挂在衣架上的几款鄂尔多斯牌羊毛衫。她从衣架上取下一款黄蓝相间几何图案的羊毛衫，端详了一会儿对营业员王莉说："请问这件羊毛衫多少钱"？"758元。"营业员王莉回答。"好，我要了，就这件吧！"那位女士把毛衣放在服务台上，边掏钱包边说。在为她包衣服的时候，王莉恭维了她一句："小姐真有眼力，很多人都喜欢这种款式的。"那位年轻的女士听了这句话，沉思片刻，然后微笑着对王莉说："抱歉，我不要啦！"

王莉傻眼了，没想到一句恭维话反倒使顾客终止了购买，为什么呢？王莉客气地问："小姐怎么啦，这样子您不喜欢吗？""有点。"她也很客气地回答，然后准备离开。王莉立刻意识到刚才那句恭维话可能是个错误，必须赶紧补救。趁她还未走开，王莉赶紧问："小姐，您能否告诉我您喜欢哪种款式的？我们这几款羊毛衫是专门为像您这样气质高雅的年轻女士设计的，如果您不喜欢，可否留下宝贵的意见，以便我们改进。”听了这话，她解释道：“其实这几款都不错，我只是不太喜欢跟别人穿一样的衣服。”哦！原来这是位不追求时尚、有自己的主见、喜欢与众不同的顾客。“小姐，您误会了。我刚才说很多人都喜欢的这种款式，由于产品质量好，价格高一点，所以买的人并不多，您是这两天里第一位买这种款式的顾客。而且，这种款式我们总共才进了10件……”经过一番争取，那位女士最后买走了那件羊毛衫。

思考：这个案例里的情况转折说明了什么问题？

2.1 推销三角理论

推销学大师戈德曼认为，如果一个推销人员想获得成功，就必须以工作为己任，必须对自己从事的工作充满信心。一些职业的推销人员在遇到顾客对他所提供的产品不感兴趣的时候，能够保持精力旺盛，不灰心，不气馁，针对顾客的实际情况，想方设法赢得顾客。那么，怎样使推销人员树立起对所从事工作的必胜信心？这种必胜信心的表现形式的具体内容又是什么？这些将是推销三角理论所要回答的问题。推销三角理论阐述推销员推销活动的三个因素：推销员、推销的产品或服务、推销员所在的企业之间的关系的理论，它是为推销员奠定推销心理基础、激发推销员的积极性、提高推销技术的基础理论。建立信任是职业推销员坚定信心、推销成功的基础与关键要素。

推销三角理论认为，推销活动中最重要的三个要素是产品（服务）、企业（品牌）、自己（推销能力）（见图2-1），推销员在推销活动中必须做到三个相信，才有可能取得好的推销业绩，包括：

（1）相信自己所推销的产品或服务；

（2）相信自己所代表的企业或品牌；

（3）相信自己的推销能力。

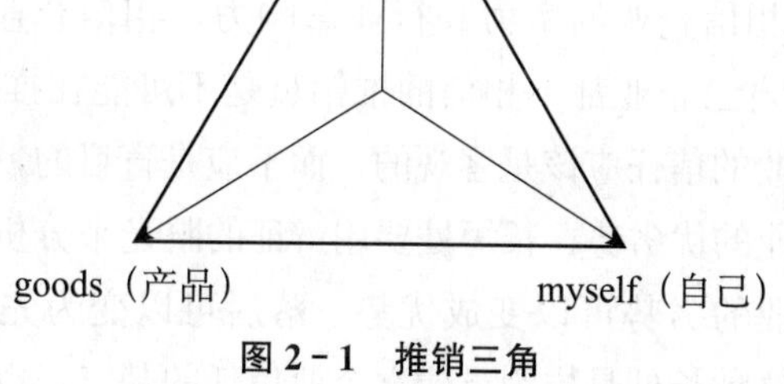

图2-1 推销三角

该理论认为只有同时具备这三个条件，才能激发推销员的销售热情，才能充分发挥推销员的推销才能，自如运用各种推销策略和技巧，取得较好的推销业绩。这就好比三角形的三条边，合起来就构成稳定的三角形结构，缺一不可。其中，企业的产品用英文表示为 goods，推销员所代表的企业用英文表示为 enterprise，而推销员用英文单词 myself 表示，这三个英文单词的第一个字母合起来便构成 GEM，故西方营销界也称推销三角理论为 GEM 模式，我国也有译为“吉姆模式”。

1. 推销员对产品或服务的相信

推销员对自己所推销的产品应当充分相信，因为产品是推销员推销的客体。它给顾客提供使用价值，给顾客带来需求上的满足。推销员要相信推销的产品货真价实，相信自己的产品具有使用价值，才可以成功地将产品推销出去。

现代产品指的是具有使用价值的实体产品，它包括三个层次的内容：（1）核心产品。指产品能给顾客带来的效用和利益，这是满足顾客需求的核心，是顾客真正想购买的东西。（2）形式产品。指产品的形式结构和外观部分，包括产品的质量、形状、外观、颜色、商标、包装等，它是核心产品的表现形式。（3）延伸产品。也称为附加产品，是指顾客购买产品能获得的附加利益和服务，包括信贷、送货、安装、培训、维修等销售服务。

推销员相信自己的产品，要求推销员对其产品三个层次的内容必须十分清楚，并对竞争产品有较清晰的了解，从而对自己推销的产品的效用、质量、价格等建立起自信。在向顾客推销介绍时，能根据顾客的不同需求有目的地作出有理有据的阐述，这样才能更加主动有效地处理顾客的各种异议。当然，推销员对自己推销的产品也不应盲目地自信。这种自信应源于对产品的充分了解，源于对产品知识、功能效用和与其他产品相比的相对特征、优势及其合理使用方法的充分了解。

2. 推销员对企业或品牌的信任

在推销活动中，推销员是企业形象的代言人，他们对外代表着企业，他们的一举一动都会影响顾客对其所代表的企业的看法和印象。同时，推销员的工作态度、服务质量和推销业绩直接影响到企业的经济效益、社会效益和发展前景。因此，只有当推销员充分相信自己所代表的企业，并形成认同感，才能使其产生从事推销工作的向心力、荣誉感和责任感，才能使其产生主人翁的工作热情，并在推销工作中发挥创造精神。

推销员对企业的信任，包括相信企业经营行为的合理性、合法性，相信企业的经营、决策和管理能力，相信企业的实力和行业影响力，相信企业改革和发展的前景等。信任是成功的动力，连自己企业都不相信的推销员是不可能在推销工作中取得成功的。

然而，推销员对企业的信任应该是客观的，而不应是盲目的，因为企业的优势和劣势是相对的。推销员对企业的优劣势、长短处要用辩证的眼光来分析，认识到在自己和企业其他人员的努力下，企业的劣势可以变成优势，落后可以变为先进。企业无论大小、新老，都有自己的长处，这种长处是推销员建立企业信任的基点，也是成功推销的基础。

3. 推销员对自己推销能力的信心

推销员的自信心是完成推销任务、实现自己的销售目标的首要前提。推销员对自己的信心来源于很多方面：（1）认为自己从事的推销事业有意义，并且有希望取得很大的成功；（2）自己具有从事推销事业并取得成功的智慧和能力；（3）自己推销的产品具有竞争力，行业发展有前景，对前途充满信心。

然而，万事开头难，推销员的事业总是从无到有、从小到大、从缺乏经验到经验丰富，不断进步和发展。如果推销员遇到了几次失败或挫折就气馁，就失去信心，是不可能干好推销工作的，因此，推销员必须有遭遇挫折的心理准备，才能保持信心。

推销员信心缺乏的表现往往有三：（1）认为自己天生就不是干推销的“料”；（2）害怕被顾客拒绝，觉得被拒绝很没面子；（3）担心从事的推销工作会做“蚀本生意”而不愿承担经济风险。所以，成功的推销员需要克服上述心理障碍，因为成功的推销员都不是一帆风顺的。推销大师乔·吉拉德也曾欠债 6 万美元，但凭着顽强的毅力和自信，在逆境中求生存、求发展，最终成为享誉世界的汽车推销大王。

2.2　推销方格理论

推销方格理论是美国著名管理学家布莱克和莫顿教授的管理方格理论在推销领域的具体运用。他们于 1964 年提出了管理方格理论，1970 年将这种理论应用于推销学理论体系中，形成一种新的推销技术理论，即推销方格理论。在西方国家，这种理论被视为推销学基本理论的一大突破，被业界广泛地用于实际推销工作中，指导和培训推销队伍并收到了良好的效果。推销方格理论以行为科学为理论依据，着重研究和分析推销人员与顾客之间的人际关系态度和产品买卖心态，其实质与中国《孙子兵法》中的“知彼知己，百战不殆”的军事战略有异曲同工之妙。所以，正确地掌握和运用推销方格理论，对于推销人员正确认识自己推销工作中的不足，培养和开发自己的推销能力，了解推销对象（顾客）对推销人员及推销活动的态度，恰当地处理好与推销对象的关系，把握推销活动的主动权，提高推销工作效率都具有十分重要的作用。以下从推销人员方格和顾客方格两个角度分别介绍。

推销人员方格

一般推销人员在推销活动中有两个明确的目标：一是全力说服顾客，完成当前产品销售的任务，即销售任务导向；二是努力迎合顾客的偏好，与顾客建立良好的关系，为以后的销售工作打基础，即顾客服务导向。不同的推销人员因成长环境和公司要求不同，他们在推销过程中的战略指导思想就有所不同，因而形成不同的推销导向。如果把这两个不同的推销目标导向用平面坐标图表示出来，就形成了推销人员方格，如图2-2所示。

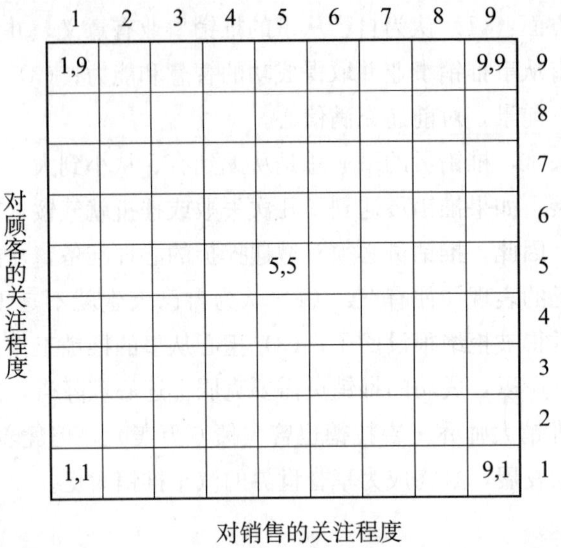

图2-2 推销人员方格

图中数值越大，表明推销人员对相关事情的关注程度越高。其中的关注程度从弱到强依次分为1～9个等级。因此，从理论上讲，推销人员的推销心态有81种（9×9）之多。由于两种相邻的心态之间的差别很小，布莱克和莫顿把推销人员的推销导向（心态）分为五种典型类型，即事不关己型、顾客导向型、强力推销型、推销技巧型、解决问题型，每一种类型都有显著的特征。

1. 事不关己型

事不关己型，即推销人员方格中的（1，1）型。推销人员既不关心自己的推销任务能否完成，也不关心顾客的需求和利益能否满足。这种类型的推销人员对推销工作缺乏必要的信心和责任感，没有成就感，也没有明确的奋斗目标。他们对顾客缺乏热情，对待工作的态度也不积极，回答顾客的问题极不耐心，甚至在推销过程中常常与顾客发生争吵，在顾客当中影响很坏。这种类型的推销人员态度消极，不适合从事推销工作。

考察这种消极心态产生的原因：一是推销人员缺乏敬业精神而不思进取；二是有可能因为企业缺乏有效的激励机制。要改变这种消极推销态度，一是推销人员要树立正确的、积极的推销观念，树立积极向上的人生观，严格要求自己，正确对待推销工作，热情对待顾客；二是企业要建立明确有效的奖惩制度，奖勤罚懒，以激发推销员的销售热情。

2. 顾客导向型

顾客导向型，即推销人员方格中的（1，9）型。推销人员非常重视与顾客建立关系，而不太关心销售任务的完成情况。推销人员非常注重在顾客中树立良好的自我形象，处处为顾客着想，甚至有时会出现放弃原则来迎合顾客、讨好顾客的现象，以达到与顾客建立良好关系的目的。这类推销员只重视建立与顾客之间的良好关系，而忽视了当前推销任务的完成，他们有时还会不顾公司利益，这不是推销人员应该具有的好的心态。

考察顾客导向心态产生的原因：一是推销人员片面强调人际关系在推销过程中的作用，重关系而轻利益；二是推销人员对以顾客为中心的现代推销观念的实质认识不清，行为出现了偏颇。因此，成功的推销人员应该客观认识到：一方面，人际关系对增加订单、完成推销任务有积极作用，但这种关系如果不能使销售额增加，它对于推销事业就没有实际意义；另一方面，推销人员也要坚持为顾客服务的思想，在公司政策允许的范围内为顾客着想，同时又必须善于进行顾客教育，对顾客明显的偏见、误解必须表明自己的态度和立场，维护公司利益，这样既能搞好顾客关系，又有利于推销目标的实现。

3. 强力推销型

强力推销型，也称任务导向型，即推销人员方格中的（9，1）型。这种推销人员的心态与顾客导向型正好相反，只重视推销任务的完成，不考虑顾客的利益和与顾客之间的关系。他们具有强烈的责任感和事业心，以完成推销任务为己任。他们千方百计地说服顾客购买，甚至不择手段强行推销，而不考虑顾客是否真正需要。这类推销人员有很强的推销意识，就是想尽一切办法将产品推销出去，但在推销时一般只考虑个人的推销成果，不会顾及与顾客之间的关系，更不会去考虑其行为给企业形象带来的负面影响，难免失之偏颇。

考察任务导向心态产生的原因：主要是推销人员对“达成交易”是推销工作的中心任务这一观点产生了片面性理解，以致急于求成，不择手段。其实，应充分认识到，达成交易作为推销工作的中心任务，是针对推销工作的长期性而言，绝不能要求推销人员每一次业务拜访都能达成交易，不能把它演变为强制推销。如果推销员只顾完成销售任务而不尊重顾客，不考虑顾客的感受和需要强行推销，最终会赶走顾客。正所谓欲速则不达。

4. 推销技巧型

推销技巧型，也称平衡推销型，即推销人员方格中的（5，5）型。他们既关心推销的成果，也关心与顾客之间的关系。他们关注推销工作成效，十分重视对顾客心理和购买动机的研究，善于平衡推销业绩与顾客关系，善于运用推销技巧达成销售目标。若在推销中与顾客意见不一致，一般都能采取折中的办法，使双方互相妥协，从而实现双赢。这类推销人员心态平衡，作风扎实，既不一味取悦顾客，也不一味强行推销，既不愿丢掉生意，也不愿丢掉顾客，四平八稳，避免冲突，力求成交，是一种在和平的氛围中巧妙利用推销技巧达成交易的推销态度，符合中庸之道，也能取得较好业绩。

分析平衡推销的心态：虽然这类推销人员踏实肯干、经验丰富、老练成熟，往往也具有较好的推销业绩，但他们太过追求推销各方利益的平衡，往往不太可能成为推销专家。他们在推销中比较注意推销技巧，注重顾客的心理反应，注重说服顾客的艺术，而不十分关心顾客的真正需求，也不十分关心自己的销售额。因而，虽然这种类型的推销人员善于平衡利益关系，但实际上也很难适应现代推销竞争的要求。

5. 解决问题型

该种类型也称理想型，即推销人员方格中的（9，9）型推销人员。这类推销人员是一种比较理想的推销员，他们的推销心态是极为上进的。他们对自己的推销工作及其效果非常重视，并且十分关心顾客的真正需要，目的是实现推销业绩和顾客利益的最大化。他们注重研究整个推销过程，总是把推销的成功建立在满足推销主体、对象双方需求的基础上，能够针对顾客的问题提出整体解决方案，并在此基础上完成自己的推销目标。这种推销人员能够最大限度地满足顾客的各种需求，同时取得最佳的推销效果。

分析理想型推销的心态：这类推销人员可以说是理想的推销人员，他们具有积极上进的推销心态，能够最大限度地同时关注推销成效和顾客利益，达到企业销售目标，这也是企业销售追求的一种境界。解决问题型的推销人员具备现代推销人员的基本心态和能力，能够适应现代推销竞争的需要，能够成为最理想、最优秀的推销人员。但事实上，要同时实现销售业绩和顾客利益的最大化是一件很难的事情。

顾客方格

在推销活动中，顾客对产品推销活动的看法可以从两个方面进行分析：一是顾客对推销人员的看法；二是顾客对购买活动本身的看法。这两个方面的看法形成了顾客在购买活动过程中的两个目标：一是希望与推销人员建立良好的人际关系，为日后的购买及长期合作建立基础；二是希望通过与推销人员的讨价还价，为自己赢得较多的利益，或者以其他有利的条件达成交易。每个顾客对这两个具体目标的关心程度有所不同，由此影响其购买行为，将其表现在方格图上就成为顾客方格，如图2-3所示。

在图2-3中，横坐标表示顾客对购买活动的关注程度，纵坐标表示顾客对推销人员的关注程度。不同位置的方格，代表着顾客不同的购买心态，数值越大表示相关关注的程度越高。其中具有代表性的心态有五种，即漠不关心型、软心肠型、防卫型、干练型、寻求答案型，每一种心态都有其典型特征。

1. 漠不关心型

漠不关心型的心态即顾客方格中的（1，1）位置。具有这种心态的顾客对自己的购买行为和推销人员均漠然置之，既不关心推销人员情况，也不关心自己的购买活动。这种人往往认为购买行为与己无关，因而在购买活动中缺乏激情和责任感，对推销人员敷衍了事，对推销人员的拜访不大高兴，对购买活动的细节和过程也不上心。他们既不设身处地为推销人员着想，也不想与推销人员打交道，常常应付了事。他们把购买活动当成例行公事，不想负任何责任，尽量避免作购买决策；或者是受人之托购买，没有决策权，因而对购买活动能推便推，能简则简。这种心态的顾客把购买活动视为一种负担，

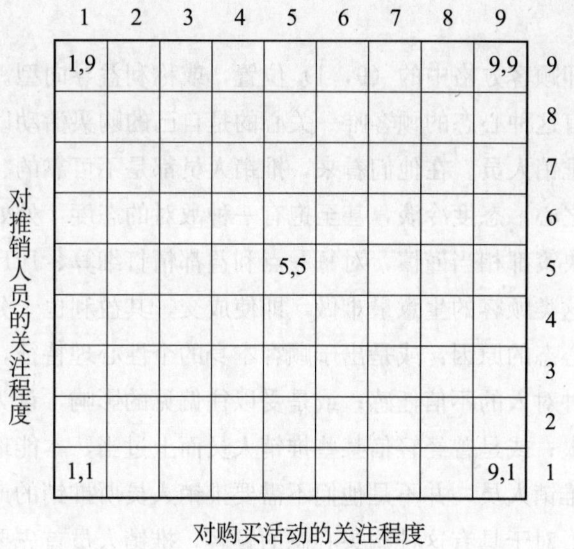

图 2－3 顾客方格

对达成交易的条件及产品本身和推销人员等问题淡然处之。

因此，漠不关心型的顾客是最难打交道也是最难取得推销业绩的推销对象。对这类心态的顾客，推销人员应先主动了解他的情况，尽量把顾客的切身利益与其购买活动结合起来，使其产生关注，要利用自己对产品及市场的丰富知识，激发、引导顾客产生购买兴趣与责任感。如果不能达到效果，就应该采取果断放弃的策略。

2. 软心肠型

软心肠型的购买心态即顾客方格中的（1，9）位置。具有这种心态的顾客对推销人员极为关心，而对购买活动不大关心。他们重视与推销人员的感情，同情理解推销人员，经常设身处地为推销人员着想，也极易被推销人员的情绪感染，容易被推销人员的说服打动。比如当别人说东西买贵了，他反而会说："别人也要吃饭，站了那么久，也够辛苦的""从大老远跑来，贵一点也是应该的"。这种人就是典型的软心肠型顾客。

对于软心肠型顾客，只要推销人员对他们表示极大的友好、尊重和关心，满足他们的自尊心，他们就可能接受推销。由于这种类型的顾客心地善良，但缺少必要的产品知识和购买经验，往往不能理智地处理自己的需要与实际购买的关系，容易受推销人员左右而产生感性的冲动型购买。这类顾客具有重感情盲目购买的特点，很多老年消费者就具有这个特点，因此往往成为推销人员进行感情投资的重要目标。

分析这种购买心态的原因：一是出于顾客的个性心理特征，爱屋及乌，这种心态的顾客心地善良，喜欢与人交往，如果他们对该推销人员十分满意，也就会连带喜欢上他所推销的所有产品并持续购买；二是出于对推销人员的同情心，他们认为推销人员的工作十分辛苦，如果没有把产品销出去，很可能受到上司的责骂或者没有业绩，出于同情持续购买。出于这两种心理，他们很可能会买上一些并不十分需要的东西而造成资源浪费。

3. 防卫型

这种购买心态即顾客方格中的（9，1）位置，或称利益导向型。与软心肠型的购买心态恰恰相反，具有这种心态的顾客唯一关心的是自己的购买活动以及自身利益是否受到侵害，而不关心推销人员。在他们看来，推销人员都是不可靠的、不诚实的，他们对推销人员怀有戒备之心，态度冷淡，甚至抱有一种敌对的态度，处处加以提防。他们对购买活动的每一个决策都相当谨慎，对每一点利益都精打细算、斤斤计较，生怕被推销人员欺骗。因此，这类顾客的生意最难做，即使成交，其盈利也十分低微。

分析这种购买心态的原因：或是出于顾客本身的个性心理特征，他们缺乏主见，个性多疑，天生有一种对人的不信任感；或是受以往偏见的影响，认为推销人员都花言巧语，靠耍嘴皮子骗人；或是曾经轻信某些推销人员而上过当，本能地对推销人员产生反感等。他们不欢迎推销人员，并不是他们不需要推销人员所推销的产品，而是他们不能接受推销这种行为。对于具有这种购买心态的顾客，推销人员首先要做的，不应该是直接推销产品，而应该是推销自己，以实际行动去赢得顾客的信任，消除顾客的偏见，再引导顾客去分析从购买活动中获得的利益，打消其顾虑，这样才能收到良好的推销效果。

4. 干练型

干练型的购买心态即顾客方格中的（5，5）位置。干练型是指既关心自己的购买行为，又关心推销人员的推销工作，这是一种比较合理的顾客购买心态。具有这种购买心态的顾客往往具有相关产品知识和社会经验，具有理智、自信的特点。他们在购买过程中比较冷静，既能尊重推销人员的人格，乐意听取推销人员的建议和意见，也有自己的观点和判断，其购买活动科学、客观。比如，在进行购买决策时，常常根据自己的知识和别人的经验来选择厂家和品牌，再决定合理的购买数量，他们所作出的任何购买决策，都要经过全面的分析和客观的判断，不受推销员左右，不会盲目从事。

分析干练型购买心态的原因：具有干练型心态的顾客一般知识、经验都比较丰富，比较自信，甚至具有强烈的责任感，但有时也会受虚荣心影响。有时他们购买的产品并不一定是自己确实需要的东西，而是为了满足自己的虚荣心，抬高自己的身价。对待这类顾客，推销人员应该摆事实，讲道理，让他们自己去作判断，不能急于求成。当顾客犹豫不决时，推销人员的适度赞赏也许会收到促进购买的效果。

5. 寻求答案型

这种购买心态即顾客方格中的（9，9）位置。具有这种购买心态的顾客既高度关心自己的购买活动和结果，清楚地知道自己的购买需要及价值，同时又高度关心推销人员的工作，与推销人员建立良好的人际关系，愿意与推销人员进行真诚的合作。他们最能接受的是推销人员设身处地为自己着想，并为自己实实在在地解决问题。他们善于通过购买活动与推销人员建立彼此信赖的良好关系，通过购买活动买到质优价廉的产品。

分析这种购买心态的原因：这种心态的顾客在作购买决策时很理智、实在，不感情用事，很少受推销广告的影响，更不会轻信推销人员的言语，他们理智决策，有时也会独断，但遇到意外时他们会主动寻求推销人员的帮助，以期获得明智的解决方案。所以，从现代推销学的角度看，寻求答案型的顾客是最成熟和值得信赖的顾客。对于这种类型的顾客，推销人员一定要做好顾客的参谋，真心诚意地为顾客服务，才能收到良好的销售效果。

2.3　典型推销模式

所谓推销模式，就是根据各种推销活动的特点、顾客购买行为各阶段的心理特征以及推销员应采用的相关策略，归纳总结出的一套具有代表性的程序化的推销操作方式。本节将依次介绍爱达模式、迪伯达模式、埃德帕模式和费比模式等具有典型意义的推销模式。其中，爱达模式、迪伯达模式和埃德帕模式都是国际推销协会名誉会长、欧洲市场及推销咨询协会名誉会长、著名的推销专家海因兹·戈德曼根据自身推销经验总结出来的推销模式，其在《推销技巧——怎样赢得顾客》（*The Classic Manual of Successful Selling—How to Win Customers*）一书中详细介绍了这些模式。该书在 1958 年出版后，被译成 18 种文字在全球销售，成为推销学的经典。然而，在推销活动过程中，由于市场环境的多样性、推销活动过程的复杂性和变动性，推销人员不应生搬硬套标准化的推销程序模式，而应以典型推销模式理论为指引，具体问题具体分析，灵活运用，才能提高推销效率。

爱达（AIDA）模式

AIDA 是 attention（注意）、interest（兴趣）、desire（欲望）、action（行动）的英文首字母的缩写。“爱达”是 AIDA 的音译，AIDA 的四个英文字母分别代表了爱达模式的四个主要步骤，如图 2－4 所示。

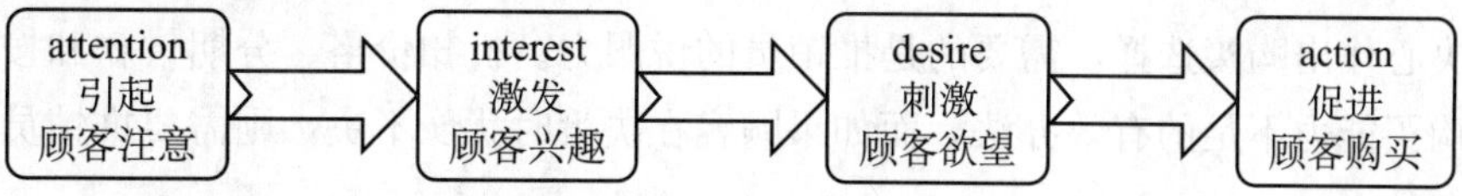

图 2－4　爱达模式

爱达模式的核心内容可以概括为：推销员首先必须把顾客的注意力吸引过来并转移到所推销的产品上，使顾客开始关注所推销的产品（品牌）并产生兴趣，顾客的购买欲望随之产生，随后的工作就是促进顾客作出购买行动。其中“引起顾客注意”是该模式的核心特色。

可以说当今市场经济是眼球经济，注意力是一种资源，“注意力营销”大行其道，所以遵从注意力推销的爱达模式具有很强的实用性。从应用范围看，爱达模式特别适用于有形店堂推销行为，如店面推销、柜台推销、展销会推销等；也适用于一些易于携带、展示的生活用品和办公用品的推销，如化妆品；同时适用于新推销人员以及面对陌生推销对象的推销行动。爱达模式的主要内容和特点包括：

1. 引起顾客注意

引起顾客注意需要从推销员自身做起。首先在形象方面，注重自己的穿着打扮，给顾客留下整洁良好的印象。最好着职业装且颜色和款式尽量稳重大方；保持头发整洁，保持皮鞋干净；装饰品不宜过多；最好带一个大一点的公文包。其次，讲好第一句话也很关键。开场白的好坏会形成第一印象，在很大程度上影响到推销的结果，这就是心理学上的"晕轮效应"原理。所以，推销员除了不卑不亢的态度、彬彬有礼的举止外，还应提前准备、设计面对陌生顾客的开场白，了解顾客的背景和偏好，展示产品并尽量从产品话题入手，这样的开局才会引起顾客注意。总之，能否引起顾客注意是推销能否成功的开始。

2. 激发顾客兴趣

在引起顾客注意之后，接下来就要通过产品展示和推介使顾客对所推销的产品产生兴趣。介绍和演示是提高顾客兴趣的有效手段，两种手段往往同时使用，即推销员边演示边介绍。俗话说："耳听为虚，眼见为实"，演示是提高顾客关注度最有效的手段，现场演示能够让顾客非常直观地感受产品的性能和特点。推销员做演示时应注意：注重产品使用过程中的演示以及演示过程的新颖性；演示应专业熟练；最好让顾客参与（试听音乐 CD、试驾汽车、免费品尝食品等）；要突出重点，集中演示；演示目的明确，使顾客从演示中获得知识、作出正确判断。

3. 刺激顾客欲望

顾客产生兴趣并不代表顾客能立即购买，还需要进一步说服和刺激。顾客对产品产生浓厚兴趣只表示他具有强烈的需求意识，而要最后形成顾客购买行为，还需要满足两个条件：购买能力和购买决策权。在这个阶段，推销员需要做的就是根据顾客的需求情况、经济情况、社会地位和产品的功能价值进行分析，为顾客提供多种选择方案并帮助他们下决心作出购买选择，需要的是推销员的说服力。折扣价格、分期付款和按揭也许是解决购买能力不足的有效办法，而如果顾客在决策时犹豫不决，则需要推销员给予顾客鼓励和信心。

4. 促进顾客购买

顾客一旦产生了强烈的购买冲动，采取购买行动就是自然而然的事了，这时推销员不能掉以轻心，应该顺水推舟，速战速决，以免顾客受其他外界因素影响而改变态度。有时候，顾客会在最后关头突然变卦，这种事情经常发生，因为人的情绪是变化的。在这个成交阶段，推销员可以使用一些技巧促使顾客采取购买行动，比如提醒顾客该款产品很畅销，如果现在不买，很可能以后会涨价，或者出现断货；或者告诉顾客现在是优惠期，马上购买会比较划算，过期享受不了价格优惠等，促使顾客立即采取购买行动。

迪伯达（DIPADA）模式

DIPADA 是 definition（发现）、identification（结合）、proof（证实）、acceptance（接受）、desire（欲望）、action（行动）的英文首字母的缩写。“迪伯达”是 DIPADA 的音译，DIPADA 的六个字母分别代表了迪伯达模式的六个主要步骤，如图 2－5 所示。

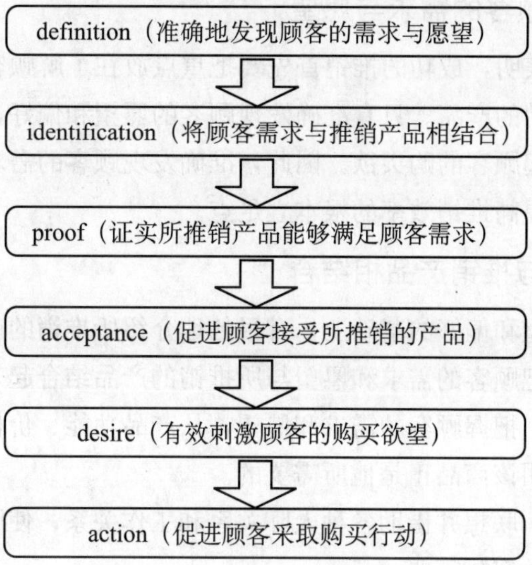

图 2－5　迪伯达模式

根据迪伯达模式，在推销过程中，推销人员必须先准确地发现顾客的需要和愿望，然后把它们与自己推销的产品联系起来。推销人员应想办法向顾客证明，他所推销的产品符合顾客的需要和愿望，为顾客所必需，并促使其购买，这就是迪伯达模式的要点。其中“证实”是该模式的核心特色。

例 2－1

某电脑销售公司开张不久，在当地市场代理了一个新的电脑品牌，自然在销售竞争中处于劣势，公司张老板很是紧张，希望扭转颓势。经过思索，张老板决定针对公司用户采用“先试用后购买”的策略，以抢占机团顾客。公司决定提供足够数量的样机给顾客试用，试用期一个月，不满意退货。试用期间公司准备了丰富的产品技术资料（使用说明书、宣传单等），到顾客公司培训关于产品的功能配置、操作技术，有意无意向对方通报购买使用该产品的客户信息并安排对方代表人员到相关客户处参观，派遣优秀技术人员进行现场指导和培训。结果，接受试用的公司大部分接受了该公司的产品，较少出现退货现象，公司的“先试用后购买”策略取得了成功，其代理的这个电脑品牌也获得了很好的知名度和市场占有率。这个案例表明，推销工作不仅需要将顾客需求与推销产品结合，更重要的是能够证实该产品能很好地满足顾客的需求。

问题：这种推销方式的风险如何防范？

从应用范围看，迪伯达模式比较适用于生产资料市场、机器设备等产品的推销，适用于对老顾客及熟悉顾客的推销，适用于保险、技术服务、咨询服务、信息情报、劳务市场上无形产品的推销以及开展无形交易，适用于对组织（或机团）购买者的推销。

1. 准确地发现顾客的需求与愿望

企业的推销实践表明，成功的推销首先要把重点放在了解顾客的需要和愿望上，而不是急于宣传所要推销的产品。只有准确发现顾客的愿望和偏好，才能以此作为说服的要点，有的放矢，唤起顾客的购买欲。因此，准确发现顾客的需求、了解其偏好是有效说服顾客的基础，是提高推销效率的根本立足点。

2. 将顾客需求与推销产品相结合

在了解顾客的愿望和偏好的基础上，有目的地介绍所推销的产品，充分展示产品的功能、优点和特点，把顾客的需求和愿望与所推销的产品结合起来，主要方法有三：

（1）需求结合法。把握顾客的需求和愿望，从产品功能、价格、质量、售后服务等方面准确地向顾客说明该商品正是他所需要的。

（2）关系结合法。联想并借助各种人际关系和工作关系，使顾客认可该产品能满足他个人或其单位的相关实际需要。

（3）逻辑结合法。通过利弊分析和逻辑推理方法，向顾客说明购买该产品是其明智的选择，为顾客的购买行为提供信心。

3. 证实所推销产品能够满足顾客需求

以一定的方法向顾客证实所推销产品能满足其真正的需要，能够给顾客带来超值的功能和价值，让顾客感受到物有所值。“证实”的方法多种多样，可提供人证、物证或例证等有说服力的证据，如顾客所认识的某某人用了效果如何，顾客所知道的某单位用了怎么样等。可提供产品信息、功能介绍的宣传单，有的产品还可以现场展示其性能特征，让消费者动手参与体验，感受真实的产品特征，提高接受度。

4. 促进顾客接受所推销的产品

结合和证实都是手段，促使顾客产生购买欲望才是目的。推销员通过对产品的介绍和与同类产品的比较分析，促使顾客接受所推销的产品，具体有以下方法供参考：

（1）示范法。推销员通过现场示范的直观效果促使顾客接受产品。如推销人员在示范过程中，显示产品操作简单，性能优良，价廉物美。

（2）提问法。推销员在讲解及演示的过程中，可不断发问以了解顾客是否认同或理解自己所作的介绍，从而使顾客逐步接受所介绍的产品及理念。

（3）总结法。推销员在讲解及演示的过程中，通过对前阶段双方的价值意向和见解的总结归纳，取长补短，求同存异，促使顾客接受推销品。

（4）试用法。把已介绍和经过证实的产品留给顾客试用一段时间，同时征求顾客的使用意见和改进意见，以达到促使顾客接受推销产品的效果。

5. 有效刺激顾客的购买欲望

刺激顾客欲望是爱达模式的第三阶段，也是迪伯达模式的一个推销步骤，同时也是推销过程的一个关键阶段。如果顾客已经对推销人员的示范明确表示了兴趣和信心，但仍未采取购买行动，这说明顾客的购买欲望还未被激起，还需要加一把火。此时，最重要的是要想办法使顾客相信，该产品正是他所需要的产品，且正是购买的最好时机，如不立即购买有可能提价或可能断货。一句话，过了这个村就没这个店了。具体方法参照爱达模式中的相关阐述。

6. 促进顾客采取购买行动

促使顾客购买是推销工作的重要步骤，也是推销所应达到的最后目标。促使顾客购买的方式多种多样，具体参照爱达模式中的相关阐述。这时推销员最应该采取的态度就是顺水推舟，速战速决，直接进入签约付款程序，以免夜长梦多而导致爽约。

埃德帕（IDEPA）模式

IDEPA是identification（结合）、demonstration（示范）、elimination（淘汰）、proof（证实）、acceptance（接受）的英文首字母缩写。“埃德帕”是IDEPA的音译，IDEPA的五个字母分别代表了埃德帕模式的五个主要步骤，如图2-6所示。

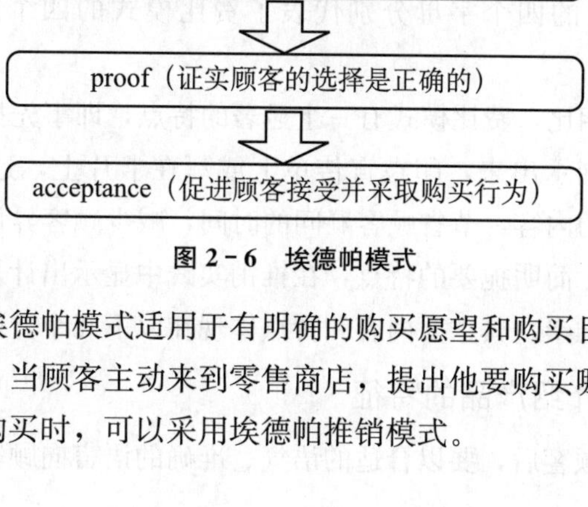

图2-6　埃德帕模式

从应用范围看，埃德帕模式适用于有明确的购买愿望和购买目标的顾客，是零售行业推销较适用的模式。当顾客主动来到零售商店，提出他要购买哪些产品时，或者手里拿着购物清单，照单购买时，可以采用埃德帕推销模式。

埃德帕模式中结合、证实和接受三个步骤所应达到的目标和应采取的行动与迪伯达模式中的内涵基本相同，这里不再一一叙述。其中，“示范”是该模式的主要特点，能够满足新时期消费者对购买过程体验的需求。

例2-2

推销大王吉拉德在推销汽车时有一个绝活，就是当客户到了他所在的专卖店，看中了某款汽车，并询问该车性能的时候，吉拉德二话不说，跳上汽车，猛踩油门，汽车风驰电掣地向远方驶去，在视线范围内又猛一掉头，朝着顾客所在的地方疾驶过来，顾客还没回过神来，汽车在离顾客十几米的地方戛然停稳。顾客惊恐之际，吉拉德会询问顾客，感觉汽车性能如何，顾客无不暗自佩服，连连称道。吉拉德利用自己娴熟的驾驶技术给顾客做了一个出乎意料的精彩展示，一下子征服了顾客，赢得了生意。

问题：这种推销方式的奥妙在哪里？

在该模式的操作过程中，有两方面的问题需要注意：

一是推销员应为顾客示范合适的产品，力求有效结合顾客的需求。如果顾客带来进货清单，可按清单上所列品种示范，尽量让顾客参与其中。如果有新产品、潜在畅销产品、进销差价大的特殊品等，推销人员应主动为顾客示范，推销成功的概率也比较大。

二是适时淘汰不适合顾客的产品，主要指淘汰那些不适应顾客需求、与顾客愿望距离较大的产品。主动淘汰这一部分产品，实现产品优化，可以使顾客更容易买到合适的产品。在产品示范与商务沟通过程中，推销人员应尽量了解顾客进货的档次、数量和目标市场消费者的需求特点，做到示范和淘汰的产品都恰到好处。

费比（FABE）模式

费比模式是由郭昆漠总结出来的一种推销模式。FABE是feature（特征）、advantage（优点）、benefit（利益）、evidence（依据）的英文首字母的缩写。“费比”是英文FABE的音译，FABE的四个字母分别代表了费比模式的四个主要步骤，如图2-7所示。

与其他几个模式相比，费比模式有一个显著的特点，即事先把产品特征、优点及能够带给顾客的利益等列示出来，印在宣传单上或写在卡片上，这样就能使顾客一目了然，更好地了解有关的内容，节省顾客疑问的时间，减少顾客异议的内容。正是由于费比模式具有重点突出、简明扼要的特点，在推销实践中显示出计划性和有效性，它受到不少推销人员的大力推崇。其主要内容和特点体现在以下几个方面。

1. 向顾客详细介绍产品的特征

推销人员在见到顾客后，要以合适的语气、准确的语言向顾客介绍产品的特征。介

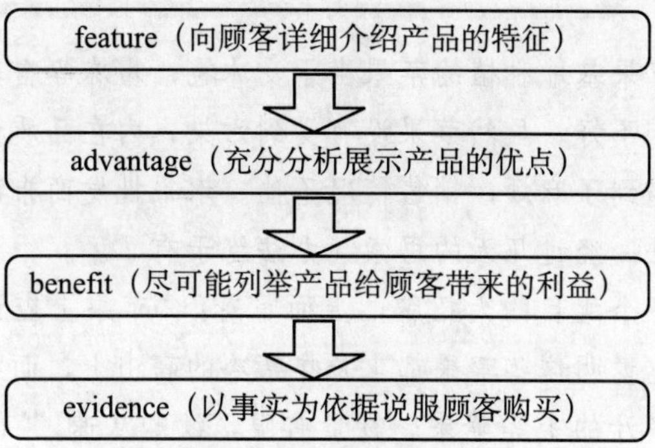

图 2-7　费比模式

绍的内容包括：产品的性能、构造、作用，使用的简易及方便程度，耐久性、经济性、外观优点及价格情况等。如果是新产品，则应更详细地介绍；如果产品在用料或加工工艺方面有所改进，亦应介绍清楚。如果上述内容复杂难记，推销人员可事先制作成宣传单或卡片，在向顾客介绍时方便将材料或卡片交给顾客，因此，提前制作好宣传单或卡片成为费比模式的主要特色，也是该模式成功的关键。

2. 充分分析展示产品的优点

推销人员应找出推销产品区别于竞品在外观设计、功能特点、使用方法、售后服务以及产地、品质、品牌、创始人等方面的独有特征，进行差异化的推介说明，以激发消费者兴趣和便于记忆。在产品展示过程中，要充分地挖掘产品的优点，将其简明扼要地介绍给顾客，不要拖泥带水和面面俱到。如果是新产品，务必说明该产品开发的目的和背景、设计时的主导思想、开发意义以及相对于老产品的差别化优势等。当面对的是具有专业知识的顾客，则尽量以专业术语进行介绍，力求用词简练准确。

3. 尽可能列举产品给顾客带来的利益

顾客购买产品追求的是使用价值、声誉价值以及消费者剩余（高的性价比）等，所以，分析产品对顾客的价值和利益是费比模式中最重要的一环。推销人员应在了解顾客需求的基础上，把产品所能带给顾客的预期利益尽可能地讲清楚，给消费者一个购买的理由。不仅要讲产品实体、功能的利益，更要讲产品给顾客带来的内在的、形式的及附加的利益。在对顾客需求偏好了解不多的情况下，应边讲边观察顾客的专注程度与态度，在顾客表现关注的方面要特别注意多讲、细讲，多举例说明。

4. 以事实为依据说服顾客购买

推销人员应以发生在身边的真实的数字、人证、物证、例证等作为有说服力的证据，解决顾客的各种异议与疑虑，使顾客相信购买该产品是正确的、明智的、合算的，从而产生从众的购买和消费行为。如顾客所认识的人用了效果如何，顾客所知道的某单位用了怎么样等，对消费者都非常具有说服力。

例 2-3

有一年，美国某苹果基地种植的苹果由于受冰雹、霜冻等自然灾害的侵袭，果皮上出现了点点斑痕，卖相不好。虽然苹果没有受到污染，内在品质好，口感脆甜，但是在当年的销售过程中仍遇到了麻烦，销售情况不佳。水果批发商布朗先生面对这种情况很着急，一时想不出办法。经过几天的思索，办法终于有了。

他在店门口竖立一个醒目的大招牌，上面写着："苹果上应该有斑痕，因为那是下冰雹时碰撞的痕迹。它说明这些苹果都生长在寒冷的高山上，而寒冷的高山才能生长出这般香甜爽口、清脆多汁的上等苹果。货量有限，欲购从速。"创意一出，布朗的店内顾客络绎不绝，小贩之间也互相传播着这个信息，布朗还把这个创意在当地报纸上登出，斑点苹果得到了当地消费者的认可，没过多久，布朗的存货就销售一空。有趣的是，经过一个销售季节，斑点苹果成为高品质美味苹果的代名词，有些果贩还专门向布朗预约来年的销售生意。

问题：这种推销方式满足了顾客什么需求？

2.4 推销创新

知识推销

知识推销的理论基础是知识营销，即企业通过产品或行业知识的传播与推广，达到促进产品销售的目的。简单来讲，就是先学习，后购买。通过学习认知产品或行业知识，激发潜在消费者的内在需求，形成购买欲望，促进购买行为。所以，知识营销往往是高科技产品、健康产品、医药产品、美容产品以及新产品的有效营销方式。知识推销的原理与知识营销一样，是让顾客先学习认知，后购买消费。所以，推销员或企业可以通过办理各种讲座、培训班、技术辅导等方式推广自己的产品。懂摄影的人更喜欢购买最先进的照相机，考驾照的人往往也是最可能买车的人，所以，计算机培训学院、驾校等培训机构往往是知识推销最直接的场所，有些药店也通过免费咨询、坐诊等方式推销药品。

1. 知识推销的含义

知识推销是指推销员或企业向目标消费者群传播相关科学知识，进而激发消费者的需要和欲望，最后达到销售产品的目的的一种推销方式。知识推销通过科普宣传等方式让消费者不仅知其然，而且知其所以然，通过认知产品达到销售产品的目的，是一种具有知识含量的先进推销方式。作为一个企业，在搞产品研发的同时，就要想到知识的推广，即消费者教育问题，运用知识推销降低产品风险。如比尔·盖茨斥资2亿美元成立盖茨图书馆基金会，为全球一些低收入地区的图书馆配备最先进的计算机，培训其Windows系统的使用，又捐赠相关软件让当地群众了解计算机知识。比尔·盖茨这种"先教电脑，再卖电脑"的做法就是典型的知识推销。

2. 知识推销的特征

知识推销以产品相关知识的传播为载体，与传统的推销方式相比具有以下特征。

（1）推销的产品不同。

随着科技的进步，传统产品逐步被高技术含量的知识型产品替代，所以知识推销成为必然。推销人员不仅要懂得推销技巧，还要掌握产品的科技知识，才能把这些知识产品有效地推销给消费者。如果推销人员对产品本身的技术含量、使用功能、维修知识一知半解，对消费者的疑问不能解释清楚，发生故障也不能迅速排除，那么推销很难成功。

（2）推销的方式不同。

传统推销以单向传递产品信息、上门推销为主，消费者是被动获取知识，而知识推销以买卖双方互动沟通信息、咨询培训等方式拉动产品销售，消费者是主动获取知识。在目前的知识推销中，网络媒体正在成为主要的推销平台。

（3）推销的环境不同。

在目前知识经济时代，企业的推销环境发生了巨大变化。首先，企业面临的是一个"更加扁平的世界"，经济全球化已经成为现实，企业产品的知识含量也越来越高，所以，全球化和高科技使得知识推销的应用范围越来越广。其次是全球网络化为信息共享、知识传播创造了条件，人们更加关注通过网络获取相关产品知识。

例2-4

上海交大昂立公司是一家生物保健品公司，该公司曾经开展"送你一把金钥匙"的科普活动：通过在社区举办科普讲座，宣传昂立的科学健康理念，传播健康保健知识；通过向市民赠送生物科学书籍，举办科普知识竞赛等，激发市民对生物科技产品的需求，达到其产品推销的目的。公司昂立1号等微生态试剂产品在短短的10年间，销售额达到近百亿元，创造了辉煌的销售业绩。

问题：知识推销是否具有显著的行业特征？

关系推销

关系推销是从关系营销中延伸出来的概念，在实践中逐渐被认同和加以运用。关系推销的理论基础是关系营销，即企业通过与客户建立和发展持续稳定的关系，提高企业经营效益。20世纪80年代，西方的一些企业家发现，通过与客户建立稳定良好的关系，可以改善企业的经营绩效，这个现实使他们认识到，维系一个老客户往往比开发一个新客户更重要，于是产生了关系营销。关系营销自90年代传入中国，得到了广泛的发展和应用。而关系推销就是关系营销理念在现代推销活动中的运用，两者的实质是一样的。

1. 关系推销的含义

关系推销的基本含义是：企业要与顾客、经销商建立更加紧密的工作关系和相互依赖的人情关系，从而发展双方的连续性交往与合作，以提高品牌的忠诚度，巩固和扩大产品的销售。其实，从人际交往的角度看，做销售的过程就是推销员或企业与其商业伙伴从相识到相交、相知，由陌生人变成熟人的相互信任过程。“先做朋友，再做生意”成为行业内的口头禅。美国管理学家罗宾斯说：“优秀的企业家48%的精力用于建立网络”，可见，建立和维护客户关系在推销活动中处于非常重要的位置。

2. 关系推销的特征

关系推销注重和顾客建立长期的关系，注重生意的持续发展，注重“回头客”，而不是一锤子买卖。现代关系推销具有以下几个方面的显著特征。

（1）双向沟通。

只有广泛的信息交流和信息共享，才可能使企业赢得各方利益相关者的支持与合作。传统推销是单向的信息传递，顾客处于被动地位；在关系推销过程中，推销员或企业非常注意与顾客的互动交流，注意听取顾客意见，沟通是双向的，顾客是主动的。

（2）互利互惠。

关系推销旨在通过合作增加关系各方的利益，而不是通过损害其中一方或多方的利益来达到自己单方面的利益。关系推销把顾客放到平等、主动的地位，尊重他们的需要，兼顾他们的利益，强调互利合作，因为只有通过合作才能实现双赢的效果。

（3）情感交融。

与交易营销不同，关系营销强调情感的认同。关系能否得到稳定发展，情感因素起到重要的作用。因此关系推销不只是实现物质利益的互惠双赢，还要让参与各方能从关系建立与维护过程中获得情感交流的机会以及情感需求的满足。

（4）持续发展。

与传统推销只注重一次性交易不同，关系推销强调推销业务的持续发展，要求建立专门的产品和服务部门，用以跟踪顾客、分销商、供应商及其他参与者的需要与态度，广泛了解关系的动态变化，及时反馈信息，采取措施消除不稳定因素，维持良性关系发展。

例2-5

安利是一家国际知名的消费品企业，20世纪80年代进入中国以后发展很好，但在90年代中国政府打击非法传销的过程中受到牵连，业务一落千丈，其内地市场几乎瘫痪。在这危难之时，安利董事长亲自开展公关，寻找企业出路。在中国政府的指导下，安利实现了业务转型，从原有模式转为连锁经营，转危为安。有了这个教训，安利更加注重和当地政府、社区建立良好的关系，经常资助或开展公益事业，同时注重和客户的沟通交流，与客户建立深厚的感情，其业绩稳定增长，内地销售额上百亿元。

问题：关系推销在中国的特点和价值如何？

网络推销

互联网的出现改变了人类的生活方式、工作方式，也改变了企业商业活动的许多模式，必将给未来经济发展带来无限活力与商机。互联网已经进入百姓的生活，成为人们日常生活中不可或缺的部分。人们不但通过网络学习知识、获得信息，而且越来越多的人通过网络购物，进行消费和娱乐。顾客能够登录网站实现日常购买，企业和推销员也可以利用互联网平台实现产品信息的发布和产品的销售，关注客户并建立客户关系，为客户提供个性化解决方案，同时物色新业务，其中的发展空间不可估量。有人说，21世纪应该是电子商务的时代，网络推销可能会成为一个极具发展潜力的新职业，它可能就是你下一个值得挖掘的“金矿”。

据工信部统计，目前我国网民规模已超12亿，不仅遍及大小城镇，而且覆盖了广袤的乡村。另外，从网络平台的交易情况看，阿里巴巴、京东、当当、淘宝网、苏宁易购、唯品会、一号店等已经成为人们购物消费的主要场所，日常交易量几乎占了国内市场的半壁江山，仅阿里巴巴平台的“双11”单日交易量就已突破1 400亿元。总之，网购已经成为现代人的一种生活方式，网络交易已经成为当今商品交易的重要渠道，未来以互联网为依托，通过运用大数据、人工智能等先进技术手段进行网络推销的前途不可限量，但网络推销也给传统人员推销带来了挑战。

1. 网络推销的含义

网络推销是利用互联网技术和平台构建基于网络的虚拟市场，向目标顾客开展产品或服务销售的经营活动。互联网的发展是网络推销产生的技术基础，互联网上各种各样的产品和服务，体现出连接、传输、互动、存取各类形式信息的功能，使得互联网成为具备商业交易与互动沟通的能力的经营平台。通过互联网，企业可以开展一系列经营活动，如信息发布、网址推广、销售促进、建立品牌、渠道建设、网上调研、顾客服务等。

随着现代信息科技的快速发展，互联网特别是移动互联网已经成为商品交易的主要载体和平台。B2C、B2B、微博、微信、QQ、App等虚拟渠道受到消费者的青睐并在企业经营中逐步得到推广和广泛应用，由此进一步形成了O2O等线上和线下相结合的新型销售模式，因此，现代网络推销需更加重视现代社交平台和媒介的运用。

2. 网络推销的特征

网络推销这种新的基于互联网的销售方式必然会对旧的销售方式产生影响，传统推销人员及面对面推销方式（如店面推销、上门推销）势必受到冲击。在美国等国家已经出现这样的势头，大部分企业利用网络进行销售，其传统的推销人员逐渐减少，像网上书店、超市、二手车市场等地方，传统推销人员已转变成网络管理员和信息处理员的角色。企业利用互联网开展经营活动，显示出越来越多的优势。互联网的全球性、虚拟性、互动性和高成长性，造就了一个独特的营销环境，使网络推销具有如下特点及优势。

（1）交互性特点。

企业通过互联网推销可以与顾客进行实时沟通，向顾客传递高效有用的信息，并且更有效、更明确地了解和挖掘顾客的潜在需求，实现及时反馈和更新。

（2）个性化特点。

消费者通过互联网选择自己喜欢的产品，披露需求信息，企业可以根据顾客的个性需求及特征，为其定制符合其个性化要求的产品，提供一对一服务。

（3）低成本特点。

低成本是现代企业热衷于网络营销的最直接原因。企业以互联网为推销工具，可以大大降低企业的交易成本，把价值让渡给目标顾客，亦可以减少顾客的购买成本。通过网络交易买卖双方都得以降低成本，实现双赢。

（4）指向性特点。

企业通过互联网推销产品，还可以做到具有针对性。一般来讲，物以类聚，人以群分，一方面，不同类型的顾客会去搜寻不同的网站内容，如汽车发烧友会关注汽车网站；另一方面，不同的产品也可以到不同的网上论坛去发布信息，做到有的放矢。

例2-6

戴尔公司是全球知名的经营个人电脑的企业，主要通过互联网络推销自己的产品，由此成就了自己的霸业，在行业内独树一帜。戴尔利用互联网发布产品信息，推出几种电脑套装产品供客户选择，同时公布了各种规格的零部件售价，客户可以根据自己的工作特点及特殊需要进行“点菜”组装，公司根据客户的下单进行个性化的生产（组合），提供个性化的售中、售后服务。这种销售模式满足了消费者的个性化需求，一经推出就得到了消费者的认同，也帮助戴尔成就了伟业。

问题：网络推销的前景怎样?

体验推销

体验推销又称体验式推销，其理论基础源于20世纪末在西方兴起的体验营销（experiential marketing)，也称体验式营销。按照施密特在其《体验式营销》一书中的观点，体验式营销是站在消费者的感官（sense）、情感（feel）、思考（think）、行动（action）、关联（relation）五个方面，重新定义设计营销的方式，它在内容上包括感官娱乐体验、精神愉悦体验、情感感动体验、心灵震撼体验四个方面。体验营销突破了传统上“理性消费者”的假设，认为消费者是理性与感性兼具的，消费者在消费前、消费时、消费后的体验感受，才是研究消费者行为的关键。随着经济的发展和人们消费水平的提高，消费者越来越关注购物过程的美好感受和产品消费过程的独特体验，越来越希望能够参与到购物甚至产品的生产过程中，换句话说，越来越注重参与、互动、体验的消费需求。所以，新时期体验营销或推销必将具有广阔的应用前景。

1. 体验推销的含义

所谓体验推销，是指企业以消费者为中心，通过对事件、情景的安排以及特定体验过程的设计，让消费者在体验中产生美妙且深刻的印象，并获得精神满足，从而实现产品销售的过程。在人们的消费需求日趋差异化、个性化、多样化的今天，消费者已经不仅仅关注产品本身所带来的使用价值或功能价值，而是更重视在产品购买、消费过程中获得的愉悦、美好或震撼的“体验感觉”，更加重视心理价值。

2. 体验推销的特征

体验推销是一种满足顾客体验心理需求的推销方式，要求顾客积极主动地参与。企业在实施体验推销的过程中，各个部门之间高度协调，注重体验传递的一致性和整体性，为消费者营造购物过程的整个体验，以使消费者“难忘”而购买。与传统推销方式相比，体验推销具有如下显著特征。

（1）在产品策略上，传统推销注重产品的品质及功能，即使用价值，而体验推销只把产品视作道具，更关注产品的体验特征，更专注传递给顾客个性化的购物及消费的体验价值。

（2）在定价策略上，传统推销运用成本、需求及竞争定价法，考量的是性价比，而体验推销基于顾客可感知的体验价值进行定价，把价格视为衡量体验的一种功用，如顾客愿意在星巴克为 40～50 元一杯的咖啡体验付费。

（3）在渠道策略上，传统推销可以根据产品的不同而采用直销或分销，而体验推销一般只依靠便于控制的直接渠道创造并传递体验，在企业精心设计的体验场景中，所有接触到顾客的物体都成为传递体验价值的载体。

（4）在促销策略上，传统推销可以运用人员推销、广告、营业推广及公共关系等促销方式，而体验推销则把各种促销手段融入体验过程之中，以情感为基点，通过参与互动使信息传递流畅，消费者置身体验场景流连忘返，欲罢不能。体验式推销具有很强的市场穿透力，许多跨国公司在开拓中国市场的过程中曾经运用体验推销策略，取得了很大的成功，如哈根达斯、星巴克、摩托罗拉、耐克、可口可乐和百事等。

例 2-7

宜家家居的销售是体验推销的典型代表。在宜家购物，你完全可以自由地选择，充分享受逛商场的乐趣，没有人主动来干预和打扰。宜家公司从产品设计、销售环境布局到购买过程，为顾客全面营造体验氛围，鼓励顾客在卖场进行全面的亲身体验。据说，1953年宜家在自己的发源地瑞典就开辟了样板间，让人们可以亲自体验，可谓体验推销的先驱。宜家进入中国以后，其样板间的设计充分结合中国人的生活要求和特点，考虑不同产品的颜色、灯光、材料等的搭配效果，力图打造具有中国特色的家居产品，并鼓励消费者买回家后自己进行搭配。而在产品上，宜家也设计了消费者自己动手体验的过程，宜家的大件产品都是可以拆分的，消费者可以将部件带回家自己组装，还提供各种各样的安装工具，配备了安装指导手册和宣传片。另外，宜家出售的一些沙发，展示处还特意提示顾客："请坐上去！感觉一下它是多么舒服！"宜家出售的餐椅你可以坐上去感觉，宜家出售的席梦思床你可以躺一躺是否舒服。总之，在宜家购物，你会感觉惬意舒适。

问题：体验推销是否对产品及行业属性有特殊要求？

案例分析

把握心理巧推销

潘德仁先生在推销过程中非常善于琢磨客户的心理，抓住客户需求，并运用娴熟的语言技巧来引导客户做出购买决定。他曾经获得香港第十八届杰出推销员的殊荣。

潘先生曾经在一家办公用品公司当推销员。一次，他来到一个客户办公室推销自己公司的碎纸机，客户在听完产品介绍、弄清购买细节后，说愿意买一台，并表示将在第二天到潘先生处订货。

第二天，潘先生左等右等不见客户前来，他便登门拜访，却发现客户坐在办公桌前看另外一家办公用品公司的样本册，而且目光停留在其中一页上。潘先生凭着对本行业产品的全面了解，一眼便知客户正在关注的产品和昨天他所推销的产品属于同一类型，区别仅仅在于对方产品有扇清除纸屑的小拉门。

潘先生彬彬有礼地说："打扰您了，我在公司等了好久还不见您来，知道您一定很忙，所以就亲自来您这儿了。"

客户只应了一声"请坐"，又低头去看刚才那一页。潘先生已经猜出客户喜欢碎纸机，成交有戏。沉思片刻之后，找到一把椅子在客户旁边坐下，对客户说："我们公司的碎纸机上有圆洞，同样可以取出纸屑，而且方便美观得多"，"圆洞设计比方门设计方便耐用，又更平滑、流畅、美观，圆满的设计包您用了满意"。

潘先生的解释打消了客户心中的顾虑，客户点了点头，同意下订单。

问题

1. 潘先生采用的是哪一种推销模式？

2. 从潘先生的成功推销中你可以获得什么启示？

重点名词

爱达模式　迪伯达模式　埃德帕模式　费比模式

测试题

1. 推销三角理论认为，推销活动中最重要的三个要素是产品（服务）、企业（品牌）、________（推销能力）。

（1）价格　（2）地点　（3）关系　（4）自己

2. 推销方格理论是美国著名管理学家布莱克和莫顿教授的管理方格理论在推销领域的具体运用，包括推销人员方格和________。

（1）销售方格　（2）绩效方格　（3）领导方格　（4）顾客方格

3. 爱达模式、迪伯达模式和埃德帕模式都是著名推销专家________根据自身推销经验总结出来的推销模式，在其《推销技巧——怎样赢得顾客》一书中有详细介绍。

（1）科特勒　（2）原一平　（3）吉拉德　（4）戈德曼

4. 互联网的全球性、虚拟性、互动性和高成长性使网络推销具有交互性、个性化、低成本和________的特点及优势。

（1）直接性　（2）生动性　（3）娱乐性　（4）指向性

5. 根据施密特的观点，体验式营销是站在消费者的感官、情感、思考、行动和________五个方面，重新定义设计营销的方式。

（1）成本　（2）便利　（3）沟通　（4）关联

思考题

1. 推销人员方格和顾客方格对推销工作有什么指导意义？

2. 在四种典型模式中你最认同哪一种推销模式？为什么？

3. 怎样看待体验推销的行业特征与应用前景？

第3章

推销员自我准备

本章要点

- 了解推销员的基本素质
- 了解推销员的知识准备
- 了解推销员的核心能力
- 理解优秀推销员的个性特质

引　例

促销员的专业知识

星期六下午，一位顾客找到某公司总经理，称自己一个小时前在该公司购买的某品牌羊毛衫名不副实。总经理耐着性子听完顾客的诉说，原来这件毛衫的成分标志上标明人造丝55%、尼龙45%，而顾客所出示的发票上却标着“羊毛衫”，顾客还说，促销员在介绍该产品时也说是羊毛衫。经与该促销员核实，顾客反映的情况基本属实。问题就出在该促销员对商品知之甚少，让顾客觉得上当受骗。无奈，总经理只得对顾客做出解释、赔礼道歉，并同意做退货处理。事后，总经理做了一个决定：促销员上岗前必须经过商品知识考核，否则不得上岗。

思考：促销员需要具备哪些方面的素质？

推销是一项事业，更是一种生存的艺术。推销工作不仅能为人们带来财富，而且能够锻炼销售人员为人处世的技能，推销可使你的各项能力倍增，你会更有智慧，在生活的各个方面得心应手。销售是世界上最具挑战性的工作之一，有人说能做好销售工作的人，任何事情都能做好。

3.1 推销员的基本素质

推销并不是轻而易举的工作，而是一项极富创造性与挑战性的工作。销售工作的丰厚回报与挑战性吸引着大批人从事销售工作，但真正在销售岗位上成功的人却是极少数。要想做好销售工作，推销员需要做好充分的自我准备，其中个人的综合素质和能力是关键，所以，做销售首先要做好推销员的自我准备。

推销过程就是一个信息传递的过程，推销员要以自己丰富的学识、生动的语言和过人的魅力来感染顾客，改变顾客的态度从而使其接受商品。推销员在推销过程中，首先推销的是自己，其次是推销商品的功能，最后才是推销商品本身。推销是一种人与人直接打交道的过程。要想让别人接纳你所推销的商品，首先就要求你自己被顾客接受，所以，推销员必须不断提升自身的素质。

道德素质准备

所谓推销道德，是指推销活动行为规范的总和。推销道德的基本原则是：诚信、负责、公平。“做人之道，以诚为本”。推销员应该养成高尚的职业道德情操，不弄虚作假、以劣充优，不招摇撞骗、坑害顾客，不见利忘义、唯利是图。做销售首先是“做人”，“小胜靠智，大胜靠德”，所以推销员首先要具备良好的道德素质，有正确的经营思想、良好的职业道德，要具有高度的责任感，为人诚信。

古人云：言而无信，不知其可也。诚信是推销员具备良好道德素质的基本准则，诚信包括对企业诚信和对客户诚信。对企业来说，推销员的诚信不仅仅是不说假话，那是诚信的最低标准，所谓的诚信应当包括：真实地反映情况、不歪曲事实、能够及时地察觉问题的真相等等，这些都是诚信的范畴。缺乏诚信常常使推销员处于不利的地位。以一个服务零售店的普通销售员为例，一个客户在试穿一件外套时，客户满怀诚意地征询销售员的意见：“这件衣服我穿着怎么样?”“不错不错，太适合你了。”销售员回答道。客户又试了另外一件不同风格的衣服，销售员同样回答：“不错不错，很适合你啊。”这种情况下，客户很快就会意识到那位销售员的建议是没有价值的，他是不会说真话的，他唯一的目的就是把东西卖出去。当客户明白了这一点，是不会在那里购买的。

另外，从客户的角度来看，绝大多数客户认为诚信是销售人员的根本要素，对于客户来说，诚信的概念解释为真诚、实在更贴切。这就要求销售人员不仅在外表体现实在，

例3-1 要“小聪明”要不得

在内涵上也要体现真诚实在，并将此作为追求目标。客户是公司利益的来源，甚至可以说是“衣食父母”。诚实守信，是做生意之本，也是做人之本。推销员最忌讳的就是为了眼前的一点小利去欺骗客户，个别推销员自以为是，采用欺骗手段获得客户的信任，自以为能将客户玩弄于股掌之间，殊不知，这纯粹是玩火自焚，一旦东窗事发，受伤的还是自己。推销员切忌为了盲目追求销售业绩而不择手段，更不能认为只要自己业绩好，公司形象无所谓。

文化素质准备

优秀的推销员还应具备良好的文化素质。对推销员来说，具备良好的文化素质，能够提升个人在客户心目中的整体形象，同时，良好的文化素质可以为推销员提供更多与客户的谈资。在文化素质方面，要求推销员具有一定的专业知识，如经济学、市场学、心理学、经济法、社会学等；还应在文学、艺术、地理、历史、哲学、自然科学、国际时事、外语、礼仪表达、风土人情等方面充实自己。

推销员具有较好的文化修养，能够更好地交流，利于出谋划策，便于审时度势，对于搞好推销工作是非常有利的。具体表现在以下几个方面：

首先，拥有丰富扎实的文化知识是塑造推销员个人良好形象的重要因素，在客户的心目当中可以树立专业且综合素质高的印象，此种印象可以促使客户对推销员所在公司及所销售产品形成积极正面的印象。

其次，丰富的文化知识可以成为推销员与客户沟通交往时的谈资，共同的爱好或见解有助于拉近推销员与客户之间的距离，有利于增进客情。有一个推销员，在向一个潜在的大客户进行推销时遇到难题，他每次去拜访，该客户都是冷漠相待，不论推销员说什么该客户都没有兴趣。后来，该推销员从侧面了解到，该客户虽然已经40多岁，但是个超级动漫迷，尤其对日本的动漫如痴如醉。该推销员自己对动漫并没有太大的兴趣，但是他马上找来几乎所有的日本动漫方面的书籍和影片，经过20天的学习和了解，对动漫的相关知识有了大体的了解和认识后，他又去拜访客户。客户的冷漠态度依旧，推销员逐渐将话题转向动漫，一下子调动起了客户的谈话兴趣，到最后，完全变成了客户自己的演讲，最终，客户感叹：“在我这个年纪能找到动漫知己真的很难得啊。这真是个愉快的下午。”最终的结果是推销员成功获得订单，并且跟该客户成了好朋友。

最后，推销员了解必要的社会习俗和风土人情方面的知识，在与客户交往的过程中，可以避免因不了解对方的风俗习惯而做出让客户不满意的行为。大家非常熟悉的品牌金利来最早进入的是香港市场，当时其中文名称是从英文（Gold Lion）直译的金狮。但是因为粤语里金狮的谐音是“尽输”“今输”，很不吉利。金利来就改用直译加音译，起了这个吉利好听的名字。

心理素质准备

优秀的推销员应具备良好的心理素质，良好的心理素质包括以下几个方面。

1. 坚定的自信心

萧伯纳说过："有自信心的人，可以化渺小为伟大，化平庸为神奇。自信心是支撑人们做任何工作走向成功的基础，而对于推销员来说，强大的自信心尤为重要。"据统计，在所有的工作当中，销售工作的淘汰率是最高的。面对激烈的竞争、客户傲慢的态度和多次无情的拒绝，大多数推销员都会怀疑自己是否具备做销售的素质和能力，销售人员的自信心极易受到冲击。自信具有传染性，推销员对自己具有足够的信心，可以感染客户，使之对自己产生信任感。相信自己，相信自己一定能成功，这一点对推销员而言至关重要。

（1）相信自己的企业。推销员充分相信自己所代表的企业，才能具备从事推销工作应有的向心力、荣誉感和责任感；才能使其具备主人翁的工作热情，并在推销事业中发挥创造精神。只有相信自己的企业，才能在推销工作中脚踏实地、信心百倍；才能在遇到错综复杂的情况时，保持头脑冷静；才能以企业为后盾，大胆开创推销新局面。同时，相信自己的企业有利于增强自信心。连自己的企业都不相信的推销员是不可能长期对企业和顾客有所作为的。推销员对企业的相信，包括相信企业经营行为的合法性、合理性，相信企业的决策、管理能力，相信企业改革和发展的前景等。

（2）相信自己的产品。推销员对本企业产品建立信心的基本前提是产品是可以信任的，是符合质量标准和适销对路的。"己所不欲，勿施于人"。世界著名的激励大师金克拉曾说过："别推销连自己都不相信的产品。"在顾客看来，对产品缺乏信心的推销员，不是油嘴滑舌、费尽心机的骗子，就是狡诈多端的乞丐。推销员只有相信和喜欢本企业的产品，才会充分调动积极情绪，充满热情地投入推销工作，并用自己的热情感染对方接受产品。

（3）相信自己。推销员的自信心是完成推销任务、实现自己的目标的前提。自信心能够激发推销员的自强心，激发推销员开拓进取的活力和创造力，有利于推销员充分调动自己内在的潜能；自信心可以增加推销员的勇气，促使推销员勇于克服困难，勇于面对现实；自信心能帮助推销员赢得顾客的信任，只有对自己充满信心，才能感染顾客，影响顾客，改变顾客的态度，使顾客对推销员产生信心，进而相信并购买推销员所推销的产品。推销员对自己的相信，包括：相信自己从事的推销事业的意义；相信自己从事推销事业的智慧和能力；相信自己拥有充满希望的美好明天。

小知识　胆怯：不敢敲客户的门怎么办？

2. 顽强的意志品质

在推销工作中，推销员会遇到来自多方面的问题和障碍，瞬息万变的市场、激烈的竞争、严厉的拒绝、冷嘲热讽、怀疑奚落等，无一不是对推销员意志的考验。面对考验，推销员要有正确的心态，要有远大的理想、勤奋进取，要有不达目的绝不罢休的恒心与意志才能坚持下去。很多推销员在刚入职时信心百倍，斗志昂扬，但在工作一段时间后，工作的压力致使自信心和自尊心遭受打击，慢慢开始怀疑自己，怀疑自己的工作，乃至最后退出推销职业。所以说推销员一定要具备顽强的意志，面对推销中的种种困难，要始终坚定信念，坚持到底。

例3-2 成功缘于坚持

身体素质准备

推销是一项十分辛苦的工作，推销人员要起早贪黑、东奔西走，要经常出差、食宿无规律，要思考和处理各种推销业务，还要经受失败和挫折的打击。这样不仅要消耗体力，还需要有旺盛的精力。推销人员每一次交易的完成都是拜访多名客户或一个客户多次拜访的结果，推销人员要付出大量心理上、体能上的消耗，这些均要求推销人员拥有健康的体魄。为此，推销人员应注意以下几点：

（1）要经常保持良好的心态；

（2）要学会放松自己；

（3）每天坚持运动；

（4）要注意饮食卫生和预防疾病；

（5）要保证必要的休息。

小知识

成功推销员的四大素质

在营销行业，什么样的素质能使优秀的推销员脱颖而出？什么样的素质能使干练的推销员不同于那些平庸之辈？为此，盖洛普管理咨询公司对近50万名推销员进行了调查。研究表明，优秀的推销员具有以下四个方面的素质与能力。

1. 内在动力

“不同的人有不同的动力——自尊心、幸福、金钱，你什么都可以列举，”一位专家说，“但是所有优秀的推销员都有一个共同点：有成为杰出之士的无尽动力。”这种强烈的内在动力可以通过锤炼和磨炼形成，却不是能教会的。动力的源泉各不相同——有的受金钱驱使，有的渴望得到承认，有的喜欢广泛的交际。盖洛普研究揭示了四种性格类型（竞争型、成就型、自我实现型和关系型），这四种人都可能成为优秀的推销员，但有各自不同的动力源泉。

竞争型的人不仅想要成功，而且渴望战胜对手——其他公司和其他推销员获得的满足感。他们能站出来对一个同行说："你是本年度最佳推销员，我不是对你不恭，但我会与你一争高低的。"成就型的销售人员会给自己定目标，且把目标定得比别人高，只要是团队能够取得好成绩，他不在乎功劳归谁，他是优秀的团队成员，他喜欢接受挑战。追求自我实现的推销员就是为了体验一下获胜的荣耀。他们不论竞争如何，就想把自己的目标定得比自己能做到的要高。他们一般能成为最好的营销经理，因为他们只要能使自己的机构完成任务，对他人的成败与否看得不重。最后一种是关系型推销员，他们的长处在于能与客户建立和发展好的业务关系。他们为人慷慨、周到，做事尽力。"这样的推销员是非常难得的，"美能达公司商务部国内培训经理说，"我们需要那种能够耐心回答顾客可能提出的第十个问题的推销员，那种愿意和客户在一起的推销员。"

没有谁是单纯的竞争型、成就型、自我实现型或关系型推销员。多数优秀的推销员或多或少属于其中的某种类型。"竞争型的推销员如果有一些关系意识，他可能除在照顾客户方面干得很好外，还能得到大笔业务。"盖洛普管理咨询公司主任认为，"对这样的人，谁还能苛求更多呢？"

2. 严谨的工作作风

不管他们的动机如何，如果销售人员组织不好，凝聚力不强，工作不尽力，他们就不能满足现代客户越来越多的要求。优秀的推销员能坚持制定详细周密的计划，然后坚决执行。在推销工作中没有什么神奇的方法，有的只是严密的组织和勤奋的工作。"我们最棒的推销员从不拖拖拉拉，"一家小型物资贸易公司的总裁说，"如果说他们将在6个月后会面，那么你可以相信6个月之后他们肯定会到客户门前。"优秀的推销员依靠的是勤奋的工作，而不是运气或是雕虫小技。"有人说他们能碰到好运气，但那是因为他们早出晚归，有时为一项计划要工作到凌晨两点，或是在一天的工作快结束、人们都要离开办公室时还在与人商谈。"

3. 完成推销的能力

如果一个推销员不能让客户订货，其他技巧都是空谈。不能成交就称不上推销。因此，如何才能成为一名优秀的推销员呢？经理们和推销事务顾问们认为有一点很重要，即一种百折不挠、坚持到底的精神。其中有人认为："优秀的推销员和优秀的运动员一样。他们不畏惧失败，直到最后一刻也不会放弃努力。"优秀的推销员失败率较低的原因就是他们对自己和推销的产品深信不疑。优秀的推销员非常自信，认为他们的决策是正确的。他们十分渴望做成交易——在法律和道德允许的范围内无论采用何种方法都要使交易成功。

4. 建立关系的能力

在当今的关系营销环境中，作为优秀的推销员，最重要的一点就是成为解决客户问题的能手和与客户拉关系的行家。他们能本能地理解客户的需求。如果你和营销主管谈谈，他会这样描述优秀的推销员：全神贯注、有耐心、够周到、反应迅速、能听进话、十分真诚。优秀的推销员能够站在顾客的立场上用客户的眼光看问题。当今的客户寻求的是业务伙伴，而不是打高尔夫球的伙伴。“问题的根本在于要目的明确，”达拉斯的一位推销顾问说，“优秀的推销员不是讨别人的喜欢，他们要的就是盈利。”他还补充道：“优秀的推销员总是想到大事情，客户的业务将向何处发展，他们怎样才能帮上客户的忙。”

3.2 推销员的知识准备

推销员每天要与各种各样的顾客打交道，推销员自身业务知识的广度和深度在很大程度上决定着推销员的推销能力，也影响着客户对推销员的印象。同时，现代推销理念对推销员的综合素质提出了更高的要求——顾问型销售人员，即推销员不仅掌握基本的业务知识，还能够根据基本的业务知识为客户提出非常深入、有见地的意见或看法。过去，客户因为产品和服务信息匮乏而苦恼。随着现代信息技术的发展，客户不再为缺少信息而煎熬，他们为不能全面理解所处的市场环境而痛苦，他们需要的是推销员的洞见，所以，推销员首先要掌握必要的业务知识，并对相关知识进行深入的分析，向客户提出有价值的意见。推销员应该掌握的业务知识主要包括以下几方面。

企业知识准备

1. 企业的历史

推销员应掌握企业的创建情况、发展历程、经营的指导思想、经营的方针目标、企业发展壮大的背景知识、发展过程中的名人轶事。掌握这些有关企业历史的知识可以使推销员在与顾客交谈时，显得知识渊博，能够让客户更加详细全面地了解推销员所在企业的状况，使客户对推销员所在的企业形成良好的印象；同时推销员能够熟练且自豪地讲出企业的发展历史，可以给客户留下热爱企业的印象，有利于树立推销员在客户心中的形象；另外，推销员向客户介绍企业的历史，可以增强推销员对自身工作的自豪感和归属感，提升推销时的信心。

2. 企业规模的大小

推销员要熟悉企业的规模大小。在与顾客的洽谈中，顾客一般会认为规模大的公司比较可信，销售过程中也比较占优势。企业规模的大小可以通过下列指标反映：市场占有率，原材料的运用情况，日产量、年产量，公司雇员人数，工厂、办公室的规模及数量和工资总额。

3. 企业的财务状况

推销员要了解企业的资产、负债状况，在与顾客签订合同、顾客支付产品交易的预付款时，都必须知道这些情况。否则，推销将难以成功。

4. 企业的领导与组织机构

推销员应了解企业领导层人员的职务、姓名、行业地位、名声、经营理念等，对那些与销售有关的部门和人员也应非常熟悉。

5. 企业的规章制度和政策

推销员要熟悉企业的赊销规定、企业的价格政策、企业的服务措施等各项规章制度和政策。

产品知识准备

要想成功地打动客户，再出色的口才也不及性能优越的产品！一名合格的推销员对企业生产的尤其是自己负责推销的产品和服务应该非常熟悉，缺乏产品知识的推销员是很难说服顾客购买的。甚至有的销售员对自己推销的产品只知道个大概，有的只知道价格，就开始了推销工作，造成一问三不知的尴尬局面，客户进一步详细询问就更是不知所云了。这样不但造成了客户对产品的怀疑，而且造成公司名誉的受损，更是自身业务上毫无进展的重要原因。中国古代的寓言故事《庖丁解牛》告诉大家，如果销售人员对自己产品的了解程度达到庖丁的熟练程度，那么推销就不再是一件苦差事。

推销员应该了解的产品方面的知识包括：

1. 产品的基本特征

（1）产品的物理属性。产品的物理属性包括硬性特征和软性特征，硬性特征是指产品的大小、重量、容量、长度、构造、原料、式样、颜色、速度、改良之处及专利技术等相关的信息；软性特征是指产品的设计风格、色彩、流行性等。

（2）产品的生产流程。了解产品的生产工艺流程、所用材料、质量控制方法等。

（3）产品的性能指标。了解产品的性能指标如产品的温度极限、功率、电流、使用寿命等。同时，应掌握一些产品的使用、维修方面的基本技术和知识。

（4）产品的交易条件。包括产品的价格和付款方式、运输方式、质保年限、维修条件和购买程序等。

（5）产品的使用知识。包括产品使用方法、操作方法、使用时的注意事项等。

2. 产品的价值取向

产品的价值取向是指产品能给使用者带来的价值。产品整体概念认为产品包括三个层次：核心产品、形式产品和延伸产品。核心产品是消费者购买某种产品时所追求的利益和效用，是产品整体概念中最基本、最主要的部分，是顾客购买产品核心利益所在。形式产品是核心产品借以实现的具体表现形式。延伸产品是指顾客购买形式产品和期望产品时，附带获得的各种利益的总和，包括产品说明书、质量保证、维修、送货、技术服务等。

推销员应该对产品的整体进行深入了解，分析产品带给顾客的最核心的利益是什么、表现核心利益的最优形式是什么以及顾客最关注的延伸产品在哪里，只有这样才能在推销的过程中，抓住消费者的心理，进行针对性的推销。

构成产品使用价值的几个因素为：

（1）品牌。品牌是确立客户购买决策的重要因素，需了解在众多的产品品牌中，自己所销售的产品的品牌形象及市场占有率是否处于有利的地位。而且，了解品牌的知识不但对说服客户有帮助，也有利于培养推销员对该品牌的归属感和荣誉感，增强其销售的信心。

（2）产品的性价比。通过产品说明书的性能参数来确定产品的性能、性价比是客户确定投入的重要依据。

（3）服务。服务不仅指售后服务，而且包括整个销售过程中给客户带来的信心和方便。

（4）产品的优点。优点即产品在功效上表现出的特点。

（5）产品的特殊利益。特殊利益是指产品能满足客户本身特殊的要求，如每天和国外总部联系，利用传真机，可以加快速度，并节约国际电话费。

3. 产品竞争差异

客户经常会在不同品牌之间进行比较，并提出疑问，因此，推销员必须了解竞争产品的相关知识。

（1）品种。主要竞争产品的卖点是什么？质量、价格、性能及特点如何？与本公司产品相比其优缺点是什么？推出的新品是什么？

（2）促销方式。竞争产品的促销形式是什么？哪些方面对本公司的产品有影响？

（3）销售人员。竞争产品的推销员着装、外形、销售技巧怎么样？有哪些值得自己学习？有哪些应该避免？

（4）客户。竞争产品的客户数量有多少？层次怎么样？他们为什么选择购买竞争产品？

4. 产品的诉求点

推销员要想有效地说服客户，除应具备完备的产品知识外，还需要明确重点的说明方向——产品的诉求点。

（1）找出产品的卖点及独特卖点。

卖点即客户购买你的产品的理由；独特卖点是客户要买你的产品而不买竞争产品的

原因。台湾著名营销专家余世维曾经代理过捷豹牌汽车，在开始销售之前，他就明确应该给自己代理的汽车找到区别于其他竞争品牌的吸引消费者的卖点，最终他了解到英国皇室的戴安娜王妃曾经的座驾就是捷豹牌汽车，但不是同一款式。于是，余世维想办法找到了戴安娜王妃乘坐捷豹牌汽车的照片，并翻印了很多张。他让推销员在向客户推销捷豹牌汽车的时候，一定要提到戴安娜王妃的座驾也是捷豹牌，并赠送一张照片给客户，结果他代理的十辆捷豹牌汽车很快销售一空。

(2) 找出产品的优点和缺点，并制定相应的对策。

推销员要找出产品的优点，作为重点推介；找出缺点，考虑如何将缺点转化为优点或给客户一个合理的解释。对于客户指出自己产品的缺点，有的推销员采取坚决不承认的态度，采用狡辩的方式应对，这样的推销员很容易引起顾客的反感。任何产品都不可能是完美的，客户并不苛求产品没有缺点，大多追求的是合理的性价比，所以，对于客户指出的产品的缺点，推销员应该真诚接受，这种坦诚的态度往往会赢得客户的尊重和好感。

推销专业知识准备

推销渗透在我们的日常生活中，似乎每个人都可以做推销，所以推销工作的入职门槛不高，但真正做好推销工作并不容易。推销是一项艺术，没有固定的方式方法，推销是一项技能，必须在推销实践中锻炼推销本领。要真正做好推销工作，必须掌握一些基本的推销专业知识，这对推销的顺利进行会起到事半功倍的效果。

与推销工作相关的学科知识涉及面很广。实际的推销工作并不要求推销员对这些学科知识有很深的理解，但对一些基本知识要有所了解。这些学科知识包括市场营销学、消费者行为学、商品信息学、经济学、金融学、经济法、企业管理、公共关系、广告学以及国家的法律法规等，尤其要懂得市场知识，能够掌握市场调查、市场预测、商务谈判和推销技巧。

推销的专业知识的获得除了理论的学习以外，还包括社会阅历方面的积累，如待人接物、为人处世经验，这是推销必备的社会知识基础。另外，推销的专业知识是需要专业的培训或者在实践过程中摸索和积累的，比如目标顾客定位、潜在顾客信息寻找和筛选、目标顾客接近、推销业务洽谈、有效讨价还价、顾客异议处理、业务交易促成、电话推销、网络推销、推销售后服务、推销过程管理、大客户管理、应收账款控制、客户关系管理管理、销售团队建设等，都需要相关的专业知识及技能训练。

客户服务知识准备

一个优秀的推销员必须同时是一个优秀的调查员，必须去发现、追踪和了解，直到摸清客户的一切。

1. 善于分析和总结不同客户的特点

了解谁是推销产品的目标顾客，目标顾客的规模有多大，目标顾客的需要是什么，了解客户的购买习惯、购买动机等情况。这需要推销员掌握消费心理学、社会学、经济学以及行为科学等相关知识。

2. 了解顾客购买决策的过程

了解顾客购买决策权在谁手中，谁是购买者，谁是使用者和消费者。了解顾客的购买条件、方式和时间，深入分析不同顾客的心理、习惯、爱好和要求。不同的公司，内部的决策模式是不同的，不能清楚了解公司的决策过程和模式，往往会做无用功，浪费很多时间和金钱，闹出“南辕北辙”的笑话。例如，大多数大型医院的采购决策权归属药剂科主任，而一些小型医院药品的采购权则由业务院长把握，而有些医院由于特殊情况，并不遵循上述规律，所以事前必须了解清楚。

3. 客户公司的基本信息

包括公司的规模大小、公司的财务状况、公司的领导与组织结构、客户的行业特点、产品销售半径、销售方式、竞争对手、股权结构等。

竞争对手知识准备

销售人员必须牢记，任何营销行动都是在竞争的环境中展开的。只有知己知彼，才能百战不殆。对竞争对手情况的了解，是销售人员的必修课。

在日益激烈的市场竞争环境下，企业必须十分注意它们的竞争对手，才能有针对性地制定出有效的营销策略。首先推销人员必须深入了解现有的竞争者。谁是主要的竞争者？其市场定位如何？产品组合如何？价格水平怎样？年销售额有多少？它们的优势和劣势是什么？根据对这些问题的了解，推销人员就可以制定出有针对性的推销策略，目的是避其锋芒，发挥自己的优势，避免自己的劣势。可以说，对竞争对手的状况了解得越清楚，推销员在推销中就越主动、越自信，推销成功的机会就越大。

相关法律知识准备

推销员在工作中要有强烈的法律意识和丰富的法律知识。推销工作是一种复杂的社会活动，受到法律法规制约。在推销过程中，推销员应注意衡量自己的言行是否合法，以及会给社会带来什么后果。所以，推销员有必要学习了解经济法、合同法、民事诉讼法、商标法、广告法、产品质量法、消费者权益保护法、反不正当竞争法等相关法律法规，做到依法推销、诚信推销，反对欺骗性推销和强制推销。

3.3　推销员的能力准备

推销是一项具有很大挑战性的工作。特别是进入 21 世纪以来，随着市场经济的深入发展，企业之间的客户竞争加剧，企业、行业对推销人员的能力要求也越来越高。具体来说优秀的推销人员应具备以下核心能力。

学习能力

时代在不断变化，客户在不断成长。在这个高速发展的时代，除了变化，没有什么东西是不变的，而学习则是让推销员了解外部世界、跟上客户步伐的最有效途径。对于优秀推销员来说，主动学习是指这样一种能力：能够快速地汲取最新知识，了解社会发展趋势；能够将学习到的知识与实际工作进行结合，做到理论与实践相融合。随着经济和社会的快速发展，知识的保鲜期越来越短，推销员必须与时俱进，不断补充和学习新知识。没有良好的学习能力的推销员，在速度决定胜负、速度决定前途的今天势必会被淘汰。

顶尖的推销员都是注重学习的高手，通过学习培养自己的能力，让学习成为习惯，因为成功本身是一种习惯和能力（思考和行为习惯）。成功的推销员都在不断地通过学习超越自我，并且在销售团队里形成学习的氛围，建立学习型组织，有利于自我的提升和组织素质的提升。彼得・圣吉的《第五项修炼》掀起了全球组织学习的热潮。

洞察力

推销员的洞察力包括两方面：一是对市场的洞察力；二是对客户的洞察力。洞察不是简单地看看，而是用专业的眼光和知识去细心地观察，通过观察发现重要的信息。例如，到卖场逛逛一般人可能知道什么产品在促销，什么产品多少钱，而专业的销售人员可以观察到更多信息：别人的产品卖得好是因为什么？推销员也是每个企业的信息反馈员，通过观察获取大量准确的信息反馈是推销员的一大职责。成功的推销员不仅对市场具有很强的洞察力，而且善解人意，心思灵敏，能准确地从客户的言谈举止中窥见对方的思想状况和内在意图，能准确、及时地捕捉到商机。

例 3-3

市场竞争需要职业观察力

一天，推销员小张去一家卖场巡访，偶然看到超市的货运车正在将对手的产品卸车入库。对于推销员来说，这原本是件很平常的事情，但是，那天她却多长了个心眼。她继续观察，发现那天运来的产品比平时多得多。她心里想：“这是怎么回事？对方想干什么？难道是搞大规模促销?”想到这里，她匆忙回到卖场，吩咐一个刚招聘的促销员假扮顾客，到对手的卖场区去询问。原来对手准备几天后连续三天举行大型促销活动。她马上向公司汇报，公司分析确定对手在各卖场准备掀起一次大规模的降价促销活动，打算在公司立足未稳的情况下发起进攻。于是，公司连夜布置，第三天抢先在各卖场全面掀起购货附赠品的促销活动，避免了一场厄运。

沟通能力

推销本身就是推销员与客户之间的一种沟通行为，推销员将产品及相关信息传递给客户并收集客户的反馈意见，这就需要推销员具备语言表达能力、逻辑思维能力、观察判断能力及交际能力。通过与对方沟通，推销员可以了解对方的信息，明白对方的真正意图，将自身信息准确传达给对方；同时，恰当的交流方式（例如语气、语调、表情、神态、说话方式等）使得谈话双方易达成共识。

交际能力

推销是一种交易，也是一种交际。做生意是做人的生意，是与人做生意，因此，社交能力是衡量一个推销员能否适应现代开放社会和做好本职工作的一条重要标准。良好的交际能力可以为推销员提供更多接触潜在客户的机会，获得更多有助于推销工作的信息。推销员必须善于沟通并与各界人士建立紧密的交往关系，要在任何场合都能应付自如、相机行事，推销才可能取得成功。

忍耐力

销售是世界上淘汰率最高的工作之一，很多年轻人怀着远大的理想，踌躇满志地进入推销领域，却在短时间内离开，原因很多，其中最重要的一条是缺乏超常的忍耐力。推销工作需要一个适应过程，可能你需要忍耐一个月、半年甚至一年才开始积累到一些客户，你的业绩和收入才能相应地提高，很多刚进入推销行业的人不能忍受这段时间的艰辛与不易，半途而废都是不能坚持的结果，因此如果你是机会主义者，千万不要从事推销工作。在推销过程中需要忍耐。用一种平常心看待推销过程中的失败，才能“柳暗花明又一村”。

自我控制能力

很多时候推销员是单兵作战，推销员每天从事的工作都不可能完全在领导的监督下进行。推销员还经常遭遇拒绝和挫折，免不了生气，需要控制情绪，保持良好的工作状态，每天都要以饱满的热情迎接新的挑战，所以推销员一定要努力培养自己的自控能力。在日常的推销工作中，推销员不可避免会遇到竞争对手，有时候跟踪很久马上要成功的客户突然被人抢走，有时候会碰到竞争对手在客户面前诋毁自己，有时候是在销售终端的现场竞争。面对这些销售中经常出现的竞争局面，推销员必须用平常心对待，如果不能很好地调节自己的心态，没有较好的自控力，顺着自己的情绪而为，尤其是一些刚入职的销售人员，往往意气用事，容易采取一些过激行为，发生一些不愉快的事情，对自己的职业生涯和公司的名誉都会产生负面影响。

自我调节能力

推销是一项需要承受巨大压力的工作，面对客户的无情拒绝、他人的冷嘲热讽以及许久没有销售业绩，很多推销员的情绪会变得很不稳定，甚至会怀疑自己的能力——是不是自己真的不适合做销售？这样的负面情绪如果不能及时调整，推销员很容易半途而废。面对工作失意、家庭烦恼或其他不顺心的事情时，优秀的推销员总是能够很好地进行自我心理调节。他们绝不会将失意写在脸上，把情绪带进推销，即便遭受再大的痛苦，也会在推销时容光焕发、面带微笑。自我调节并不是压抑感情，而是让自己学会控制自己的情绪，你可以选择多种方式来宣泄，比如喝上一杯，看一场电影，打一场球，只要不将所有不满与愤怒发泄在客户身上就行。

创新应变能力

例 3-4　应变能力是能够训练的吗？

推销是一门技术，更是一门艺术。针对不同的客户需要采用不同的方法和技巧，这就要求推销员必须掌握和熟悉客户的消费心理特征，而客户的消费心理是随着时代的变化而不断变化的。因此，推销员必须具有创新能力，尤其是推销方法和手段。如果一个推销员按照固定模式进行推销，先不说客户是否对这老一套感到厌倦，推销员自身可能也会缺乏激情。

3.4　优秀推销员的个性特质

强烈的企图心

“企图心”是由美国心理学家默里（Murray）提出的，又称为“成就动机”（achievement motivation）或“成功欲望”。默里将成就动机定义为：个人认为对自己很有意义或很有价值的工作，不但愿意去做，而且会全身心地投入，以求成功的心理历程。强烈的企图心就是对成功的强烈欲望，没有强烈的企图心就不会有足够的决心。拥有强烈的企图心的推销员，不会畏惧客户的拒绝，做事一定会全力以赴。不想赚大钱的推销员一般不会创造出良好的业绩。

销售是“业绩为王”的高压力行业，压力可以让人把企图心释放到极致，从而获得顶尖的绩效和可观的收入。但同时，压力也可能使销售人员产生挫败感，甚至心力交瘁，狼狈退出。这是每个推销员可能要面对的喜与悲。一位亚洲成功学专家认为：推销人员要成功，一定要具备三个最重要的条件：一是拥有强烈的企图心；二是拥有强烈的企图心；三是拥有强烈的企图心。他进一步解释道：“如果你的下属不具备这三个条件，你就不必费心去训练他，因为他如果会成功真是活见鬼！”

企图心就是自信和强烈的渴望，是成为顶尖的业务人员必备的心态。从某种意义上说，企图心实际上就是永不满足，永远追求好上加好。对于一名销售人员而言，这会带给他无穷的动力和工作的热情，使他不断地跨越障碍，创造奇迹。顶尖的推销人员胜过一般推销人员靠的并不是口头功夫，而是心理武器，其中最基础的一条就是企图心。企图心正是业绩争霸赛中打败对手的必杀技。你愿不愿意尽全力放手一搏？你会不会设定高远的目标？你能不能持之以恒，勇往直前，走得更远更久？你能不能超越自我获得成功？这些全都取决于你有没有超人一等的“企图心”。总而言之，企图心是成功路上帮你披荆斩棘的利刃，你要向成功的巅峰进发，绝对不能忽视它的重要性。

古希腊有个大哲学家苏格拉底，有一天，一个年轻人想向他学哲学。苏格拉底带着他走到一条河边，突然用力把他推到了河里。年轻人起先以为苏格拉底在跟他开玩笑，并不在意。结果苏格拉底也跳到水里，并且拼命地把他往水底按。这下子，年轻人真的慌了，求生的本能令他拼尽全力将苏格拉底掀开，爬到岸上。年轻人不解地问苏格拉底为什么要这样做，苏格拉底回答道：“我只想告诉你，做什么事都必须有绝处求生那么大的决心，才能有真正的收获。”一个销售人员若拥有像被苏格拉底按在河里的年轻人那样强烈的求生欲的成功欲望的时候，会想方设法去达到其目的，化阻力为助力，将勇往而不胜，而且成功欲望越大则发展越快。所以说企图心将决定销售人员职业生涯发展的高度。

积极的心态

先哲说过：“你的心态就是你真正的主人”，“要么是你驾驭生命，要么是生命驾驭你，你的心态决定谁是坐骑，谁是骑士”。所以，成功的推销员需要具备超人的勇气，不但要挑战推销过程中面临的困难，还需要挑战自己身体、心理、智力的极限。

推销是一项极具挑战性的工作，极其考验人的抗压能力和心理承受能力，艰辛的工作、他人的不理解、客户的拒绝、很久没有业务成交的压力很容易摧毁人的意志，滋生一些负面的心态和情绪，对推销将产生极大的负面作用。要想创造骄人的业绩，最重要的是树立积极向上的销售心态。好的心态就是热情，就是战斗精神，就是勤奋工作，就是忍耐，就是执着的追求，就是积极的思考，就是勇气，不能适时调整心态的人永远无法胜任销售工作。要经常告诉自己“我做得到”“我能行”。

1. 阻碍推销员成功的消极心态

（1）害怕拒绝，为自己寻找退缩的理由。被客户拒绝过的推销员往往担心再次被拒绝，不敢也不愿再次拜访客户。

(2) 销售是在求人，低人一等。在经历被客户毫无情面的拒绝后，很多销售人员开始动摇，开始怀疑销售工作的价值。

(3) 对产品和企业没信心。很多推销员在推销过程中遇到挫折后，往往将自己的失败归咎于产品和企业。

(4) 害怕同行竞争。销售是一项竞争激烈的工作，面对竞争，有的推销员会甘拜下风，不战而退。

(5) 经常抱怨客观条件不利，从不反思自己。例如经常抱怨："是我们公司的政策不对。""我们公司的产品、质量、交易条件、价格不如竞争对手。""竞争厂家的价格比我们的更低。""这个顾客不识货。"

2. 推销员应该具备的积极心态

积极心态打造超凡业绩，真正能够使你的业绩一路飘红的，不是销售技巧，而是最好的心态，只有调整好自己的心态，始终用积极的心态去面对销售，才能成为王牌销售员。

(1) 不怕被客户拒绝。

做销售工作被客户拒绝是不可避免的，关键是怎样去看待它，人们对于不了解的事会拒绝接受，这是人本能上自我保护的反应，是人之常情，不必在意。没有拒绝，就没有销售。因为别人被拒绝打倒了，所以才没有完成销售，我们才有机会。不管做什么事，要想有所收获，就必须勇敢面对，敢于承担风险，敢于面对失败，消除畏惧心理的最好办法就是立即行动，能否坦然面对拒绝并鼓起勇气再去尝试，使推销成功，是检验推销员能力的试金石。

告诉自己成功就在下一次，即使客户拒绝多次，也要面带微笑再试一次，那些成功的销售人员并不是比别人更有运气，只是比别人更具有坚持下去的韧性和勇气。

(2) 销售是一项让人骄傲的职业。

世界知名销售专家乔·吉拉德曾经说过："每一个销售员都应以自己的职业为骄傲，因为销售员推动了整个世界。如果我们不把货物从货架上和仓库里面运出来，整个社会体系的钟就要停摆了。"一些销售员在平时谈笑风生，但到了真正与客户面对面的时候不是语无伦次，就是坐立不安，这是什么原因呢？因为他们把销售看成是一种卑微的职业、求人的工作，因为他们并不是从心里热爱这份工作。这样的销售员是永远也不会取得成功的。

推销员心理角色一般有两种：乞丐心理与使者心理。乞丐心理的推销员认为推销是乞求，请别人、求别人帮助自己办成某项事情，所以在推销时非常害怕客户提出反对意见，害怕客户对产品提出哪怕是一丁点儿的意见。在乞求心理状况下，害怕购买者有丝毫的反对意见或看法，一旦听到反对意见，马上意识到交易将失败。销售行业最忌讳的就是在客户面前卑躬屈膝，如果你连自己都看不起，别人又怎能看得起你？表现得过于谦卑并不会博得客户的好感，反而会让客户大失所望——你对自己都没有信心，别人又怎么可能对你推销的产品有信心呢？一名推销员向一位总经理推销电脑，言行过于谦卑，这让总经理十分反感。总经理看了看电脑，觉得质量不错，但最终并未购买。总经理说："你用不着这样谦卑，你推销的是你的产品，你这个样子，谁愿买你的东西呢？"

使者心理是当今流行的推销员心理，是一种提高自信心的措施。你去走访一个顾客不是求他购买产品，而是向他介绍或推荐一种对他有用（有利）的赚钱的产品，像医生上门看病一样，是给患者带来便利、实惠！你今天迈进某个店面，是这个店面的福气，因为你将给他带来一些意外的惊喜，你将给他带来便利或赚钱的机会。你手中掌握着公司的产品，对客户而言，每一个都是一个获利的机会。你是光明的使者，你给消费者带来生活上的便利！推销员在以上这两种心理模式下，精神状态不一样，展现在客户面前的气质信心也不一样，销售的成绩也不一样。

（3）相信我的产品最好。

自信是优秀的推销员必备的素质，自信包括相信自己、相信自己的企业和产品，连自己都不相信的产品不可能推销给别人。亚洲销售女神徐鹤宁总结自己的成功之道时曾说，要100%地相信自己所推广的产品。推销员始终要相信世界上没有"完美"的产品，只有最"适合"的产品，完美的产品永远不会出现，符合客户需求的产品会不断地推出。我们不是单纯在销售产品，更是在推销我们的价值。

（4）不惧怕竞争。

对于推销员来说，竞争是不可避免的，关键是抱着什么样的心态去对待，坦然地并且积极主动地面对同行的竞争，是任何一个想创造卓越业绩的推销员必备的素质和能力。竞争使我们更加努力，更加成功。为了更好地面对竞争，推销员要做到详细调查了解竞争对手，设立目标，全力以赴。在竞争中不断提高服务质量，这也是在竞争中取胜的最可靠策略。

（5）相信自己而不怨天尤人。

不从自身找原因，总把失败归于外部环境，更谈不上下苦功努力改进，结果业绩越来越差，离成功也越来越远。对一个销售员来说，生意是否景气，不在于外部环境，全在于有没有积极的心态。积极的想法会产生行动的勇气，而消极的想法只会成为面对挑战的障碍。以积极的心态，带着热情和信心去做，全力以赴，就一定能提升销售业绩。

例3-5

思路决定了出路

一家公司的两名销售员同时去一家超市推销产品，甲看到这家超市已经有很多同类产品，竞品卖得相当好而且利润比自己的产品高，即认为该店此类产品已经饱和，很难说服老板进货，即使进了货也不一定好卖；乙也看到这家超市同类产品很多，认为这也同时证明了该店的此类产品销售较旺，有很大的开发潜力。经了解该店销售最好的是××品牌，自己的产品相对其虽有差距但也有独特的优势，于是乙用尽浑身解数说服超市老板进货，同时针对××产品制定了促销政策，不久这家超市成了公司的样板店。

问题：怎样看待两种截然不同的结论？

销售激情

激情，这是一个四处充溢的字眼，从学校到社会，从事业到生活，人们都在呼唤着激情。没有激情就没有销售。有了激情才有灵感的火花，才有鲜明的个性，才有人际关系中的强烈感染力，也才有解决问题的魄力和方法。

销售员每天面对的失败与压力，远远胜过其他职业。这种状态很容易消磨掉人的斗志，吞噬掉人的激情。可是，销售员一旦没有了激情，就像飞机没有了燃油，结果只能是一落千丈。所以，销售员每天必做的工作，就是不断给自己打气，鼓励自己，也鼓励他人。久而久之，形成习惯，形成性格。激情，就是征服世界的利剑。

激情并不是盲目乐观，而是看重事情有利的一面，并尽一切可能，转化事情不利的一面。激情也不是自我陶醉，他清醒地认识到自己的不足，巧妙地扬长避短；激情不是明哲保身，他只有先感染自己才能感染他人，包括他的顾客、他的同事、他的对手都是他传播激情的对象。一个饱含激情的销售员，足以影响他所在的团队，让大家看到光明和希望。

良好的自控力

例3-6　销售女神徐鹤宁

推销是一项个体性较强的工作，纷繁复杂的工作往往需要推销员自己进行调控和把握。例如如何把握销售的进程？每一天的工作时间如何分配？这些需要推销员拥有良好的自我管理能力，没有良好的自我管理能力，推销员的大部分时间会在碌碌无为中度过。良好的自我管理能力体现在做推销工作时有明确的目标和计划。

成功的销售员有明确的目标和计划，他们总是在不断调整自己的目标，制定相应的计划，严格按计划办事。日本保险业的推销大王原一平，给自己的目标和计划就是每天拜访20个客户，如果哪天没有达到，他不吃饭也要坚持晚上出去。就是凭借这种坚韧不拔的精神，他才当之无愧地成为顶尖的销售大王，这也给他带来巨大的财富。

非凡的亲和力

容易让客户接受、喜欢、信赖的业务员，他们就是成功的业务员，许多成功的销售行为，都是建立在友谊的基础上，我们喜欢向我们所喜欢、所接受、所信赖的人购买东西，我们喜欢向我们具有友谊基础的人购买东西，因为那样会让我们觉得放心。想要业务做得更好，必须很快和你的客户建立良好的关系基础，这也就是我们所说的亲和力。世界上最成功的顶尖销售员都是具有较强的亲和力，且容易和客户交朋友的人。什么样的人最具亲和力呢？通常，对人热情、关心别人、乐于助人、有幽默感、对人诚恳、让人信赖的人都是有亲和力的人。

例3-7

一个推销员去拜访一位久不向他们进货的商铺老板，当时老板正在整理账本，老板可爱的小女儿独自在一边玩耍，推销员没有去打搅商铺老板，而是与老板的小女儿玩起了游戏，像陪自己六岁的小女儿一样，并教导孩子应该从游戏中明白的道理，小女孩很快就喜欢上了推销员。商铺老板整理完手里的账本，走过来，邀请推销员入内，态度有了非常大的转变。商铺老板说："看到一个不造作，对任何人都自然、亲切、友好的推销员，我愿意与你成为好朋友。"后来他的订单都下给了这位推销员。

问题：这属于什么推销方式？

案例分析

"推销之神"是怎样炼成的

也许还有很多人不知道原一平是谁，在日本寿险业，他是一个声名显赫的人物。1904年，原一平出生于日本长野县。他家境富裕，父亲德高望重又热心公益，在村里担任要职，为村民排忧解难，深受敬重。

原一平是家中的老幺，从小长得矮矮胖胖的，很得父母亲的宠爱。可能是被宠坏的缘故，原一平从小就很顽皮，不爱读书，喜欢调皮捣蛋，捉弄别人，常常与村里的小孩打架斗殴。老师教育他时，他竟然拿小刀刺伤了老师，父母对他实在无可奈何了。

23岁那年，原一平离开家乡，到东京闯天下。第一份工作就是做推销，但是碰上了一个骗子，卷走了保证金和会费。为此，原一平陷入了困境。

原一平揣着自己的简历，走入了明治保险公司的招聘现场。一位刚从美国研习推销术归来的资深专家担任主考官。他瞟了一眼面前这个身高只有145厘米、体重50公斤的家伙，抛出一句硬邦邦的话："你不能胜任。"

原一平惊呆了，好半天回过神来，结结巴巴地问："何……以见得？"

主考官轻蔑地说："老实对你说吧，推销保险非常困难，你根本不是干这个的料。"

原一平被激怒了，他头一抬："请问进入贵公司，究竟要达到什么样的标准？"

"每人每月100 000日元。"

"每个人都能完成这个数字？"

“当然。”

原一平不服输的劲儿上来了，他一赌气：“既然这样，我也能做到100 000日元。”

主考官轻蔑地瞪了原一平一眼，心中冷笑。

原一平“斗胆”许下的诺言并未得到主考官的青睐，勉强当了一名“见习推销员”。没有办公桌，没有薪水，还常被老推销员当“听差”使唤。在最初成为推销员的7个月里，他连一分钱的保险也没拉到，当然也就拿不到分文薪水。为了省钱，他只好上班不坐电车，中午不吃饭，晚上睡在公园的长凳上。

然而，这一切都没有使原一平退却。他把应聘那天的屈辱看作一条鞭子，不断抽打自己，整日奔波，拼命工作。为了不使自己有丝毫的松懈，他经常对着镜子，大声对自己喊：“全世界独一无二的原一平，有超人的毅力和旺盛的斗志，所有的落魄都是暂时的，我一定要成功，我一定会成功。”他明白，此时的他已不再是单纯地推销保险，他是在推销自己。他要向世人证明：“我是干推销的料。”

他依旧精神抖擞，每天清晨5点起床从“家”徒步上班。一路上，他不断微笑着和擦肩而过的行人打招呼。有一位绅士经常看到他这副快乐的样子，很受感染，便邀请他共进早餐。尽管他饿得要死，但还是委婉地拒绝了。当得知他是保险公司的推销员时，绅士便说：“既然你不赏脸和我吃顿饭，我就投你的保好啦！”原一平终于签下了生命中的第一张保单。更令他惊喜的是，那位绅士是一家大酒店的老板，帮他介绍了不少业务。

从这一天开始，否极泰来，原一平的工作业绩直线上升。到年底统计时，他在9个月内实现了160.8万日元的业绩，远远超过了当时的许诺。公司同仁顿时对他刮目相看，这时的成功让原一平泪流满面，他对自己说：“原一平，你干得好，你这个不吃中午饭、不坐公车、住公园的穷小子，干得好！”

世界上没有谁是天生干推销的料，但如果你选择了干销售，就一定要证明给世人看你是这块料。原一平坚韧不服输的精神为他带来了好运，这也说明命运青睐的是自立、自强、坚持理想的人。

问题

1. 该案例告诉我们优秀推销员应具备什么样的素质和能力？
2. 从原一平的成长过程你得到哪些有益的启示？

重点名词

推销道德　形式产品　延伸产品　企图心

测试题

1. 推销人员除了具备推销专业知识外，还必须具备企业方面的知识、产品方面的知识、客户方面的知识以及________方面的知识。

（1）竞争对手　（2）物流　（3）地理　（4）营销

2. 推销人员应该具备良好的综合素质，其中包括道德素质、文化素质、心理素质和________。

（1）身体素质　（2）政治素质　（3）交往能力　（4）组织能力

3. 推销员的能力主要包括学习能力、洞察力、沟通能力、交际能力、忍耐力、自我控制能力、自我调节能力以及________能力。

（1）创新应变　（2）计算　（3）语言表达　（4）记忆

4. 优秀的推销员一般具备下列特质：强烈的企图心、积极的心态、销售激情、良好的自控力以及非凡的________。

（1）亲和力　（2）智商　（3）计算能力　（4）产品知识

5. 产品整体概念认为产品包括三个层次：核心产品、形式产品和________。

（1）延伸产品　（2）期望产品　（3）名牌产品　（4）潜在产品

思考题

1. 优秀推销员的基本素质中你认为哪一项最重要？

2. 优秀推销员的核心能力中哪种能力最不可或缺？

3. 你怎样看待推销员应该具备的企图心？

实训练习

主题：课外洞察力训练

理由：推销需要察言观色，找准目标，预测需求，才能提高准确性和成功率。

方式：作为一次平时作业，要求每个学生选择一个地点（商场、影院、小区、公园等），聚焦一类人群进行持续一段时间的观察，观察目标人群的言行、消费特点、消费能力及消费趋势，记录、整理并提交观察报告，在课堂上汇报观察所得、所思、所想。这一练习可以有效提高学生的观察意识和观察能力，还可以通过分享观察所得活跃课堂气氛。

第4章

推销沟通及礼仪

本章要点

- 了解语言沟通与非语言沟通
- 了解沟通风格与FAB法
- 了解推销基本礼仪
- 了解同理心原理

引　例

商务沟通有学问

推销员：你们需要的卡车我们都有。

客户：我们要两吨的。

推销员：你们运的东西，每次平均重量是多少？

客户：很难说，大约两吨吧。

推销员：是不是有时多、有时少呀？

客户：是这样。

推销员：究竟需要用什么型号的汽车，一方面要看你运什么货，另一方面要看你在什么路上行驶，对吗？

客户：对。

推销员：你们那个地方是山区吧，据我所知，你们那里路况并不好，那么汽车的发动机、车身、轮胎承受的压力是不是要更大一些啊？

客户：是的。

推销员：你们主要是利用冬天田里没活时搞运输吧，那么，对汽车承受力的要求是不是更高呢？

客户：是的。

推销员：货物有时会超重，又是冬天在山区，汽车负荷已经够大的了，你们决定购买汽车型号时，连一点余地都不留吗？

客户：你的意思是？

推销员：你们难道不想延长车的寿命吗？一辆车满负荷，另一辆车从不超载，你觉得哪一辆车寿命会更长呢？

客户：当然是载重量大的那辆了。

于是，他们谈成了。

思考：本案例显示出什么样的沟通技巧？

4.1 沟通概述

沟通的概念

沟通是人与人之间、人与群体之间思想与感情的传递和反馈的过程，以求思想达成和感情的通畅。在现实生活中，沟通无处不在、无时不在。掌握娴熟的沟通技巧是所有营销服务人员都应当具备的一项基本技能。

沟通是沟通各方围绕某一目标，为达成共识而进行的有效信息交流所采取的行动。沟通与一般对话既有相同之处，又有本质区别。相同点是它们都是双向的，都具有表达个人的某种意愿，并且能使对方接受的目标；它们的区别在于沟通往往具有明确的目标，目的是要通过与对方交流使对方理解、接受并取得共识。而一般对话往往没有明确的交流目标，随性而谈。在推销过程中，沟通是指信息在买卖双方之间的传递或交换以及双方相互理解的过程。

小资料　销售产品首先就是销售自己

同样是沟通，应用于不同的方面也具有各自的特征。例如，人际交往中的沟通侧重于情感的交流；商业谈判中的沟通侧重于了解对方的商业动机；服务中的沟通更侧重于了解客户的意见和建议；推销中的沟通则主要在于挖掘客户需求，满足客户需求，达成最终的交易。

沟通三要素

1. 沟通要有明确的目标

沟通要有明确的目标，这是沟通最重要的前提。面对竞争日益加剧的商业环境，人们越来越强调工作的高效率，做事干练高效可以给客户留下良好的印象，所以对于推销员来说，要珍惜与客户沟通交流的机会，每次与客户的沟通都要有清晰明确的目标任务，针对目标进行针对性沟通，例如了解客户的性格特点，增进与客户之间的感情，签合约等，争取在最短的时间促成推销。没有目标的沟通只能称为闲聊，闲聊只是在浪费推销员与客户的时间。所以，推销员在和客户沟通的时候，见面的第一句话可以说："这次我找您的目的是……" 沟通时说的第一句话要表达出你的目的，这是非常重要的，也是你的沟通技巧在行为上的一个表现。

2. 沟通要达成共同的协议

沟通结束以后，或许沟通前所预期的目标并没有达成，但是通过此次沟通，交流双方一定要形成一个双方或者多方都共同承认的协议。作为推销员来说，与客户沟通交流之后，一定要与客户确认此次沟通双方在哪些方面达成了一致协议。在实际的推销过程中，时常会出现这样的情况，即与客户沟通过后，对于此次沟通达成的成效、客户的真实想法，推销员并不能完全领会确认，双方由于对沟通的内容理解不同，又没有达成协议，最终造成了工作效率的低下，双方又增添了很多矛盾。所以在沟通结束的时候，推销员最好用这样的话来总结："非常感谢你，通过刚才的交流我们现在达成了这样的协议，你看是这样的吗?" 在沟通结束的时候一定要有人来做总结，这是一个非常好的沟通行为和习惯。

3. 沟通的内容——信息、思想和情感

沟通的内容不仅仅是信息，还包括更加重要的思想和情感。推销员在推销产品之前首先要让客户认可推销员，接受推销员，乃至成为朋友，这个过程需要推销员与客户之间进行更多的思想与情感的沟通，在思想上得到共鸣，在行为上成为知己。信息是比较容易沟通的，只要掌握一定的沟通技巧，一般的信息都可以通过沟通达到沟通双方理解和知会的效果，但思想和情感的沟通就复杂得多。在我们工作的过程中，很多障碍使思想和情感无法得到很好的沟通，因此，在推销的过程中，推销员个人被客户接受成为推销工作得以进一步开展的前提条件。

沟通的方式

沟通的方式如图 4-1 所示。

在日常沟通过程中，我们使用最多的方式是口头语言。实际上在工作和生活中，除了口头语言沟通，有时候还会用到书面语言和肢体语言，如用眼神、面部表情和手势去沟通。美国加州大学伯克利分校教授艾伯特·梅拉比安（Albert Mehrabian）曾说过："为了沟通好，就必须在文字、声调、语气、肢体语言上与对方相似或引起共鸣。文字占 7%，声音占 38%，肢体语言占 55%。" 归纳起来，我们的沟通方式有两种。

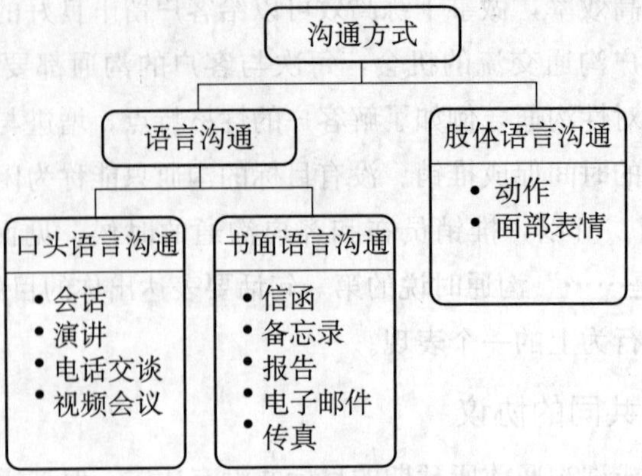

图 4－1　沟通的方式

1. 语言沟通

语言是人类特有的一种非常有效的沟通方式。语言的沟通主要包括口头语言、书面语言。口头语言包括面对面的谈话、开会等。书面语言包括信函、报告和传真，甚至现在用得很多的电子邮件等。

在沟通过程中，对于信息的传递、思想的传递和情感的传递而言，语言沟通更擅长传递的是信息。实际上，在我们的声音里也包含着非常丰富的信息。我们在说每一句话的时候，用什么样的音色，什么样的语气和语速，是否要抑扬顿挫，等等，都有不同的表达意图。在推销过程中，语言沟通传递的主要是客观信息，例如推销员个人基本信息；产品的特点、功能；企业的基本信息；等等。推销员可以尝试采取多种方式与客户进行沟通交流，例如信函、传真、短信、幻灯片、电子邮件等，力求将信息真实完整地介绍给客户。

2. 肢体语言沟通

肢体语言的内涵非常丰富，主要包括动作、表情、眼神。肢体语言更善于沟通的是人与人之间的思想和情感。例如温柔的手势表示友好、商量；强硬的手势则意味着“我是对的，你必须听我的”；微笑表示友善礼貌；皱眉表示怀疑和不满意；盯着看意味着不礼貌，但也可能表示感兴趣寻求支持；双臂环抱表示防御。优秀的推销员必须善于使用肢体语言。

沟通的原则

1. 尊重

每个人都希望得到别人的尊重，尊重他人是成功沟通的基本原则。尊重别人是一种美德，它会让你赢得认同、欣赏和合作。尊重是一种修养、一种品格。一个人只有懂得尊重别人，才能赢得别人的尊重。在日常的推销过程中，推销员的言谈举止要让客户感受到充分的尊重，“客户是上帝”本质上就是尊重客户。尊重客户与被客户尊重是相辅相成的，被尊重的客户会更加理解并支持推销员的工作，甚至与推销员成为朋友，形成忠诚度，重复购买产品，并向身边的人推销产品。

尊重客户，首先要从心理上认可对方，尊重对方，让客户从心理上感受到推销员的真诚；其次要从行为上尊重客户，礼貌待人，尊重客户的风俗文化、隐私等；最后要从语言上尊重客户，尽量使用敬辞谦辞，不在语言上冒犯客户。

2. 诚信

英国专门研究社会关系的卡斯利博士曾说过：“大多数人选择朋友都是以对方是否出于真诚而决定的。”诚信是人的修身之本，是市场经济的灵魂，也是一切事业成功的保证，是推销人员的“金质名片”。诚信要求推销员在与客户的沟通过程中重诺言、守信用、说真话，不随意夸大编造产品的优点，不给客户随意承诺保证，说到的就要做到，做不到的要实事求是告诉对方。俗话说“推销产品首先是推销自己”，做一名优秀的推销员的关键是如何做人，推销人员只有在客户心目中树立了诚信的印象，才能赢得与客户进一步沟通交流的机会，为最终的交易促成打下基础。

3. 自信

自信就是相信自己，相信自己所追求的目标是正确的，相信自己的目标是可以实现的。对于推销员来说，自信是做好推销工作的基础。沟通中，只有自信才能表现自如、落落大方，才能赢得客户的好感和尊重。推销员强烈的自信心可以感染客户，让客户信任推销员，从而信任产品，接受产品。推销人员的自信表现在以下几方面：首先是要相信自己，相信自己有足够的能力做好推销工作；其次是相信自己的产品是最适合客户的；最后是要相信自己的公司是一家有前途的公司，是时刻为客户提供最好的商品与服务的公司。

4. 效率

推销人员在与客户沟通时，要有强烈的效率意识，即力争在最短的时间内完成销售任务。很多推销人员容易犯这样的错误，即在推销过程中，与客户沟通得非常愉快，甚至与客户成为好朋友，却迟迟拿不到最后的成交合同。沟通是手段，不是目的，推销员与客户沟通的最终目的是交易的促成，所以推销人员在与客户沟通的过程中，要详细规划，思维清晰，目的明确，争取高效率地完成推销工作。

与不同风格的客户沟通

在日常社交沟通中，每个人都有各自的做事风格和处事原则，根据人们在日常交往过程中所表现出来的性格特征和处事方式，一般将人际沟通风格分为四种类型：和蔼型（amiable）、表现型（expressive）、支配型（driver）和分析型（analytical），如图4-2

所示。人际沟通的“黄金定律”就是“你希望别人怎么对待你，你也要怎么对待别人”。“用别人喜欢被对待的方法对待别人”是推销员应该掌握的沟通黄金法则，面对不同沟通风格的客户采取恰当的沟通方式，高效有效地达成推销交易。

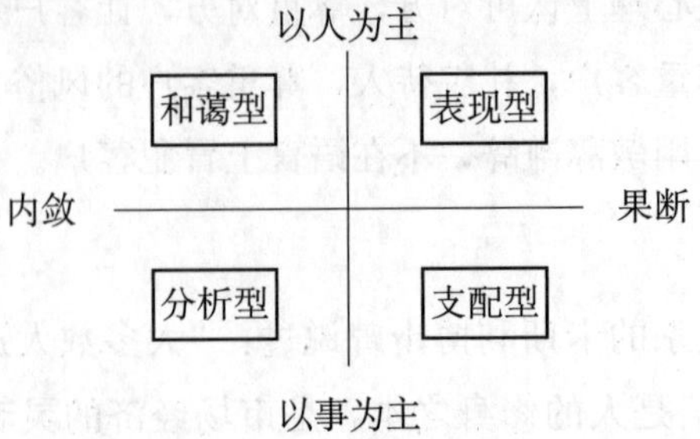

图4－2 沟通风格图示

1. 支配型

具有这种沟通风格的人比较注重实效，具有非常明确的目标与个人愿望，不达目标誓不罢休；当机立断，独立坦率，常常会根据情境的变化而改变自己的决定，他们往往以事为中心，要求沟通对象具有一定的专业水准和深度；在与人沟通中，他们精力旺盛，节奏快，说话直截了当，动作非常有力，表情严肃，但是有时过于直率而显得咄咄逼人，如果一味关注自我观点，可能会忽略他人的感受。与支配型的客户进行沟通，要注意以下几点：

● 要讲究实际情况，用大量具体的事实依据说话，大胆表达创新的思想。

● 支配型的人非常强调效率，要在最短的时间里给他一个非常准确的答案，而不是一种模棱两可的结果。

● 同支配型的人沟通的时候，一定要非常直接，不要有太多的寒暄，直接说出你的来历，或者直接告诉他你的目的，要节约时间。

● 说话的时候声音要洪亮，充满信心，语速一定要比较快。如果你在支配型的人面前声音很小、缺乏信心，他就会产生很大的疑问。

● 在与支配型的人沟通时，一定要有计划，并且最终要落到一个结果上，他看重的是结果。回答问题一定要非常准确。

● 在和支配型的人谈话时感情不要流露太多，要直奔结果，从结果的方向说，而不要从感情的方向去说。

● 在和支配型的人沟通的过程中，要有频繁的目光接触，目光接触是一种有信心的表现。

2. 表现型

具有这种沟通风格的人外向，热情，生气勃勃，魅力四射，喜欢在销售过程中扮演主角；他们干劲十足，不断进取，总喜好与人打交道并愿意与人合作；具有丰富的想象力，对未来充满憧憬与幻想，也会将自己的热情传递给他人。他们富有情趣，面部表情丰富，动作多，节奏快，幅度大，善用肢体语言传情达意，但是往往情绪波动大，易陷入情感的旋涡，可能会给自己及其顾客带来麻烦。与表现型的客户进行沟通，要注意以下几点：

● 表现型的人的特点是只见森林，不见树木。所以在与表现型的人沟通的过程中，要多从宏观的角度去说一说，如"你看这件事总体上怎么样""最后怎么样"。

● 说话要非常直接，声音洪亮。

● 要有一些动作和手势，如果我们很死板，没有动作，那么表现型的人的热情很快就会消失，所以我们要配合他，在他出现动作的过程中，我们的眼神一定要跟上，否则，他会非常失望。

● 表现型的人不注重细节，甚至有可能说完就忘。所以达成协议以后，最好与之进行书面确认，这样可以提醒他。

3. 和蔼型

这种类型的人具有协作精神，支持他人，喜欢与人合作并助人为乐；他们富有同情心，擅长外交，对人真诚，对公司或顾客忠诚，为了搞好人际关系，不惜牺牲自己的时间与精力，珍视拥有的东西。这种类型的人做事非常有耐心，肢体语言比较克制，面部表情单纯，但是往往愿意扮演和事佬的角色，对于销售中敏感的问题，往往采取回避的态度。与和蔼型的客户进行沟通，要注意以下几点：

● 和蔼型的人看重的是双方良好的关系，与之沟通的时候，首先要建立好关系。

● 同和蔼型的人沟通过程中，要时刻保持微笑。如果你突然不笑了，和蔼型的人就会想：是不是我哪句话说错了？会不会是我得罪他了？是不是以后他就不来找我了？等等，他会想很多。所以你在沟通的过程中，一定要注意始终保持微笑。

● 说话语速要慢，要注意抑扬顿挫，不要给他压力，要鼓励他，征求他的意见。所以，遇到和蔼型的人要多提问："您有什么意见？""您有什么看法？"

● 遇到和蔼型的人一定要注意同他有频繁的目光接触。每次目光接触的时间不用太长，但是频率要高，这样沟通效果会更好。

4. 分析型

具有这种沟通风格的人擅长推理，一丝不苟，具有完美主义倾向。严于律己，对人挑剔，做事按部就班，严谨且循序渐进，对数据与情报的要求特别高；他们不愿抛头露面，与其与人合作，不如单枪匹马一个人单干，因而他们往往在销售过程中沉默寡言，不大表露自我情感，动作小，节奏慢，面部表情单一，有时为了息事宁人，他们采取绕道迂回的对策，反而容易错失良机。与分析型的客户进行沟通，要注意以下几点：

● 注重细节，遵守时间。

● 必须以专业水准与其交流，必须表达准确且内容突出。

● 资料齐全，逻辑性强，最好以数字或数据说明问题，以自己的专业性去帮助自己做出决定。

● 切忌流于外表的轻浮与浅薄，避免空谈或任其偏离沟通的方向与目的。

● 要一边说一边拿纸和笔记录，像他一样认真，一丝不苟。

4.2　客户沟通技巧

沟通是人类与生俱来的一种生存本领，似乎每个人天生就会沟通。然而，现实生活中，人与人在沟通方面差别很大，有的人喜欢沟通，有的人不喜欢沟通；有的人善于沟通，有的人不善于沟通。事实证明，沟通是人际交往的一种基本技能，沟通态度是否积极、沟通能力是否出色对一个人的成功起着重要的作用，特别是对于以人际交往为基础的推销工作而言更是如此。沟通能力的培养既取决于先天因素，也受到后天环境和后天习得因素影响，所以，推销人员有必要掌握核心沟通技能，以提高自己的沟通能力。

学会倾听

善于倾听是一种修养，更是一门学问。人难以改变别人的想法，但是能够赢得对方的心。用心倾听他人的声音，就是对对方最好的关怀和尊敬。

一位外国学者说："成功的捷径就是把你的耳朵而不是舌头借给所有的人。"善于聆听是成为一个优秀的沟通者的重要特质之一。与客户沟通是一个双向互动的过程。在整个销售沟通过程中，客户并不只是被动地聆听介绍和接受劝说，他们也要表达自己的意见和要求，需要得到沟通的另一方——销售人员的认真倾听。管理学家汤姆·彼得斯和南希·奥斯汀在他们合著的《追求完美》一书中谈到了有效倾听的重要性。他们认为，有效的倾听至少可以使销售人员直接从客户口中获得重要信息，而不必通过其他中间环节，这样就可以尽可能地避免信息在传输过程中被扭曲的风险。同时，有效的倾听还可以使对方产生被关注、被尊重的感觉，他们会因此而更加积极地投入整个沟通过程当中。

例 4-1

乔·吉拉德的失败经历

乔·吉拉德向一位客户销售汽车，交易过程十分顺利。当客户正要付款时，另一位销售人员跟吉拉德谈起前天的篮球赛，吉拉德一边跟同伴津津有味地说笑，一边伸手去接车款，不料客户突然掉头就走，连车也不买了。吉拉德苦思冥想了一天，不明白客户为什么突然放弃了已经挑选好的汽车。夜里 11 点，他终于忍不住给客户打了一个电话，询问客户突然改变主意的理由。客户不高兴地在电话中告诉他："今天下午付款时，我同您谈到了我的小儿子，他刚考上密歇根大学，是我们家的骄傲，可是您一点也没有听，只顾跟您的同伴谈篮球赛。”吉拉德明白了，这次生意失败的根本原因是自己没有认真倾听客户谈论自己最得意的儿子。

问题：从吉拉德的失败中可以得到什么教训？

有效倾听的技巧包括以下几方面。

1. 集中精力，专心倾听

这是有效倾听的基础，也是实现良好沟通的关键。要想做到这一点，销售人员应该在与客户沟通之前做好多方面的准备，如身体准备、心理准备、态度准备以及情绪准备等。疲惫的身体、无精打采的神态以及消极的情绪等都可能使倾听归于失败。

2. 不随意打断客户谈话

随意打断客户谈话会打击客户说话的热情和积极性，如果客户当时的情绪不佳，而你又打断了他们的谈话，那无疑是火上浇油。所以，当客户的谈话热情高涨时，销售人员可以给予必要的、简单的回应，如“噢”“对”“是吗”“好的”等。此外，销售人员最好不要随意插话或接话，更不要不顾客户喜好另起话题。例如：

“等一下，我们公司的产品绝对比你提到的那种产品好得多……”

“您说的这个问题我以前也遇到过，只不过我当时……”

3. 谨慎反驳客户观点

客户在谈话过程中表达的某些观点可能有失偏颇，也可能不符合你的口味，但是你要记住：客户永远都是上帝，他们很少愿意销售人员直接批评或反驳他们的观点。如果你实在难以对客户的观点做出积极反应，那可以采取提问等方式改变客户谈话的重点，引导客户谈论更能促进销售的话题。例如：

“既然您如此厌恶保险，那您是如何安排孩子们今后的教育问题的？”

“您很诚恳，我特别想知道，您认为什么样的理财服务能令您满意？”

4. 学会遵守倾听礼仪

在倾听过程中，销售人员要尽可能地保持一定的礼仪，这样既显得自己有涵养、有素质，又表达了对客户的尊重。通常在倾听过程中需要讲究的礼仪如下：

- 保持视线接触，不东张西望。
- 身体前倾，表情自然。
- 耐心听客户把话讲完。
- 真正做到全神贯注。
- 不要只做样子、心思分散。
- 点头微笑，表示对客户意见感兴趣。
- 将重点问题记录下来。

● 插话时请求客户允许，使用礼貌用语。

小知识

倾听、微笑：成功推销秘诀

美国著名推销员乔·吉拉德曾经说过，有两种力量非常伟大：一是倾听；二是微笑。倾听，你倾听的越长久，对方就越愿意接近你。上帝为何给我们两只耳朵一张嘴，我想，就是让我们多听少说。

乔·吉拉德还说，要成功推销自己，面部表情很重要，它可以拒人千里，也可以使陌生人很快成为朋友。笑容可以增加推销员的面值，乔·吉拉德这样解释他那富有感染力并为他带来财富的笑容：皱眉需要九块肌肉，而微笑不仅要用嘴，用眼睛，还要用手臂，用整个身体。当你微笑时，整个世界都在微笑，一脸苦相则没有人愿意理睬。

乔·吉拉德最后说，如果我们都利用这两大武器：倾听和微笑，人与人之间的距离就会更近。

资料来源：岳贤平．推销：案例、技能与训练．中国人民大学出版社，2018.

5. 及时总结和归纳客户的观点

在与客户沟通的过程中，推销人员要适时总结归纳客户的观点，这样做，一方面可以向客户传递你一直在认真倾听的信息，另一方面也有助于保证你没有误解或歪曲客户的意见，从而使你更有效地找到解决问题的方法。例如：

“您的意思是要在合同签订之后的20天内发货，并且再得到5%的优惠吗?”

“如果我没理解错的话，您更喜欢弧线形外观的深色汽车，性能和质量也要一流，对吗?”

6. 真诚地倾听

沟通从“心”开始，只有心与心的沟通才能体现倾听者的诚意。每个人都有倾诉的欲望，但并不一定每个人都愿意倾听，所以说，善于且能够真诚地倾听他人的谈话是做人的优秀品质。当自己的话被别人认真仔细地倾听，诉说者会感到自身的价值得到了他人的肯定，受到了他人的尊重。

小资料　九个提升销售人员倾听能力的方法

真诚倾听意味着推销人员要把客户当做朋友来对待，沟通过程中，真正关心客户所谈论的一切，即在倾听客户谈话的过程中，不能一味地仅仅关注与推销业务成交有关的谈话内容，对客户所谈的貌似与推销无关的内容流露出无所谓甚至不耐烦的表情。例如，有些推销人员在与客户沟通的过程中，心中只有一个目标，那就是促成交易，谈话时，仅仅关注与业务有关的内容，而对于有些客户谈论到自己的家人、自己的喜怒哀乐等似乎与推销没有太大关系的内容时就表现出明显的不耐烦，或者不认真听，或者不断引导客户转移话题，这些做法都会极大伤害客户的自尊心，甚至惹怒客户，导致推销失败。

善于提问

美国一份关于公众对销售人员评价的调查报告显示，人们最讨厌的销售人员的形象就是：一见面就喋喋不休地谈自己的产品与公司，千方百计想向顾客证明自己的实力与价值。优秀的推销员不但要善于倾听，还要善于提问。

1. 巧妙提问的重要性

世界潜能大师安东尼·罗宾说过："成功者与不成功者最主要的区别是什么呢？一言以蔽之，那就是成功者善于提出好的问题，从而得到好的答案。"如果你想改变顾客的购买模式，那你就必须改变顾客的思考方式。改变顾客的思维方式的方法之一就是提出一些恰当的问题，通过问题引导顾客的思维朝着推销员所期待的方向转移。专业的销售人员绝不是一味地告诉顾客什么，而是尽可能多地向客户提问题。多问少说永远是销售的黄金法则。

巧妙提问的前提是一定要问"对"的问题，做到有的放矢。那么什么是"对"的问题？

（1）提问让推销员有机会了解客户更多的信息，如客户的购买原因、需求偏好、决策过程等。很多推销员在与客户进行沟通的初始，就滔滔不绝地介绍自己的产品和公司，说明自己的产品如何适合客户。但是一番介绍之后，推销员对于客户有什么样的需求，有怎么样的价值偏好却一无所知，这样的推销就是无的放矢，盲目推销。

例如，一位消费者走进一家汽车销售4S店的时候，如果销售人员什么也不问，就开始夸夸其谈，某款车有多么多么的好，消费者会觉得如何？消费者会觉得销售人员根本不知道自己的需要是什么，根本不关心产品是否适合消费者，根本不关心消费者的需求与感受，他关心的只是他所销售的汽车而已。

（2）提问让推销员与客户迅速建立信任。一般来说，客户对所有的推销者都是带着抵触心理的，所以，取得客户的信任是推销成败的一大关键。要想获得客户的信任，整个沟通过程必须以客户为中心，以客户的需求为出发点，所以你越快开始介绍自己的产品，客户就越容易产生抵触心理。客户会想，你一点都不了解我到底需要什么，我为什么要听你介绍那些不相干的东西。你需要让客户明白，你是真的在关心他，为他的利益着想，而不是总想着从他身上赚钱，你唯一的方法就是，小心地提问并认真地倾听。

（3）提问让推销员把握对推销进程的控制。推销员在与客户沟通的过程中，要有严格的效率意识，即尽量通过短时间的沟通达到促成交易的目的，而不是进行马拉松式的沟通过程。沟通过程中，推销员要尽量让客户多讲话，但客户一般不会主动将谈话带入成交的阶段，沟通的进程必须由推销员来把握，而控制沟通进程的最好方法就是在恰当的时间进行有效的提问，使整个沟通过程按照推销的过程自然过渡到最终的成交。

2. 提问的注意事项

（1）要尽可能地站在客户的立场上提问，例如提问关于客户的偏好、客户的需求、客户的业余爱好等。不要仅仅围绕着自己的销售目的与客户沟通，这样会让客户感觉推销员缺乏诚意。

（2）避免提某些敏感性问题，例如客户的年龄、收入、在家庭中的地位等，如果这些问题的答案确实很重要，那么不妨在提问之前换一种方式进行试探，等到确认客户不会产生反感时再进行询问。

（3）提问要循序渐进，不要直截了当地询问客户是否愿意购买，初次与客户接触时，最好先从客户感兴趣的话题入手。

（4）提的问题要通俗易懂，一定要让客户有足够的回答空间，不能让客户琢磨不透，难以回答。

（5）在客户回答问题时要认真倾听，尽量避免中途打断。

3. 提问的操作技巧

巧妙的提问有时能够达到长篇大论的推介所达不到的效果，有效的提问要把握两个要点：一是提出探索式的问题，以便发现顾客的购买意图以及怎样让他们从购买的产品中得到他们需要的利益，从而就能针对顾客的需要为他们提供恰当的服务，使买卖成交；二是提出引导式的问题，引导顾客对你打算为他们提供的产品和服务产生信任。具体方法如下。

（1）开放式提问。

开放式提问是指能让潜在顾客充分发挥想象空间来阐述自己的意见、看法及陈述某些事实。采用开放式提问一般有两个目的：一是取得顾客信息；二是让顾客表达看法和想法。然后针对提问所获得的顾客信息进行针对性的沟通。例如：

“通常您一般采用哪些护肤的方法？您觉得效果怎样？”

——了解客户目前的状况和存在的问题，挖掘客户的潜在需求。

“您希望得到哪些方面的服务？”

——了解客户的需求和期望，以便更好地满足客户的需要。

“请问您为什么这样认为呢？”

——了解客户拒绝的原因，以便找到进一步沟通的突破口。

“您认为我们在哪些方面还需要完善才能让您满意？”

——进一步确认客户存在异议的问题所在。

（2）启发型提问。

启发型提问是以先虚后实的形式提问，让对方做出提问者想要得到的回答。这种提问方式循循善诱，有利于表达自己的感受，促使顾客进行思考，控制推销劝说的方向。例如：

推销员：您愿意花便宜的价格买个电器三天两头让厂家来维修吗？

客户：我当然不愿意三天两头修电器了。

推销员：那就是了，我们的产品虽然价格贵了点，但是质量有保证，绝对不会出现三天两头维修的现象。

（3）两难型提问。

两难型提问即在一个问题中提示两个可供选择的答案，两个答案都是肯定的。人们有一种共同的心理——认为说“不”比说“是”更容易和更安全。所以，内行的推销员向顾客提问时尽量设法不让顾客说出“不”字来。如与顾客订约见时间，有经验的推销员从来不会问顾客“我可以在今天下午来见您吗？”因为这种只能在“是”和“不”中选择答案的问题，顾客多半会说：“不行，我今天下午的日程实在太紧了，等我有空的时候再打电话约时间吧。”有经验的推销员会对顾客说：“您看我是今天下午 2 点钟来见您还是 3 点钟来？”“3 点钟来比较好。”当他说这句话时，你们的约定已经达成了。

（4）求教型提问。

这种提问是以请教问题的形式提问。这种提问的方式是在不了解对方意图的情况下，先虚设一问，投石问路，以避免遭到对方拒绝而出现难堪局面，又能探出对方的虚实。同时求教型提问可以让客户享受被尊重的感觉，拉近推销员与客户的心理距离。如“您是这个行业的专家，对于这个行业当前的发展现状您能谈一下自己的见解吗？”

（5）封闭型提问。

封闭型提问是让顾客针对某个问题，在“是”与“否”两者之间做出回答。封闭式提问的目的是通过回答问题，引导客户进入推销员所谈论的主题，控制谈话的进程，同时，通过“是”与“否”的回答，确认顾客的态度，对沟通中的某些问题进行确认。例如：

“像贵公司这样的大型企业，购买产品的时候质量肯定是首先考虑的因素，而不是价格，是吗？”

“如果您没有什么意见，我们现在是不是就可以签合同了？”

4. FAB 法引导顾客

小知识　销售人员的“七不问”

“FAB”就是指特点（feature）、优点（advantage）、利益（benefit）。

销售人员在引导顾客交流提问时，首先要说明“特点”，再解释“优点”，最后阐述“利益”，这样才能循序渐进地引导顾客（见图 4-3）。FAB 法指详细介绍所销售的产品如何满足顾客的需求，如何给顾客带来利益的技巧。它有助于更好地展示产品。

（1）F 即 feature，产品的特点或属性。

如原料、颜色、味道、成分、事实等，即产品中能看得到、摸得着的东西，是最容易让顾客相信的一点。作为一线服务人员，要对公司的行业特点非常清楚，才能引导顾客。可以从公司的产品、服务、供货渠道、包装等方面总结特点。

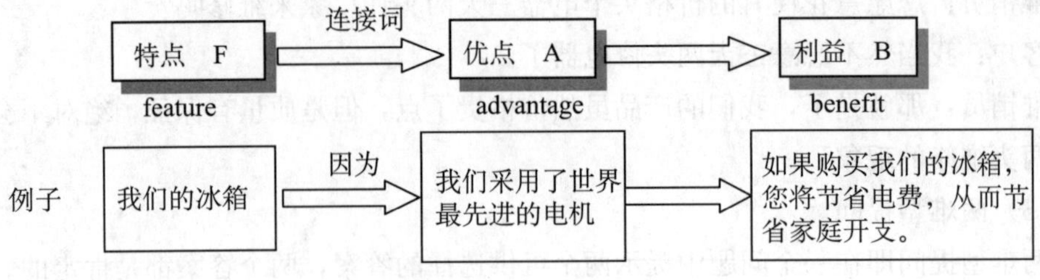

图 4-3 FAB 法示意图

（2）A 即 advantage，产品的优点。

优点是比较而言的，就是这种产品属性将会给顾客带来的好处或优势。

（3）B 即 benefit，顾客利益点。

利益是指好处或者优势会给顾客带来的利益。

在介绍产品的时候，一定要按 FAB 的逻辑来介绍。实践证明，按这样的逻辑介绍产品，顾客不仅听得懂，而且容易接受。

小知识 FAB 法应用

善于赞美

美国著名女企业家玫琳凯曾经说过："世界上有两种东西比金钱和性更为人们所需——认可与赞美。"赞美别人，仿佛用一支火把照亮别人的生活，也照亮自己的心田，有助于发扬被赞美者的美德和推动彼此友谊健康地发展，还可以消除人际龃龉和怨恨，所以说赞美是人际关系的润滑剂。在商业沟通过程中，适时得体的赞美可以拉近推销员与客户之间的距离，有助于交易的达成。

赞美他人是一件好事，但不是一件易事，赞美他人要掌握一定的技巧。

1. 赞美要因人而异

对于不同性别、不同职业、不同性格、不同年龄的客户，要采用不同的赞美语言，不可一刀切。人的素质有高低之分，年龄有长幼之别，因人而异，突出个性，有特点的赞美能比一般化的赞美收到更好的效果。赞美他人要把握对方的特点，进行针对性的赞美，让对方感觉到你的赞美的确是发自内心的，而不是客套话。

例如："您今天真漂亮。""您今天的衣服特别衬您的气质，整个人显得年轻很多。"同样两句赞美的话，后者比前者更具针对性，显得更为真诚，更容易为听者所接受。

2. 真诚是赞美的前提

真诚的赞美是发自内心的，是对他人的羡慕和敬佩。能使对方受到感染并有所触动的是那些基于事实、发自内心的赞美。相反，你若无根无据、虚情假意地赞美他人，他人不仅会莫名其妙，更会觉得你油嘴滑舌、诡诈虚伪。例如，对方是一位身材有点臃肿的女士，你却偏要对她说"你的身材真好啊"，对方立刻就会认定你所说的是虚伪之至的违心之言。但如果你着眼于她的服饰、谈吐、举止，发现她这些方面的出众之处并真诚地赞美，她一定会高兴地接受。真诚的赞美不但会使被赞美者产生心理上的愉悦，还可以使你经常发现别人的优点，从而使自己对人生持有乐观、欣赏的态度。

3. 赞美的内容要翔实

赞美的语言不在大，而在于真诚，从细微之处着眼进行赞美往往更容易打动对方。例如："您的办公室装修真的很有特色啊！""您的声音真的很好听啊！"有些人虽然常常赞美别人，但是赞美的内容空洞笼统，缺乏具体的内容，给人假、大、空的感觉。赞美用语越翔实具体，说明你对对方越了解，对他的长处和成绩越看重。而一些含糊其词的赞美——"你真的是一位难得的优秀人才"或者"你真的是个大美女啊"等空泛飘浮的话语，可能引起对方的猜度，甚至产生不必要的误解和信任危机。

4. 赞美要及时

赞美他人应该选择恰当的时间和地点，错过了合适的时间，再动听的赞美也难以打动对方。例如，当他人做出了令人赞赏的行为举止时应该立刻赞美，而不是等到事后才想起。赞美的语言结合当时的场景才能给人深刻的印象，而事情发生之后的赞美就难以达到当时赞美的效果。另外最需要赞美的不是那些早已功成名就的人，而是那些因被埋没而产生自卑感或身处逆境的人。在推销沟通中，如果客户精神不振，心情不佳，推销员得体的赞美会收到意想不到的效果。所以，赞美贵在"雪中送炭"，而不是"锦上添花"，赞美他人一定要及时。

5. 借用他人的言辞赞美

有时候，借用第三者的口吻去赞美客户会更有说服力。借用他人的言辞赞美客户会显得更加真实自然，让客户更容易接受，更能满足客户的自我心理需求。例如："你好，××先生，今天早上我听您的一位同事介绍说您在这一行里面非常权威，而且您对人特别友好。"

善用同理心

例 4-2　赞美的价值

人们常以自己"想当然"的想法和思考方式，来做判断，甚至指责别人，然而，"自我的角度"有时候不一定是绝对正确的，必须善用"同理心"，站在对方立场来设想，才能真正理解对方的想法、感受和做法。

1. 什么是同理心

同理心是个心理学概念。它的基本意思是说，一个人要想真正了解别人，就要学会站在别人的角度来看问题，也就是人们在日常生活中经常提到的设身处地、将心比心的做法。同理心就是站在当事人的角度和位置上，客观地理解当事人的内心感受及内心世界，同时把这种理解传达给当事人。同理心并不是要你迎合别人的感情，而是希望你能够理解和尊重别人的感情，希望你在处理问题或做出决定时，充分考虑到别人的感情以及这种感情可能引起的后果。它有三个基本条件：(1) 站在对方的立场去理解对方。(2) 了解导致这种情形的因素。(3) 把这种对对方设身处地的了解让对方了解。

同理心分为表层的同理心和深层次的同理心。表层的同理心就是站在别人的角度去理解，了解对方的信息，听明白对方说话的意思；深层次的同理心就是理解对方的感情成分，理解对方所表达的隐含的意思。

2. 推销沟通中善用同理心的重要性

(1) 同理心使客户更加信任推销员。

善于使用同理心的推销员能够真正站在消费者的立场分析问题、解决问题，真正做到帮助客户、为客户服务，而不是一味地以达成交易赚钱为目的。推销员与客户直接的沟通多了一些真诚的情感交流，少了一些功利性的交易，使客户在轻松的沟通过程中渐渐对推销员产生信任，这种信任不仅可以促成初次交易的完成，而且可以促使推销员和客户建立良好的长期合作关系。例如有些推销员会站在客户的角度推销适合客户需求的价格便宜的产品，而不是一味地向客户推销不适合客户的高价的产品，这样的推销员很容易让客户产生信任。

(2) 同理心使推销员更加容易掌握客户的消费需求。

站在客户的立场与角度分析问题，推销员能够更加客观地理解客户的消费心理，把握客户的消费需求。有些推销员面对客户的种种表现不知所措，难以理解，甚至表现出愤恨，抱怨客户刁难、不识货等，其实问题的根本在于推销员没有真正理解客户的需求，如果站在客户的角度，或许能得到不同的答案。例如为什么我介绍的手机的多种用途客户不感兴趣？原来客户是个非常理性的消费者，只看重手机的通信核心功能，这样的消费者看重的是产品的性价比，而不是手机的时尚性。

(3) 同理心使推销员更能把握洽谈的进程。

推销过程中，推销员往往会有急于成交的心态，在推销沟通还没有达到一定程度的时候，过于急躁地提出成交的愿望，使客户反感。把握好推销洽谈进程的最好办法就是站在客户的角度分析问题。假如我是客户，在现有的条件下，我会答应成交吗？我还有哪些不明确的问题？运用同理心，我们可以自查推销的进程到达什么阶段，还有哪些工作要做，是否适于提出成交。

3. 表达同理心的技巧

(1) 心理情绪同步。

心理情绪同步，即让自己的情绪与客户同步，与客户同快乐同悲伤。要做到这一点，推销员首先要做到积极揣摩客户的心理感受，学会控制自己的情绪，适时作出回应，与客户积极探讨。例如有时候我们会碰到客户的态度非常激烈——“请你不要再来了，我肯定不会购买的！”这种情况下，推销员一定要克制自己的情绪，不可以跟客户争吵，而应该理智地站在客户的角度，分析客户为什么会态度如此激烈。例如可以这样回应："哦，对不起，一定是我哪些地方做得不好让您如此生气。生意我们可以不做，但是您一定要帮我指出来我哪些地方做得不好，我将不尽感激。"

（2）身体状态同步。

身体状态同步意即换位思考的同时，尽量将自己想象成对方，使自己不仅在思想上与对方同步，在行为上也同步。具体包括模仿客户的音调语速，模仿客户的肢体语言等。这是对他人尊重和重视的一种表现，可以真正融入客户的思维视角，真正体会客户的行为心态，容易拉近推销员与客户之间的心理距离，感化客户。

例 4-3

善解人意

一个汽车销售员在向一个客户介绍某种型号的汽车，而这个客户其实并不想买，只是因为自己已经麻烦了这位销售人员很久，心里过意不去。因此，他谎称自己手上资金不足，这个销售人员看出了客户的为难，便恭敬地递上一张自己的名片，对客户说："您如果决定购买，就请给我打个电话，我会再与您细谈的。"客户释然一笑。几周之后，该客户给这个销售人员打了一个电话，说他的朋友希望购买那种型号的车，并表示越快见面越好。

问题：怎样对待暂不购买的客户？

4. 表达同理心应该注意的问题

（1）重点关注客户的难处和弱点。

客户购买某些产品或服务，有的时候是面临某种困难，抱着解决困难的心态来购买的，这些困难或弱点是客户最现实和最关注的问题，例如来咨询课外辅导班的家长可能正为孩子成绩不好而苦恼，热衷讨价还价的客户可能的确资金有困难，这些都是客户最敏感脆弱、需要重点关注保护的地方，也是最容易被打动的地方，对这些方面推销员应该给予重点关注。

（2）平淡处理客户的困难。

让客户感觉这是很正常的事情、很普遍的现象，在心理上处于放松状态。平淡处理客户的困难可以从两方面做起：一是态度上表示淡然，对客户遇到的问题不能一惊一乍，加重客户的心理负担；二是通过语言技巧淡化问题。例如面对为孩子选择辅导班的家长，或许孩子的成绩差、自制力差正是其苦恼的问题，推销员切不可大肆渲染成绩差的严重性——"小孩子成绩这么差，确实需要抓紧补课了"，而应该轻松地宽慰家长："您的孩子肯定是很聪明的，聪明的孩子一般都很淘气的。只要掌握学习方法，养成一个好习惯，很快就会赶上来的。"

（3）用客户容易接受的语言和表达方式委婉处理客户的困难。

例如，面对高昂的美容套餐价格客户正在犹豫不决，价格很可能是主因，服务小姐可以这样表达同理心："小姐，其实您的年纪较轻，而且皮肤的底子不错，现在不需要做这么深层的护理，您选择另外一种更基础一些的护理就足够了。"服务小姐的话既赞美了客户，又得体地维护了客户没钱的隐情，维护了客户的自尊心，也促成了购买。

比较以下不同表达方式的效果：

● 普通表达方式：如果没有那么多钱……

富有同理心的表达方式：如果您不想花这么多钱在这上面……

● 普通表达方式：网站建设这部分的技术含量比较高，你们搞贸易的自己做是很难的。

富有同理心的表达方式：我们为您把比较基础的工作做好了，您可以省下时间把主业做好。

4.3 礼仪概述

礼仪的价值

我国素有"礼仪之邦"之称。礼仪的"礼"字指的是尊重，即在人际交往中既要尊重自己，也要尊重别人。古人讲"礼仪者敬人也"，实际上是一种待人接物的基本要求。我们通常说"礼多人不怪"，如果你重视别人，别人可能就重视你。礼仪的"仪"字顾名思义，仪者仪式也，即尊重自己、尊重别人的表现形式。

推销礼仪是推销活动中推销人员的综合素质修养的具体体现，也是客户认可推销人员的标准体现。推销人员对外代表着企业的信誉与形象。比尔·盖茨说过：在市场竞争条件下，企业的竞争首先是员工素质的竞争。就产品销售来说，企业的竞争也就是销售人员素质的竞争。从某种角度说，销售技巧就是如何更好地和顾客打交道，使销售服务化。服务是最能够创造价值的销售利器，体现服务的手段离不开礼仪的运用。销售礼仪就是要把"无形的服务有形化"，使有形规范的服务和销售过程进行完美的结合。

礼仪与第一印象

礼仪可以塑造销售人员完美的个人形象，给顾客留下最好的第一印象，让销售人员在销售开始之前就赢得顾客好感。"推销员并非在推销产品，而是在推销自己。"在推销工作中，礼仪是推销员的名片。顾客由推销员的礼仪而知其修养，产生信任与否、喜爱与否、接纳与否的情感，从而决定是否购买产品。礼仪贯穿在销售的每个环节，它可以帮销售人员从细节上区分顾客的心理，从而和顾客打交道更加得心应手。礼仪更能让销售人员在和顾客打交道中赢得顾客的好感、信任和尊重，没有什么比顾客信任更重要的了。

在日常的交际中，"第一印象是最重要的印象"，第一印象是对不熟悉的社会知觉对象第一次接触后形成的印象。初次见面时对方的仪表、风度给我们的最初印象往往形成日后交往时的依据。人们通常根据最初印象而将他人加以归类，然后再从这一类别系统中对这个人加以推论与作出判断。心理学方面的有关研究表明，人们对其他人或事物在 7 秒钟之内的第一印象可以保持 7 年。给他人留下的第一印象一旦形成，就很难改变。同样，在销售过程中，第一印象也是最重要的印象，它对能否成功销售起着关键作用。据相关资料统计，销售人员的失败，80%的原因是留给客户的第一印象不好。也就是说，很多时候，在你还没开口介绍产品之前，客户就已经决定不与你进行进一步的沟通了。所以，能否给客户留下良好的第一印象对于接下来的相互沟通很重要。

根据心理学的“晕轮效应”原理，只要对某人产生了好的第一印象，就会很容易认同他的观点和言行，而彬彬有礼的推销员是很容易留给顾客好印象的。所以，商务礼仪在销售中就是完善自身的点金棒、和顾客交往的润滑剂、成功交易的催化剂。

4.4　推销基本礼仪

推销员的着装仪容

1. 着装礼仪

西方的服装设计大师认为：“服装不能造出完人，但是第一印象的 80%来自着装。”对于推销员来说，要有效地推销自己，进而成功地销售产品，掌握一定的着装技能是非常必要的。

（1）着装的 TOP 原则。

TOP 是三个英语单词的缩写，它们分别代表时间（time）、场合（occasion）和地点（place），即着装应该与时间、所处的环境和地点相协调。

1）时间原则——着装要随时间而变化。如果在白天工作时间与刚结识不久的潜在顾客会面，建议着装要正式，以表现出专业性；而晚上、周末、工休时间与顾客在非正式的场合会面，则可以穿得休闲一些。因为在工作之余，顾客为了放松自己，在穿着上也较为随意，这时你如果穿得太正式，就会给顾客留下刻板的印象。但是如果参加较正式的晚宴，则要遵循场合原则，穿正式晚宴装。

2）场合原则——着装要随场合而变化。场合可以分为正式场合和非正式场合。在正式场合，如与顾客会谈、参加正式会议或出席晚宴等，销售人员的衣着应庄重、考究。男士可穿质地较好的西装，打领带，女士可以穿正式的职业套装或晚礼服。在非正式的场合，如朋友聚会、郊游等，着装应轻便、舒适。试想一下，如果一位女士穿着高跟鞋、窄身裙搭乘飞机，一定会有诸多不便。同样，如果穿便装出席正式晚宴，不但是对宴会主人的不尊重，也会令自己颇觉尴尬。

3）地点原则——着装要入乡随俗、因地制宜。地点即所处地点或准备前往的地点。

如果是在自己家里接待顾客，可以穿着舒适的休闲服，但要干净整洁；如果是去顾客家里拜访，既可以穿职业套装，也可以穿干净整洁的休闲服；如果是去公司或单位拜访，穿职业套装会显得专业；外出郊游可以穿得轻松休闲一些；而到酒店拜访，并在酒店的中餐厅厨房里示范产品功效时，适宜穿轻便的服装，因为如果西装革履地在厨房示范产品，不仅在示范操作时碍手碍脚，也有可能会令别人排斥，感到你不属于他们这个圈子。

总之，穿着打扮应该与时间、场合、地点保持和谐。这样不仅能令自己感觉舒适、信心十足，也能给顾客留下良好的第一印象，唤起顾客对你的好感与共鸣，乐意与你交谈，在无形之中使双方的关系变得融洽、亲和，否则，就会显得和这个环境格格不入，甚至滑稽可笑。

（2）男性着装建议。

与顾客见面时可以穿有领T恤和西裤，显得随和亲切，但要避免穿着牛仔装，以免显得过于随便。如果是去顾客的办公室，则一般要求穿西装，会显得庄重正式。在所有的男式服装中，西装是最重要的衣着，得体的西装会使人神采奕奕、气质高雅、内涵丰富、卓尔不凡。

西装的着装规范：在推销工作中，对男性推销员来说，西装是最被认可的。选择西装，最重要的不是价格和品牌，而是包括面料、裁剪、加工工艺等在内的许多细节。在款式上，应样式简洁，注重服装的质料、剪裁和手工。在色彩选择上，以单色为宜，建议至少要有一套深蓝色的西装。深蓝色显示出高雅、理性、稳重；灰色比较中庸、平和，显得庄重、得体而气度不凡；咖啡色是一种自然朴素的色彩，显得亲切而别具一格；藏青色比较大方、稳重，是较为常见的一种色调，比较适合黄皮肤的东方人。另外，西装的穿着还要注意与其他配件的搭配。如西裤的长度应正好触及鞋面。

西装的穿着很有讲究。西装衣袖合适的长度是在手臂向前伸直时，使衬衫的袖子露出两三厘米。衣领的高度以使衬衫领口外露2厘米为宜。如果穿的是单排两颗纽扣的西服，只扣上边一颗；单排三颗扣的西服，可以只系中间一颗扣子或全扣。

领带：领带虽小，但是对佩戴者的身份、品位影响非常大。懂得自我包装的男士非常讲究领带的装饰效果，因为领带是点睛之笔。领带的面料一般以真丝为优，颜色尽可能不选择太浅的，黑色领带几乎可以和除了宝蓝色以外任何颜色的西服搭配。深色西服可以搭配比较华丽的领带，浅色西服搭配的领带相应也要浅一些。除了颜色必须与自己的西装和衬衫协调之外，还要求干净、平整不起皱。领带长度要合适，打好的领带尖应恰好触及皮带扣，领带的宽度应该与西装翻领的宽度和谐。

衬衫：在工作场合，和西服配穿的主要是以纯棉、纯毛为主的单色正装衬衫。白色衬衫搭配深色西服是最安全、最普遍的，浅蓝和浅粉也可以，但不要选择浅紫色、桃红色。需要注意的是条纹衬衫和方格西服或方格衬衫和条纹西服是不能搭配在一起的。

穿着衬衫的时候，所有的扣子都要扣上，只有在不打领带的时候才可以解开领扣。衬衫的下摆要均匀地收到裤腰里。衬衣一定要保持干净、硬挺，领子不要翻在西服外。

袜子：袜子的长度以坐下后不露出小腿为宜。袜子颜色要和西装协调，深色袜子比较稳妥，黑色最正规，尽量不要穿白色袜子、彩色袜子、花袜子。

鞋子：鞋的款式和质地的好坏也直接影响到男士的整体形象。在颜色方面，建议选择黑色或深棕色的皮鞋，这两种颜色的皮鞋是永远的经典，浅色皮鞋只可配浅色西装，如果配深色西装会给人头重脚轻的感觉。休闲风格的皮鞋最好配单件休闲西装。无论穿什么鞋，都要注意保持鞋子的光亮及干净，光洁的皮鞋会给人以专业、整齐的感觉。

(3) 女性着装建议。

穿着得体大方的女推销员通常能给人以成熟、干练、亲切、稳重的感觉。女推销员的职业装一般包括两种：一是西服套裙；二是三件套的套裙，即衬衫、背心和半截裙的搭配。以西服套裙最为标准，最能体现女性的体态美。

小知识　男士西装“三色原则”

1）西服套裙的着装规范：应选择较好的面料，避免出现褶皱。套裙的大小要合体，上衣最短齐腰，裙子最长可达小腿中部。应以冷色调为主，以体现着装者的典雅、端庄和稳重，最好不要选择鲜亮抢眼的颜色。西服套裙应该搭配皮鞋，半高跟黑色牛皮鞋为最佳，和套裙颜色一致的皮鞋也可以选择。不能穿运动鞋、布鞋、拖式凉鞋。女士穿裙子应当搭配长筒丝袜或连裤袜，不可以光腿、光脚。袜子的颜色以肉色最为常用。夏季可以选择浅色或近似肤色的袜子。冬季的服装颜色偏深，袜子的颜色也可适当加深。袜子最好没有图案和装饰，有网眼、链扣、珠饰或印有时尚图案的袜子都不能穿。女性销售人员应在皮包内放一双备用丝袜，以便丝袜被弄脏或破损时及时更换，避免尴尬。

2）女性穿着禁忌。

● 忌穿着暴露。夏季，有的女士会穿着清凉的服饰，这些服饰的确为炎热的夏日增添了一道亮丽的风景。但是，这样的服装并非适合所有的场合。在正式场合如果穿着过露、过紧、过短和过透的衣服，如短裤、背心、超短裙、紧身裤等，就容易分散顾客的注意力，也显得不够专业。此外，还要注意切勿将内衣、衬裙、袜口等露在外衣外面。

● 忌过分潇洒或过分可爱。最典型的例子就是一件随随便便的 T 恤或罩衫，配上一条泛白的破洞牛仔裤，或穿当下流行的可爱俏丽的款式等，这样会给客户留下轻浮、不稳重的感觉。

● 饰品要适量。巧妙地佩戴饰品能够起到画龙点睛的作用，给女士增添色彩。但是佩戴的饰品不宜过多，原则上全身的首饰不要超过三套，否则会分散对方的注意力。佩戴饰品时，应尽量选择同一色系。佩戴首饰最关键的就是要与整体服饰搭配统一起来。

2. 仪容礼仪

仪容是指一个人的长相和修饰。美的形象首先表现在容貌上。仪容修饰的基本原则是：要与性别年龄相适宜；要与容貌皮肤相适宜；要与身体造型相适宜；要与个性气质相适宜；要与推销员的职业身份相适宜。男性推销员要体现刚毅有力、优美自然的男子气概，女性推销员要体现温柔妩媚、典雅端庄的女子风韵。

男性的仪容规范重在“洁”，男性推销员要特别注意头部的整洁，头发要常梳洗，不可过长或过短，比较认可的长度是：前不及眼、左右不及耳，后不及衣领。发型不要过分追求新潮，要注意面部修理，及时清理胡须、鼻毛、耳屎、眼屎，注意牙齿清洁，要保持指甲卫生。

女性推销员的容貌修饰要典雅，发型应以中庸为原则，避免造型、颜色怪异；眉毛、睫毛的描画，脂粉、口红、香水的使用，以淡雅清香为宜；要注意皮肤护理，化妆品的选用要与个人的脸型、年龄、气质特点相符。

推销员在容貌修饰方面应避免犯的错误是：油头粉面或蓬头垢面，发型过于新潮，形态怪异；浓妆艳抹，香气袭人；面部不清洁，口中有异味；交谈中戴变色镜或墨镜。

女性推销员化妆也要遵循TOP原则：

时间：白天是工作时间，宜化淡妆，这样会显得清雅大方；夜晚因为光线，可适当加重妆容。

场合：在与顾客会面时，宜化淡妆，这样既庄重又不至于分散顾客的注意力；参加正式的社交活动，如晚宴时，可以化晚宴妆以配合灯光的效果，同时可以打扮得隆重一些来配合妆容。

地点：在自己家里，如果不会客，可以根据个人喜好化妆或不化妆，如果要会客的话，还是应该适当化妆以显示对客人的尊重。应尽量避免在公共场所当众化妆或补妆。重视个人形象是一件好事，但是一有空闲就旁若无人地对镜修饰，则显得比较失礼。

推销员的行为举止

举止是指人的动作和表情。举止是无声的"语言"，它可以真实地体现一个人的素质、受教育的程度和能够信任的程度。美国心理学家梅拉比安曾经提出一个非常著名的公式：人类全部的信息表达＝7%的文字＋38%的声音＋55%的肢体语言。

推销员的举止要求是：彬彬有礼，端庄大方；在约见顾客、拜访顾客、推销洽谈、社会交往中，要表现出稳健、优雅、大方的姿势、表情，严格遵守社交礼仪。

1. 站姿

站姿是生活中最基本的一种举止。正确、健美的站姿给人以精力充沛、充满自信的感觉。站姿的基本要求是"站如松"。站立时，应头正颈直，双眼平视，挺胸直腰，双肩保持水平，手指并拢自然弯曲，腿伸直，脚跟并拢，保持重心在双脚之间。不能弯腰驼背，左摆右晃；不可以歪脖、斜腰、屈腿；不能双手叉腰、身体倚物等。

2. 坐姿

坐姿要端正、稳重，力求做到"坐如钟"。入座时，动作应轻、缓、柔，应走到座位前，转身平稳坐下；坐定后，身体重心垂直向下，腰部挺起，上身保持挺直，头部保持平稳，两眼平视，下颌微收，双掌自然地放在膝头或者座椅的扶手上。女士入座尤其要文静、柔美，穿裙子时要收好裙脚。

3. 行走

行走的基本要求是"行如风"。推销员的步态应协调稳健，轻松敏捷。行走时，要双目平视前方，双肩平稳，双臂自然摆动，上身要挺直，步位要顺直，步幅要适当。如与顾客一起行走，步伐要以跟上顾客为前提，以方便交谈为宗旨。行走时，男士不要左右晃肩，女士髋部不要左右摆动。

4. 面部表情

推销员接触顾客时要运用好面部表情和手势。“眼睛是心灵之窗”，拜访顾客时，目光应该和蔼、亲切。与顾客交谈时，应注视对方。正式的洽谈过程中，目光应严肃认真，注视的位置应在对方的双眼或双眼与额头之间；在社交场合，目光要坦然、有神，注视的位置在对方嘴唇到双眼之间的区域。微笑是友善和尊重顾客的表现，拜访顾客过程中，要面带微笑。在交谈的过程中，推销员同时要注意观察客户的表情。例如，下巴松弛并伴有微笑，表示对方赞同和有兴趣，可以继续推销演讲；下巴绷紧，则表示怀疑和生气；皱眉、噘嘴、眯眼表示不确定、不同意，甚至完全不相信。

5. 手势

手势是推销员与顾客交往中使用最频繁的一种非语言活动，运用恰当，会大大增加推销员传递信息的清晰度，增强交流的效果。

推销沟通过程中，使用手势应注意以下几点：

（1）大小适度。手势的上界一般不应该超过对方的视线，下界不低于自己的胸区，左右摆动的范围不要太宽，应在胸前或右方进行。

（2）自然亲切。多用柔和的曲线手势，少用生硬的直线手势。

（3）避免不良手势。

- 与人交谈时，讲到自己不要用手指自己的鼻尖，而应用手按在胸口上。
- 在谈到别人时，不可用手指别人。
- 初见新客户，避免抓头发、玩饰物、抠鼻子等粗俗动作。
- 避免交谈时指手画脚，手势动作过多过大。

6. 注意观察客户的体姿

推销员在推销过程中要时刻保持良好的坐、立、行、走姿势，在客户心目中树立良好的印象，同时要注意观察客户的体姿，从中捕捉到客户对推销是否满意的信号，从而适时调整推销的进程。例如身体前倾暗示对问题越来越感兴趣，推销员应该停止事先准备的推销陈述，直接请求成交；顾客远离推销员，并把双手放在脑后或坐在桌子和椅子的扶手上，象征沾沾自喜和优越感；张开手臂表示坦率、自信与合作，双臂和双脚交叉、清嗓子暗示有心理抵触；玩手指或轻轻跺脚表示不耐烦。

人际交往礼仪

1. 拜访礼仪

拜访是指亲自到潜在客户的单位或相应场所去拜见、访问某人或某单位的活动。拜访客户之前做好充分的准备工作，这不仅能够提高拜访的成功率，而且是对拜访对象尊重的体现。要求：

(1) 明确拜访的目的和性质，理清此次拜访的核心目标和宗旨。

(2) 仪表准备。注意着装和个人形象，力图为客户留下良好的第一印象。

(3) 资料准备。作为推销员，不仅要获得顾客的基本情况，例如对方的性格、教育背景、生活水准、兴趣爱好、社交范围、习惯嗜好等以及和他要好的朋友的姓名等，还要了解对方目前得意或苦恼的事情，如乔迁新居、结婚、喜得贵子，或者工作紧张、经济紧张、充满压力、身体欠佳等。总之，了解得越多，就越容易确定一种最佳的方式来与顾客谈话。此外，还要努力掌握活动资料、公司资料、同行业资料。

(4) 工具准备。调查表明，推销人员在拜访顾客时，利用推销工具，可以降低50%的劳动成本，提高10%的成功率，提高100%的推销质量！推销工具包括产品说明书、企业宣传资料、名片、计算器、笔记本、钢笔、价格表、宣传品等。

(5) 做好时间安排。拜访时间的约定要注意两点：一是争取实现预约，预约时要有礼貌地请教对方是否方便并告知需占用的时间；二是要注意安排在对方乐于接待的时段。

例 4-4

星期一的早晨，我们刚上班，正在开例会，安排本周的工作计划和布置重点工作，有人敲门，原来是一家文具用品公司的人上门推销。

"对不起，我是××文化公司的……"没等对方说完，我们中就有人不耐烦地说："你没看见我们正在开会吗？"

对方一看我们都没有笑脸便悻悻地走了，被他这么一打扰，我都不记得我说到哪了，心里对这位不速之客更反感了。

问题：你认为预约有那么重要吗？

(6) 等待会见时，要注意细节，给对方留下良好印象。拜访一定要准时，提前5～10分钟为宜。到达后先通知前台人员，耐心等待通报。若被拜访者不能马上接见，可按前台人员的安排在休息室或者会客室等待。等待的过程中不要大声交谈，不要在公司里到处乱走，甚至乱翻别人的资料，要耐心等待，同时与在此进出的工作人员点头示意，行注目礼。

(7) 在与客户面谈时，要注意以下事项：

- 顾客房门不管是关是开，推销员走进房间前都应先敲门，应用食指敲门，力度适中，间隔有序敲三下，等待回应，得到对方允许才能进入。
- 进入对方办公室时，应主动询问自己随身携带的资料袋和公文包或雨伞应该放在哪里，在得到对方的确认之前不要自行做主。
- 推销员应该等候对方的指示后再入座。
- 不要任意抚摸或玩弄顾客桌上的物品。

● 当秘书为你奉茶时，要有礼貌地表示谢意。

● 在告辞时，要对对方的接待表示感谢。如果正值对方非常忙碌，要有礼貌地请对方留步。

2. 接访礼仪

客人来访时，推销员应主动接待，并随时记得“顾客至上”。推销人员应引领客人进入会客厅或者公共接待区，并为其送上饮料，如果是在自己的座位上交谈，应该注意声音不要过大，以免影响周围同事。推销员在前面领路时，切记始终面带微笑。

在公司内不同场所领路时，应该留意以下重点：

(1) 走廊：应走在客人前面两三步的地方。让客人走在走廊中间，转弯时先提醒客人：“请往这边走。”

(2) 楼梯：先说要去哪一层楼，上楼时让客人走在前面，一方面是确认客人的安全，另一方面也表示谦卑，不要站得比客人高。

(3) 电梯：必须主导客人上下电梯。首先必须先按电梯按钮，如果只有一个客人，可以以手压住打开的电梯门，让客人先进，如果人数很多，则应该先进电梯，按住开关，先招呼客人，再让公司的人上电梯。出电梯时刚好相反，按住开关客人先出电梯，自己后出电梯。如果上司在电梯内，则应让上司先出，自己最后出电梯。

3. 介绍礼仪

在推销场合结识朋友，可由第三者介绍，也可自我介绍相识。

(1) 介绍他人的基本原则：

● 将男士介绍给女士。

● 将年轻者介绍给年长者。

● 将职位低的介绍给职位高的，而不分男女老幼。

● 将未婚者介绍给已婚者。

● 将本国人介绍给外国人。

(2) 自我介绍。

在很多场合，推销员需要做自我介绍。自我介绍一般包括姓名、身份、单位等，对方则会随后自行介绍。自我介绍应把握以下要点：第一，举止要庄重大方，不要慌慌张张、语无伦次；第二，表情要坦然亲切，面带微笑，眼睛注视对方或大家。

4. 名片礼仪

名片是推销员常备的一种交际工具。推销员在与顾客交谈时，递给顾客一张名片，不仅是很好的自我介绍，而且与顾客建立了联系，方便体面。但名片不能滥用，要讲究一定的礼节，以免留下不良印象。

(1) 递交名片。

一般递名片的顺序应是地位低的先把名片交给地位高的，年轻的先把名片交给年老的。不过，假如是对方先拿出来，自己也不必谦让，应该大方收下，再拿出自己的名片来回报。

名片应该放到名片夹或手提包里，而不是散乱地放在公文包或口袋里。名片夹应放在西装的内袋里，不应放在裤子的口袋里。递名片时，双手拿着名片的上端，名片的正面对着对方，名字向着顾客。在面谈过程中或临别时，可以再拿出名片递给对方，以加深印象，并表示保持联络的诚意。

（2）接受名片。

在接到对方递过来的名片时，应双手去接，接过后仔细看一遍，有不认识的字应马上询问，不可拿着对方的名片玩弄。看完后应将名片放入名片夹或认真收好，不可随手扔到桌子上或随便放入口袋，这都是对他人的不尊重。如果接下来与对方谈话，不要将名片收起来，应该放在桌子上，并保证不被其他东西压住，这会使对方感觉你很重视他。第一次见面后，应在名片背面记下认识的时间、地点、内容等资料，最好简单记下顾客的特征（如籍贯、特殊爱好等）。这样累积起来的名片就成为自己的社会档案，为再次会面或联络提供线索或话题。

名片除了在面谈的时候使用外，还有其他的妙用。例如推销员去拜访顾客时，如对方不在，可将名片留下，客户回来后看到名片就知道你来过，可以加深客户对你的印象。向客户赠送小礼物，如让人转交，则可随带名片一张。推销员还可以抓住某些潜在客户聚会的时机派发名片。

5. 握手礼仪

（1）何时握手。

握手是推销场合中运用最多的一种礼节，握手可以拉近推销员与客户之间的距离。一般在以下场合需要握手：

- 作为东道主迎送客人时。
- 向客户辞行时。
- 被介绍给不相识者时。
- 在外面偶遇朋友、客户或上司时。
- 感谢他人的支持、鼓励或帮助时。
- 向他人或他人向自己表示恭喜、祝贺时。

（2）握手的顺序。

一般来说，和女士、长者、主人、领导人、名人打交道时，为了尊重他们，把是否愿意握手的主动权赋予他们。但如果另一方先伸了手，女士、长者、主人、领导人、名人等为了礼貌起见也应伸出手来握。见面时对方不伸手，则应向对方点头或鞠躬以示敬意。见面的对方如果是自己的长辈或贵宾，先伸了手，则应该快步走近，用双手握住对方的手，以示敬意，并问候对方“您好”“见到您很高兴”等。

（3）握手的正确姿势。

一般情况下，握手要用右手，掌心向左，虎口向上，以轻触对方为准（如果男士和女士握手，则男士应轻轻握住女士的手指部分）。时间3～5秒钟（匆匆握一下就松手，是在敷衍；长久地握着不放，未免让人尴尬），轻轻摇动两三下，根据双方交往程度确定。和新客户握手应轻握，但不可绵软无力；和老客户应握重些，表明礼貌、热情。握手时表情应自然，面带微笑，眼睛注视对方。

（4）握手的禁忌。

- 男士不可戴手套与人握手，在某些社交场合，女士可戴薄手套。
- 多人时，不可以交叉握手。
- 握手时不可以拉来推去或上下左右抖个不停。
- 握手时不可以面无表情、目光游移或旁视。
- 在陌生场合一般在场的每个人都要握到，不能只跟职位高或名气大的人握手。

交谈礼仪

推销是面谈交易，整个推销过程离不开推销员与客户之间的交谈，得体的谈吐会给对方留下良好的印象，有助于交易的达成。

例 4-5

注意称谓：开口叫对人

听一个老师讲，某学生在顶岗实习的第一天就发生了一件尴尬事儿。她被分配到公司商场鞋服部，主管是位30多岁的女士。该学生报到时出于礼貌，叫了一声“阿姨”，然后主管说：“我有那么老吗？”虽然主管没有责怪某同学的意思，但是该学生还是觉得犯了错，同时她也体会到“开口叫对人”是多么重要。

另一位学生在酒楼顶岗实习时遇上一位老奶奶一个人来就餐，该学生很礼貌地称呼对方为“奶奶”，问她要不要先上杯水，只听老奶奶说：“给阿姨来杯温水吧。”学生也没太注意，接下来又问，“奶奶想吃点儿什么？”老奶奶拿着菜单给同学说：“阿姨想要吃……”这时该学生才意识到自己称“奶奶”对方不喜欢，接下来的服务过程同学都称她为“阿姨”，“阿姨”会心地笑了。可见，如何称呼也有学问。

问题：如何理解称呼的重要性？

1. 使用敬语和雅语

在交谈中要时刻以礼待人，这样既能显示自身的文化修养，也可以满足对方的自尊。所以在交谈中要随时随地有意识地使用敬语，这是以敬人之心赢得尊重的有效方式。推销员在推销过程中常用到的敬语包括以下内容：多用“请”字；称呼对方阁下、贵公司、贵方、尊夫人等；初次见面说“久仰”；有客来访说“欢迎光临”；请人提意见说“请指教”；表示歉意说“实在对不起”“不好意思”，请人原谅称“请包涵”；麻烦别人称“打扰”；托人办事称“拜托”，此外还有“请慢用”“请稍后”“请就位”等等。敬语的使用不仅体现在语言上，为了能充分表达情意，语气也十分重要。诚恳、热情、适度的谦恭是交谈的基本态度。

雅语是指一些比较文雅的词语，常常在一些正规的场合以及一些有长辈和女性在场的情况下，被用来替代那些比较随便甚至粗俗的话语。多使用雅语，能体现出一个人的文化素养和个人素质。在待人接物中，给客人端茶时，应该说“请用茶!”假如先于他人结束用餐，应该向其他人打招呼：“大家请慢用。”通过下面的例子，我们可以进一步体会雅语在与客户沟通交流时所起到的不同效果。

非雅语	雅语
你找谁？	请问您找哪一位？
不行就算了！	如果觉得有困难的话，那就不麻烦你了！
这事不归我管。	你可以找某某问问，他比较清楚。
我现在没有时间。	不如我们再约一个时间。

2. 注意语调

语调，也就是说话的语气、声调，语速的快慢和声音的大小等，它的主要作用在于感情的表达。语调的抑扬顿挫、缓急张弛，往往比语言本身更能传情达意。推销员的语言应该使顾客听起来舒服、愉快、乐于倾听。推销员拜访顾客或推销洽谈中首先要做到谈话时声音优美。要使用低声谈话，使客人听清楚即可；语调要亲切柔和；讲话的速度要适中；吐字要清晰；声音应有所起伏，抑扬顿挫。

3. 选择合适的话题

与顾客交谈或在社交场合应掌握交谈的技巧。推销员要善于选择话题，选择双方都感兴趣的话题，以了解顾客；推销员在交谈中应避免出现的情况：过分评价自己推销的产品，或为抬高自己的产品故意贬低同类其他产品；说话无节制，介绍没完没了，令顾客厌烦；语言刻薄，不留回旋余地；少言寡语，过多沉默。

案例分析

无声的介绍信

一位先生在报纸上登了一则广告，要雇一名勤杂工到他办公室做事。有50多人前来应聘，有男有女，有老有少，但这位先生在众多应聘者中只选中了一个男孩。他的一位朋友问他：“这么多俊男靓女、大爷大妈的，你为什么偏偏选中那个男孩子？他既没有独特技能，也没有介绍信，又没有熟人朋友推荐，你的选人理由是什么呀？”

这位先生说：“他带来了许多胜似介绍信的东西。我注意观察到，他在门口蹭掉了脚上的泥土，进门后随手关上了门，说明他做事细心、仔细。当看到那位残疾老人时，他立即起身让座，表明他心地善良、体贴别人。进了办公室以后他先脱去帽子，回答我提出的问题，且干净利落，证明他既懂礼貌又有教养。更为突出的是，其他人都从我故意放在地板上的那本书上迈了过去，只有他俯身捡起那本书放到桌子上。和他交谈时，我发现他衣着整洁，头发梳得整整齐齐，指甲修剪得干干净净。这样素质的人才哪里找？懂得这些人际沟通礼仪比介绍信、推荐信都来得重要。”

资料来源：钟立群，李彦琴．现代推销技术．北京：电子工业出版社，2013.

问题

1. 这个男孩凭什么在众多应聘者中胜出？

2. 你怎样看待沟通及礼仪在推销工作中的作用？

重点名词

沟通　同理心　FAB 法

测试题

1. 沟通的三要素包括沟通的目标、沟通要达成的协议、________（信息、思想和情感）。

（1）沟通的内容　（2）沟通的形式　（3）沟通的时间　（4）沟通的人员

2. 沟通的原则包括________、自信原则、诚信原则和效率原则。

（1）尊重原则　（2）利益原则　（3）公开原则　（4）对等原则

3. 根据人们在日常交际过程中所表现出来的性格特征和处事方式，一般将人际沟通风格分为和蔼型、表现型、________和分析型四种类型。

（1）支配型　（2）谦虚型　（3）服务型　（4）交换型

思考题

1. 在推销员的沟通技巧中你认为哪些技巧最重要？

2. 你怎样理解商务礼仪在推销过程中的意义和价值？

3. 在推销员的交往礼仪中你认为哪些礼仪最重要？

实训练习

邀请一两位有产品推销经验或者在餐饮、房地产等典型服务企业有兼职经历的高年级学生到课堂上分享关于商务沟通及礼仪的心得体会，现身说法，加深认识和理解。

第5章

锁定目标客户

本章要点

- 了解寻找潜在客户的方法
- 掌握建立客户档案的要领
- 掌握分析最佳客户的方法
- 了解用精确营销聚焦客户

引 例

到底错在哪里

张女士是一名海归，老公是某地产公司老板。有一天她在街上偶遇高中闺蜜，闺蜜提议合伙开一家浪漫的法式西餐厅。张女士表示同意，于是从老公那里拿了500万元开始创业。经过3个月的筹备，张女士的西餐厅在一个繁华的广场旁边开业了。这个广场每天人来人往，人流量相当大。张女士满以为开在这样地段的西餐厅肯定生意火爆。

刚开始凭借自己和老公的人脉关系，来西餐厅消费的朋友非常多。可是3个月过后，随着朋友的关照热情下降，店里生意冷落下来。生意下滑一段时间后，闺蜜提议，可能是因为装修不够特色、不够情调才导致餐厅吸引力不够，应该重新装修一次！张女士也是第一次创业不懂其中的原因，就采纳了朋友的建议，给店面重新装修。原本50万元的装修预算，随着采购标准的提高，最后竟翻了一倍，花了100万元！店面符合高端大气上档次的标准，可是店里生意依旧冷清。

鉴于装修并未让生意有起色，其闺蜜又推荐了一位专家，积极给张女士出谋划策。首先，丰富菜单，将原来 20 多道菜增加到 60 多道。然后，为了让法国菜更正宗，从法国聘请大厨，从法国进口昂贵的松露和顶级鹅肝酱，甚至直接从原产地空运食材到当地。4 个月后，惨淡情况并没有好转，张女士决定转让店铺。

其实张女士的餐厅重新装修、增加菜肴并没有带来更多的顾客，反而加大了运营成本，原因是她没有找到关键问题所在。虽然该商圈的人流量大，但大部分是跳广场舞的大妈和消费能力有限的年轻情侣，进店消费的目标顾客群体几乎没有，可以说，这个法式西餐厅开错了地方。由此可见，正确审视目标顾客是多么的重要。

思考：为什么这个装修上档次的法式西餐厅会失败？

5.1　潜在客户寻找

什么是潜在客户

对于特定的企业来说，潜在客户是相对于已经购买、消费使用本企业产品或服务的现实客户而言的，可以说就是不具备充分条件成为现实客户的客户，即有可能成为现实客户但由于种种原因还没有能够购买、消费使用企业产品的客户。

潜在客户没有成为现实客户的原因主要有：

1. 潜在需求是潜在客户存在的根本原因

潜在客户的存在是以潜在需求为前提的。有了潜在需求，就有可能产生购买动机或购买欲望，加之具备相应的购买力，且市场上有所需的产品或服务，购买时机成熟时，潜在客户就极有可能转化为现实客户。因此，潜在需求是导致潜在客户产生、存在的首要因素。此外，购买动机、购买欲望、购买能力、购买时机，这些都是重要的影响因素。缺少了上述任何一个因素，潜在客户只能是潜在客户。

2. 企业或组织自身因素

如果产品质量低劣或产品性能不稳定，甚至产品品牌包装缺少新意；如果产品价格明降暗升；如果服务手续烦琐，服务效率低下，服务人员素质差；如果企业分销渠道不畅，信息传递失灵；如果广告促销乏力，产品宣传失实，企业形象不佳；等等，都有可能影响潜在客户的购买心理，从而制约潜在客户的购买行为，潜在客户也就无法转变为现实客户，或者潜在客户成为竞争对手的现实客户。

3. 相关利益者因素

诸如竞争者的竞争战略、产品策略、营销活动等，都会影响到潜在客户的心理和行为。此外，媒体宣传、公众态度、专家意见、政府倾向及国家宏观政策等，都将对潜在客户转变为现实客户产生影响。

潜在客户的类型

1. 潜在客户的性格类型

在营销学和推销学中，推销人员经常面对八种性格类型的企业客户或者个体消费者。

（1）理智型客户。

这类客户比较理智，有原则，有规律，不会因为关系的好坏而选择供应商，更不会出于个人的感情色彩来选择对象。这类客户大多工作比较细心，比较负责任，他们在选择供应商之前都会做适当的心理考核比较，作出理智的选择。推销人员要在这类客户面前表现出严谨的工作作风和强烈的时间观念。

（2）内向沉默型客户。

此类客户对外界反应不灵敏，对销售人员的态度也比较冷淡，习惯与陌生人保持一定的距离。销售人员给这类客户的第一印象十分重要，可能会直接影响其购买决策。此时，推销人员可以主动提出一些易于交流的问题来激发客户的交流欲望。

（3）随和型客户。

随和型客户不像内向型客户那样对陌生人存有戒心，此类客户性格开朗，容易相处。也正因为如此，这类客户比较容易被说服。推销员可以用幽默、风趣的语言与这类客户交流。

（4）虚荣型客户。

虚荣型客户喜欢表现和标榜自己，不太乐于接受别人的指使。这类客户在与推销人员交往的过程中，往往会突出自己。推销人员可以谈论对方比较熟悉的话题，不要反驳或者打断对方的谈话，尽量创造让对方发表高见的机会。

（5）神经质型客户。

这类客户的最大特征是比较敏感，容易激动，容易情绪不稳定，也容易对自己的决策后悔。对这类客户，推销人员要有耐心，循序渐进，在合适的时机与客户交流自己的想法。

（6）顽固型客户。

此类客户往往有自己的特殊购买偏好。而且，此类客户不太愿意接受新事物，不愿意改变自己的消费模式，对推销人员的态度也不友好。对这类客户，推销人员不要寄希望于短期内改变他们，而是应该应用数据或权威资料来说服客户。试图短时间内改变这类客户，反而容易引发他们的抵触情绪。

（7）怀疑型客户。

此类客户是对产品和推销人员都抱有怀疑态度的人群。推销人员的重点是说服他们，取得他们的信任。严谨的工作态度和专业的数据是很重要的。

（8）好斗型客户。

此类客户好胜，而且比较武断，很喜欢将自己的想法强加于人。对于这类客户，销售人员要牢记“争论的胜利者常常是谈判的失败者”，准备要充分，不要意气用事。

2. 潜在客户的目标类型

依据营销学、推销学和心理学的相关理论，推销人员可以将客户按照购买目标的不同分为以下五类。

（1）任务型客户。

这类客户一般在公司的职务不会是股东级的，他们只是在接受上级分派的任务，而且这个任务也不是自己的工作职责范围之内的，所以，这样的客户一般对任务只是抱有完成得比上不足比下有余就可以的想法，不会有太多的要求，也不会有太多的奢望。对于这种类型的顾客，要周到地服务，要主动为顾客分析。

（2）利益型客户。

这种类型的客户一般在公司的关系比较复杂，做事的目的性比较强，对价格压得比较厉害，对质量和服务也要求比较高。但这种类型的客户很容易稳定，只要和对方的关系发展到一定程度，就很容易把握住对方需求。这类客户时常也会主动要求和接受销售过程中的好处与个人利益。

（3）主人翁型客户。

这种类型的客户大部分是企业的老板，或者是非常正直的员工，这类客户只追求价格、质量、服务的最佳结合体，尤其对价格最为关注。对于这类客户首先要在价格上给予适当的满足，再根据质量回升价格。要让对方感觉你做的东西就是价格最便宜的、质量最好的。对于这样的客户，可以适当地用些隐蔽性的技巧。服务这类顾客要以价格为突破口，在价格上给顾客一个好的印象，在质量上可以根据顾客的认知度定位，前期道路铺好之后就要经常回访，经常交流，经常沟通。

（4）重质型客户。

这种类型的客户一般不会是公司的大领导，但是这类客户在公司有发展潜力，地位一般处于上升趋势。这类客户眼光重点定位在质量上，价格只要适当就可以了。这类客户有的时候会出现自己掏钱为公司办事情的情况，在公司为了有好的表现经常自己吃点哑巴亏。对于这样的客户，一定要站在客户的角度着想，在质量上一定要把好关；不需要保持太紧密的联系，只要在日常的工作中给予适当的帮助，为客户在公司的发展做点力所能及的事情。

（5）经济型客户。

这种类型的客户一般比较“小气”，想赚这类客户的钱不容易，这类客户不会因为稳定、因为信任、因为关系而选择一个固定的供应商。他们会首先比较价格，而且比较的结果是让你没有利润，然后再要求质量。这类客户经常会隐瞒事实，夸大自己，很多时候还会货比三家，搞一些根本就不需要的招投标形式，以此来压价，满足自己的经济心理。

找准客户的价值

找准客户将有助于提升推销人员的工作效率，提高市场交换的成功率。同时，可以有效降低成本，避免营销活动的盲目性。最重要的是，寻找客户的同时，也是对客户心理和行为进行系统分析的过程，这样的过程有助于推销人员的整体战略思路的形成，有可能发现新的市场机会。

1. 提高市场交换成功率

不打无准备之仗，推销人员要做到在有限的精力和资源下找准客户，有计划、有目标、有步骤地接洽客户，这样才能目标清晰、方向明确、步调一致，减少盲目性。找准客户有助于推销人员在千变万化的市场中变被动为主动，变不能为可能，提高营销成功率，创造销售业绩。

2. 避免营销活动的盲目性

很多营销人员都存在这样一种困惑：我们的营销活动为什么要这么做？是不是有效的？营销人员在营销过程中存在很大的盲目性，不知从何做起，怎样做起，对自己的营销目标没有一个正确的规划。原因在于我们对客户行为的不了解。在现代市场营销活动中，营销人员作为市场营销的主体，担负着重要的责任和任务，找准客户就显得尤为重要，找准客户才能切实减少营销活动的盲目性。

企业希望任何人都能成为自己的客户，但这需要耗费大量成本。在成本约束下，找准最有价值、最易达成交易目标的客户是降低营销成本的关键。

3. 洞察市场机会

找准客户有助于洞察潜在的市场机会，因为推销人员在寻找客户时，并非单纯去探听客户或者了解客户的需求，同时也会深入思考客户业务的战略思想。推销人员在这一思考过程中，会对客户本身以及客户所面对的市场有深入的了解，从而形成分析、研究和策划的技巧，开放的思想，对未知事物的好奇心，以及开拓创新的精神，也会增加灵活性、创造性、经验及信心。

挖掘潜在的市场机会要耗费大量的精力，正因为如此，只能有选择性地针对重点客户进行。在执行时，必要的话可以与客户结成团队，发掘出对客户具有重要价值的机会，并帮助企业和客户付诸实施。

例 5-1

“大鸡”也要“食细米”

广东生意场上有句话叫“大鸡唔食细米”，意思是生意做大了看不起小订单。

在新会我有两个做钢材生意的朋友，一个做量，一个做价格，专食细米。有一天，做价格的朋友到做量的朋友那谈事，正好做量的朋友在用平板车发货，就问：“这一车差不多 60 吨的货可以赚多少钱?”做量的朋友说:“6 000 元左右吧。”做价格的朋友说:“不是吧!我一辆三轮车的钢材也能赚四五千块。”

此事对我触动很大,也感慨良多。看到俱乐部里不少采购员苦恼于业务,不重视小单,觉得有必要给予提醒。个人领悟:

(1)中小企业的销售员必须重视小单,只是在定价方面给予调整。在资金占用不大而且回报率更高的情况下,何乐而不为呢?

(2)面对小单,销售员、业务员可以在产品议价时相对强势,而在质量、服务方面则必须予以保障,像做大单一样重视。

问题:怎样对待小订单?

寻找潜在客户的方法

寻找潜在客户主要指通过网络、广告、杂志等渠道和方式来寻找客户源,用电话或者通过网络、见面会等形式来联络感情,进而了解客户真正的需求,建立信任,赢得订单的过程。寻找潜在客户的途径与方式有很多,以下介绍几种。

1. 客户资料整理法

这种方法又称为“资料查阅寻找法”。强调客户资料管理,是因为其重要性十分突出。现有的客户、与企业联系过的单位、企业举办活动(如公关、市场调查)的参与者等,这些客户的信息资料都应该得到良好的处理和保存,积累到一定的程度,就会成为公司的一笔财富,资料(行业的或者客户的)日积月累往往有助于有效地开展工作。在市场营销精耕细作的今天尤为重要。

推销人员经常利用的资料有:有关政府部门提供的资料,有关行业和协会的资料,国家和地区的统计资料,企业黄页、工商企业目录和产品目录,电视、报纸、杂志、互联网等大众媒体提供的资料,客户发布的消息,产品介绍,企业内刊等。

推销人员要有较强的信息处理能力,需要注意的是资料的时效性和可靠性。通过资料查阅寻找客户既能保证一定的可靠性,也能减少工作量、提高工作效率,还可以最大限度减少业务工作的盲目性和客户的抵触情绪。更重要的是,可以展开先期的客户研究,了解客户的特点、状况,提出适当的客户活动针对性策略等。

一些有经验的推销人员在出发与客户接触之前,往往会通过大量的资料研究对客户进行充分的了解和判断。举个最简单的例子,某个家庭,第一代洗衣机是小天鹅双桶洗衣机,第二代洗衣机是小天鹅全自动洗衣机,第三代洗衣机是小天鹅滚筒式洗衣机,要做到真正让客户的三代洗衣机都用小天鹅,客户的资料和对客户的精细服务就是必不可少的(消费者的洗衣机需要更新换代,这中间就有业务机会,而且可以通过一些活动加深厂商与客户的感情)。小天鹅可以提出一个营销内部口号:“让小天鹅在客户家里代代相传。”

2. 展示会

展示会是获取潜在客户的重要途径之一。展示会前就应该准备好客户的资料，了解客户的兴趣点以及现场可能需要解答的问题。国内外每年都有不少展示会或者交易会，如广交会、高交会、中小企业博览会等，这些是绝好的商机，要充分利用。交易会不仅实现交易，更重要的是寻找客户、联络感情、沟通了解。即使公司没有组织展示会，客户群体组织的展示会也同样重要，当然这需要推销人员借助业内的关系拿到客户的资料。

3. 展开商业联系

商业联系比社会联系更容易建立。借助私人交往，推销人员可以更快地进行商业联系。不但需要考虑在交易中认识的人，还要考虑政府职能管理部门、协会、学校、俱乐部等行业组织，这些组织带给推销人员的是其背后庞大的潜在客户群体。

商业联系也可以通过他人直接介绍或者提供信息而建立，可以通过推销人员的熟人、朋友等社会关系，也可以通过企业的合作伙伴、客户等，由他们进行介绍，主要方式有电话介绍、口头介绍、信函介绍、名片介绍、口碑效应等。

利用这一方法的关键是推销人员必须注意培养和积累各种关系，为现有客户提供满意的服务和可能的帮助，并且要虚心请求他人的帮助。口碑好、业务印象好、乐于助人、与客户关系好、被人信任的推销人员一般都能取得有效的突破。

展开商业联系方法由于有他人的介绍或者成功案例和依据，成功的可能性非常大，同时也可以降低销售费用，减少成交障碍，因此推销人员要重视和珍惜商业关系。

4. 广告寻找法

这种方法的基本步骤是：向目标客户群发送广告；吸引客户上门开展业务活动或者接受反馈。例如，通过媒体发送某个减肥器具的广告，介绍其功能、购买方式、购买地点、代理和经销办法等，然后在目标区域开展活动。

广告寻找法的优点是：传播信息速度快、覆盖面广、重复性好；相对普遍寻找法更加省时省力。其缺点是需要支付广告费用，针对性和反馈及时性不强。

5. 直接拜访

直接拜访能迅速地掌握客户的状况，效率极高，同时也能磨炼销售人员的销售技巧及培养选择潜在客户的能力。

6. 咨询寻找法

一些组织，特别是行业组织、技术服务组织、咨询单位等，它们手中往往集中了大量的客户资料、资源以及相关行业和市场信息。通过咨询的方式寻找客户不仅是一个有效的途径，还可以在客户联系、介绍、市场进入方案建议等方面获得这些组织的服务、帮助和支持。

7. 企业各类活动寻找法

企业通过公共关系活动、市场调研活动、促销活动、技术支持和售后服务活动等，一般都会直接接触客户，这个过程中对客户的观察、了解，与客户的沟通都非常有力，也是一个寻找客户的好方法。

有效地寻找客户的方法远远不止这些，应该说，是一个随时随地的过程。一般信息处理过程是：所有目标对象—接触和信息处理—初选—精选—重点潜在客户—客户活动计划。

小知识　猎犬计划：让老客户帮你介绍新客户

5.2　建立客户档案

建立客户档案应该既包括现有客户的档案，也包括潜在客户的档案。

现有客户的档案让推销人员更好地理解客户行为，了解客户购买的规律，同时借助以往的销售经验，形成对每类客户的相应营销策略。推销人员在遇到合适的潜在客户时，可根据已有客户档案和以往经验辨别该潜在客户属于现有客户中的哪一类，并很快形成有效的营销策略。潜在客户档案能够帮助推销人员在恰当的时间、恰当的地点回忆起可能变为现实客户的潜在客户，便于追踪潜在客户。

如何建立客户档案

1. 建立现有客户和潜在客户档案

在与客户（包括潜在客户）交流的过程中，推销人员要能够担负起记录员的职能，把客户的关键信息记录下来，特别是从客户的言语中找出其潜在的需求。记录的基本内容应该包括客户的人口统计、地理特征、生活方式、性格分析和消费行为，如果是企业客户还应该包括企业的相关信息。详见表 5－1。

表 5－1　客户档案基础内容项

基本信息	细项	特征
人口统计	年龄段	
	性别	
	家庭规模大小	
	收入水平	
	职业	
	宗教信仰	
	民族	
	受教育程度	
	社会阶层	

续表

基本信息	细项	特征
地理特征	国家	
	省/市	
	地区	
	县/镇	
	人口规模	
	人口密度	
	气候	
生活方式	爱好	
	习惯	
	看电视的习惯	
	社会活动	
	度假选择	
	运动	
性格分析	是领导者还是追随者	
	外向还是内向	
	追求成就者还是满足现状者	
	独立型的还是依附型的	
	保守的还是自由主义的	
	传统的还是现代的	
	有社会责任的还是以自我为中心的	
消费行为	使用率	
	寻求的好处	
	使用方法	
	使用频率	
	购买频率	
企业市场	企业类型（制造商、零售商、批发商、服务业等）	
	行业	
	企业规模	
	经营年限	
	财务状况	
	员工人数	
	位置	
	结构	
	销售水平	
	分配形式	
	特殊要求	

2. Excel、SPSS等统计软件帮助推销人员建立客户档案

一些数据管理软件可以帮助推销人员建立客户档案。除了一些收费较高的专业的客户关系管理软件之外，还有一些数据分析或统计软件也可以用于建立客户档案。此外，这些软件还可以帮助推销人员分析客户的消费数据，找出行为规律，为其推销决策提供支持。

目前，统计分析软件根据其功能大致分为专用统计分析软件和综合统计分析软件两大类。综合统计分析软件功能全面，较系统地集成了多种成熟的统计分析方法，具有较完善的数据定义、操作和管理功能，可以方便地生成各种统计图形和统计表格，同时提供各种简便的软件使用方法，并带有完备的错误提示及联机帮助功能。综合统计分析软件是开放的软件系统，能方便地和其他各种常用的软件进行数据交换。微机上常用的综合统计分析软件有以下几种：SAS，SPSS，SYSTAT，Statistica，S-Plus，Stata等。

专业统计分析软件着重实现综合统计分析软件的部分功能，突出某种特色处理。常用的专业统计分析软件有：Eviews，Minitab，BMDP，LISREL，AMOS，Excel等。

比较容易操作和使用的专业统计分析软件是Excel，综合统计分析软件是SPSS。

(1) Excel。

微软的Office是目前最为流行的办公软件，使用Microsoft Excel执行计算、分析信息并管理电子表格或网页中的列表。

Excel中有大量的公式函数可以选择，可以实现很多功能，给使用者带来便利。与其配套组合有：Word，PowerPoint，Access及Outlook。现在Excel 2010，Excel 2007，Excel 2003和老一点的Excel 2000较为多见，Excel 2002版本用得不是很多。Excel 2000以前的版本很少见了。最新的版本增添了许多功能，使Excel功能更为强大。Excel 2003及以上版本支持VBA编程，VBA是Visual Basic for Application的简写。VBA的使用可以执行特定功能或是重复性高的操作。

目前许多软件厂商借助Excel的友好界面和强大的数据处理功能开始研究将其以更简单的方式应用到企业管理和流程控制中，比如ESSAP（Excel & SQL平台）就是很好的Excel和数据库软件MSSQL相结合应用于企业管理和各行各业数据处理的例子。ESSAP是一个用于构建信息系统的设计与运行平台。其以Excel为操作界面，结合大型数据库MSSQL与工作流技术，用户只要运用自己掌握的Excel操作技术（不需依靠专业IT人员），就可以设计满足自己需要（管理意图）的各种信息管理系统。另外，系统设计完成并投入使用以后，还可以根据管理的需要进行不断的优化与功能扩展，真正做到“持续优化，因需而变”，使得用户自己设计的系统永不落伍。

(2) SPSS。

SPSS是社会科学统计软件包的简写，是著名的统计分析软件之一。20世纪60年

代末，美国斯坦福大学的三位研究生研制开发了最早的统计分析软件SPSS，同时成立了SPSS公司，并于1975年在芝加哥组建了SPSS总部。20世纪80年代以前，SPSS软件主要应用于企事业单位。目前的SPSS是一个组合的统计软件包，它集数据处理和分析功能于一身。用户可以根据实际需要和计算机功能选择模块，以降低对系统硬盘容量的要求，这有利于该软件的推广和应用。SPSS的基本功能包括数据管理、统计分析、图表分析、输出管理等。SPSS统计分析过程包括描述性统计、均值比较、一般线性模型、相关分析、回归分析、对数线性模型、聚类分析、数据简化、生存分析、时间序列分析、多重响应等几大类，每类中又分好几个统计过程，比如回归分析中又分线性回归分析、曲线估计、Logistic回归、加权估计、两阶段最小二乘法、非线性回归等多个统计过程，而且每个过程都允许用户采用不同的方法和参数。SPSS也有专门的绘图系统，可以根据数据绘制各种图形。

现在，SPSS公司陆续并购了SYSTAT公司、BMDP软件公司、Quantime公司、ISL公司，并将各公司的主打产品纳入SPSS旗下，从而使SPSS公司由原来的单一统计产品开发与销售转为向企业、教育科研及政府机构提供全面信息统计决策支持服务，成为走在最流行的数据仓库和数据挖掘领域前沿的一家综合统计软件公司。

在SPSS公司的产品线中，SPSS软件属于中低档，因此从战略的观点来看，SPSS显然是把相当的精力用在了用户界面的开发上。该软件只吸收较为成熟的统计方法，而对于最新的统计方法，SPSS公司的做法是为之发展一些专门软件，如针对树结构模型的AnswerTree、针对神经网络技术的NeuralConnection、专门用于数据挖掘的Clementine等，而不是直接纳入SPSS，因此它们在SPSS中“难觅芳踪”。

作为三大综合性统计软件之一，SPSS的统计分析功能与另外两款软件即SAS和BMDP相比仍有一定欠缺。但由于操作简单，其在我国的社会科学、自然科学的各个领域发挥了巨大作用。该软件可以应用于经济学、生物学、心理学、医疗卫生、体育、农业、林业、商业、金融等领域。与SAS一样，在国际学术交流中，用SPSS软件完成的计算和统计分析不用说明其算法。

最佳客户与最差客户

拥有客户档案并不是最终目的，而是手段。推销人员可以借助客户档案，有效地选择客户、接触客户，与其讨论切实存在的问题，并帮助他们解决相关问题。当然这要建立在对客户档案中的数据进行分析的基础之上。

1. 最佳客户与最差客户的特征

第一步是选出最佳客户与最差客户（见表5-2），并分别描述他们的特征。最佳客户一定是推销人员重点维护的客户群体，如果发现某位潜在客户具有和最佳客户相似的特征，这位潜在客户也将是推销人员要重点关注的客户。

表 5-2　最佳与最差客户分析表

按产品或服务划分的市场区段	最佳客户	最差客户	进一步行动
1.			
2.			
3.			
4.			
⋮			

最佳客户是指那些对你微笑，喜欢你的产品或服务，使你有生意可做的客户。他们是你希望的回头客。最佳客户的特征有：

- 会让你做你擅长的事；
- 认为你做的事情有价值，并愿意购买；
- 通过向你提出新的要求，来提高你的技术或技能，扩大知识面，充分合理利用资源；
- 带你走向与战略和计划一致的新方向。

最差客户正好相反，他们会这样做：

- 让你做那些你做不好或做不了的事情；
- 分散你的注意力，使你改变方向，与你的战略和计划脱离；
- 只买很少一部分产品，使你消耗的成本远远超过他们可能带来的收入；
- 要求很多的服务和特别的注意，以至于你无法把精力放在更有价值的客户上；
- 尽管你已尽了最大努力，他们还是不满意。

2. 运用 80/20 原则分析最佳客户与最差客户

概括一下你的全部客户，你的经营收入的 80%是由 20%的客户带来的，这 20%的客户就是你的最佳客户。显然，你有更多的理由让他们对你的产品或服务更满意。

我们这里所说的最差客户并不是这 80%的客户，而是在这 80%的客户中可能会带给你麻烦的客户，投资回报率甚至为负的客户。在你分析这 80%的客户所做的事情，以及你为他们所做的事情之后，你会发现有些客户“得不偿失”，甚至会造成麻烦。例如，他们的财务状况很糟糕，不能及时付款。如果没有这些客户，你的处境可能会更好些。有时，永远不能拒绝客户的信条会使你陷入误区和麻烦。

对付最差客户，可以这样做：

- 找出他们；
- 把他们变成最佳客户或者放弃他们。

3. 借助最佳客户特征对应潜在客户

在弄清楚谁是你当前的客户，特别是谁是你的最佳客户之后，推销人员需要进一步了解清楚他们购买你的产品或服务的原因。进一步，推销人员可以找到具有类似特征、有足够多人数（消费者市场）或有相当的需求数量（企业市场）且目前尚未购买你的产品或服务的群体或企业，这些新的群体或企业就构成了你最好的潜在客户。通过营销努力，可以把他们转化为你的最佳客户。

推销人员可以借助最佳客户的特征来对潜在客户进行评级，详见表 5－3。

表 5－3　客户/潜在客户总结表

当前客户	所属客户类型	评判依据
1. 2. 3. 4. 5.		
最佳客户	所属客户类型	评判依据
1. 2. 3.		
潜在客户	所属客户类型	评判依据
1. 2. 3. 4. 5.		
客户/潜在客户目标：		

潜在客户购买决策过程

1. 客户为什么选择你的产品

首先，要调查分析这些潜在客户尚未购买你的产品或服务的原因。究竟是公司的地理覆盖面不够，还是你的宣传促销力度不够？抑或是你的产品或服务相对竞争对手有不尽如人意之处，还是有其他的替代品？

开发这些新客户是要付出很大代价的，吸引一个新客户所耗费的成本大概相当于保持一个现有客户的 5 倍，所以更需要有针对性。因此你必须做认真的评估，看是否真正有利可图。要记住你为什么经营，在可接受的利润水平上创造并满足你的客户。任何公司都以盈利为其主要目的，无论这是长期的还是短期的。

客户何时、何地以及为什么买是市场信息的关键部分。推销人员如果能确切地回答出这些问题，将远远超前于大部分竞争对手。对于你的产品或服务要收集如表 5－4 所示的信息。

表 5-4　客户为什么购买你的产品或服务

● 谁做购买决定？	● 按金额计算销售量有多大？
● 能卖出多少？	● 每笔销售所花的成本是多少？
● 你的客户买什么？	● 他们何时购买？
● 他们的购买是定期的还是偶然的？	● 他们的购买是季节性的吗？
● 他们为什么买？	● 什么对他们重要？
● 他们在什么地方购买？	● 他们的财务怎样支持其购买？

你的客户怎样评价你的产品或服务？这是个关键的研究与开发问题。如果你能从客户的角度理解你的产品，你就能发现推销你的产品或服务的新方法、新目标市场，获取新机会。例如，如果一位客户已经要求你的产品结构中某种标准的产品再精致些，你能够为其他人重新设计和包装这种产品吗？

关键的营销观点是：人们购买的是对问题的解决。他们买的是对他们的愿望与需求的满足，而不是产品或服务本身。心理学家告诉我们，需求的满足的确是消费者行为的中心。每个人都有需求，一种需求被发现后，这种需求就会激发人们试图满足这种需求的动机。动机让人们奔向市场，去寻找能满足特定需求的产品或服务。

例如，我们大多数人都需要被其他人接受和喜欢，这种强大的动机为美容店、保健中心等创造了市场机会。在我们试图回答"客户为什么购买"这个最困难而又最有用的问题时，除了动机，还有更多因素影响着客户最终作出购买决定。并不是所有的动机都能实现。

了解客户的需求是市场销售的第一块基石。客户心理又称为客户心理暗箱，消费者的心理活动是可以反映在行为上的，但有些心理活动我们很难察觉，如果推销人员能够打开客户的心理暗箱，对其销售成功率的影响是不言而喻的。对客户的需求了解得越细致准确，销售的结果就越能有效地满足客户的需求。在这一阶段，销售人员能从客户的谈话中了解客户所面临的问题及客户希望获取的信息等，进而达到销售的目的。

2. 影响客户购买的因素

人们不会买他们不想要的产品或服务，不管你的广告和定位做得多么好。你只能把他们想要的东西卖给他们。如何确切地知道客户从你这里购买的原因呢？最简单的办法就是去询问，基于上述对购买原因的分析去调查。精心设计的调查表是一种很有用的市场调查方式。调查应该从文化、社会、经济等方面入手。

（1）影响消费者购买的因素。

文化因素：文化是人类欲望和行为的最基本的决定因素。人们在成长的过程中所处的家庭环境、社区环境、宗教环境以及社会环境和所处的社会阶层形成了一整套价值观、爱好和行为的整体观念。弄清消费者的文化背景对于研究他们的购买行为起着重要的作用。

社会因素：包括相关群体、家庭和个人的角色与地位。例如一个凝聚力很强、沟通良好的群体对人们在产品和品牌选择方面有相当大的影响。

个人因素：一个人的购买行为往往受其年龄、职业、经济环境、生活方式、个性等因素影响。

（2）影响公司采购的主要因素。

环境因素：公司的采购会受到当前经济环境或者预期经济环境等诸多因素的影响，如基本需求水平、经济前景及成本。

组织因素：每一家公司都有具体的目标、政策、程序、组织结架和系统。这些因素决定了公司的采购单位所处的角色和地位以及该公司的采购方式。

人际因素：采购中心通常包括一些不同利益、职权、地位和有说服力的参与者。这些复杂的关系会为公司的采购带来诸多变数。

个人因素：购买决策过程中每一位参与者都带有个人动机、直觉和偏好，这些因素受参与者的年龄、收入、受教育程度、专业、个性及风险意识的影响。

3. 客户是如何进行选择的

你的客户是如何作出购买选择的？对此要牢记最重要的一点：客户决定买东西是以他们自己对世界的看法，也就是他们对现实的感觉为基础的。很少有不事先考虑就买的客户。他们带着自己对世界的感觉进入一个决策过程，这个过程使他们去买某种产品或服务。

客户的感觉就是市场的现实。客户的感觉代表了他们对市场的看法，这不仅包括客户怎样看待你的产品与服务，而且包括他们对你的公司和竞争对手的看法。当客户来到市场，他们就会面对琳琅满目的各种商品。在他们作出自己的选择时，许许多多的因素会影响他们，如广告、签名、评论以及推销等，更不用说他们内心的反应了。因此，你需要了解对于所有这些刺激，客户是如何作出反应的。

（1）消费者购买的决策过程。

通过了解消费者购买的流程，推销人员就可以更好地利用他们的行为，进而制定有助于消费者完成购买过程的策略。例如，假设你刚刚开了一家生产高级软件的公司，但是你担心客户会由于担心软件不好学或者与他们的电脑不兼容而不愿尝试你的产品。为了使潜在的客户能从评估阶段进入试验阶段，你可以考虑为新客户设立一条免费热线，并保证没有任何问题，否则退款。

对于消费者的购买，推销人员必须记住以下几点：

- 购买过程的五个步骤是：了解、兴趣、评价、试验和购买决定（如表5-5所示）；
- 在购买之前，客户都要经过一个决策过程；
- 很多时候，客户是凭自己的感觉而不是事实来作出决策的。

表5-5　消费者购买过程的五个步骤

主要步骤	过程描述	你的公司应采取的行动
了解	知道一种产品或服务，但缺乏详细了解	制定策略，培养并激发潜在的客户
兴趣	由于宣传，感到好奇，并寻求更多的信息	提供更详细的产品信息，并继续建立强大宣传攻势
评价	决定是否试验这种产品或服务	尽量使产品评估过程容易并值得做
试验	试用产品或服务	尽可能使试验简单又没有风险
购买决定	决定购买这种产品或接受这种服务	制定战略来留住这些客户

（2）企业客户的决策过程。

相对而言，企业的购买决策一般要比大多数个体消费者的决策正式、理性和专业。公司中不同部门的人常常参与到决策过程中，形成了所谓的决策单位。与消费者市场不同的是，在与企业客户打交道时，对以下重要因素要进行认真评估：

- 企业客户总体上是怎样的状态？
- 这家企业客户是如何运营的？
- 对谁来说更重要？

在开始为企业客户制定策略时，要与潜在的客户进行沟通，了解一下客户的组织及其产业，参加由你的客户或潜在客户出席的活动，试图更确切弄清构成他们想法的决定性因素和力量是什么。客户主要参与决策人员是工程师还是营销人员？客户是否大小供应商都选用？在关键的领域是否有许多供应商？有时你的客户并不是最终用户，因此，你需要了解这些企业客户的市场情况，即你的企业客户的客户。

表5-6为企业采购过程的步骤。

表5-6　企业采购过程的步骤

主要步骤	过程描述
需求确认	需求的确认可能来自：（1）公司决定推出一种新产品，因而需要新设备和相应的材料；（2）旧设备故障或报废，需要新的零部件或新设备；（3）原有的采购材料不能满足要求，转而寻找其他供应商；（4）新材料。
总需求说明	一旦某种需求被确认，采购人员便着手确定所需项目的总特征和所需数量，诸如可靠性、耐用性、价格及其他属性。
产品规格	在总需求确定后，有关产品的技术规格说明书必须制定出来。
寻找供应商	当产品的要求具体化之后，采购人员就要设法寻找所需材料的合适供应商。
供应商建议书	供应商需根据购买者的要求，提供一份供应建议书。
供应商选择	根据供应商所提供的建议书，选定最适合公司要求、最具有吸引力的供应商。在其中要重点考虑供应产品质量的可靠性、服务的可靠性以及供应商的灵活性。
签订合同	在供应商选定之后，双方进一步详细讨论交易合同或订单，包括产品技术说明书、质量要求、需要量、预期交货时间、退货条款、支付条件、运输及担保等。
供应商评估	对于供应商的绩效表现，公司要进行评估，确保其持续满足公司的要求。

4. 不能忽视的购后评价

推销并不是客户购买产品之后即终止，客户的购后评价同样重要。客户使用产品时产生的满意与不满意是购后评价的主要表现方式。

（1）满意、重复购买、忠诚。

美国学者罗伯特·威斯布鲁克和迈克尔·赖利（Robert A. Westbrook & Michael D. Reilly）提出了消费者感知的价值差异模型（见图5-1）。他们认为，满意感是客户对自己感觉中的产品和服务实绩与自己需要的消费价值（需要、欲望、期望）进行比较之后产生的一种情绪反应。产品和服务的实绩越符合客户需要的消费价值，客户就越满意；产品和服务的实绩越不符合客户需要的消费价值，客户就越不满意。

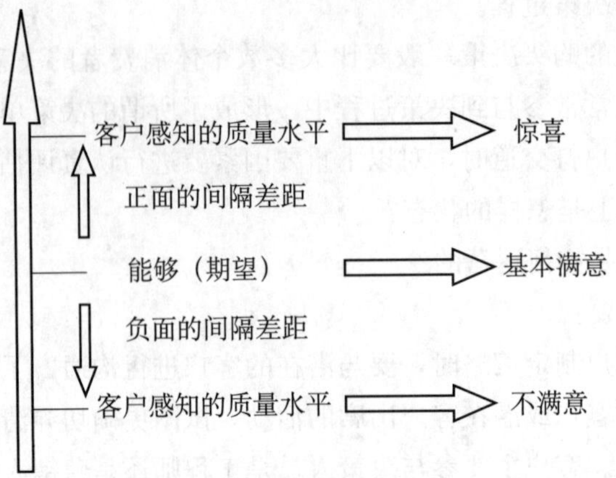

图5-1 期望与满意之间的关系

关于满意与重复购买意向，一般认为，满意能够通过态度这一中介变量影响购买意向，也有观点认为，满意可以直接影响购买意向。关于客户满意与客户忠诚的关系，满意水平与品牌忠诚正相关，客户满意和客户忠诚不是必然的直接关系，客户满意需要一定的条件才能转变为客户忠诚。

（2）不满与抱怨。

当出现较严重的问题，或客户抱怨得不到处理时，不满意的客户更容易抱怨。一般认为，负面的信息比正面的信息更容易被消费者口头传播。

（3）回访是售后服务的开始。

交易达成后继续与客户保持经常联系，对于重复销售和更大市场的开拓具有重要的意义。销售人员的回访会给客户带来帮助，所以销售人员的回访极少会受到客户的抵制，反而会给客户留下深刻的印象。在回访过程中，销售人员不但要确认客户对产品是否满意，还要进一步巩固与客户的关系。抓住这两点对于发展以后的业务是很关键的。

形成潜在客户策略

1. 描述产品特征

无论是单个的消费者还是企业，任何购买行动的最终确定都需要一个决策过程。在决定购买之后，客户就会进入选择阶段，即选择什么样的产品、特征、功能最能够满足他的需求。在决定购买之后，客户会按自己的这些需求特征到现场去选择产品，而销售人员的销售表达阶段就是在了解客户的需求特征以后，根据客户这些需求特征来介绍产品的用途和性能，来编写、解释建议书。销售人员就要抓住这个阶段，有针对性地向客户介绍产品，介绍建议书，这时用到的是销售表达技巧。

在这一过程中，需要推销人员在明确客户存在的问题之后，向客户解释并生动地描述相关产品的特征和优点。推销人员在描述产品的过程中，一项比较困难的任务是使客户准确地领会自己的意图。信息的传递者和接收者之间的交流沟通很容易误入歧途，接收者不太可能像传递者所希望的那样准确无误地理解信息，因此，在描述产品的过程中，推销人员要与客户不断地交流，描述要针对客户的需求，一定要让客户知道为什么要听你讲、购买利益是什么以及对他们有什么好处。

步骤一：请列举你所推销的产品或服务的十项（可以更多也可以更少）特征，说出这些特征能带给客户什么样的实际利益；

步骤二：请将这些实际利益牢记在心，以一句话概括，站在客户立场说出来，练习到能够出口成章、自然表达为止。

2. 浓缩产品卖点

在描述产品特征以及产品会带给客户的主要利益之后，推销人员需要找出关键利益，这一利益可以是与竞争对手有鲜明区别的，也可以是客户急切需要的，并将这一关键利益点浓缩为一个卖点，将产品最大的特色作为“关键按钮”。例如，诺基亚 6120C 手机产品浓缩后的卖点是智能小巧；宝洁旗下的海飞丝产品的浓缩卖点是“头屑去无踪，秀发更出众”。

3. 潜在客户分类与策略打包

对潜在客户进行细分是很必要的。按照现有客户的消费行为或者基本统计变量进行细分后，列出每类现有客户的特征。依据这些特征，将潜在客户一一进行类别对应。详见表 5－7。

表 5－7　潜在客户分类与策略打包表

对现有客户细分	客户特征	潜在客户归类	策略打包
初步细分	年龄特征	1.	突出产品特殊功能
第二层细分	价格敏感性	2.	突出产品的安全性
第三层细分	动机特征	3.	描述产品的性价比
⋮	⋮	⋮	⋮

之后就是依据每类客户的行为特征进行推销策略打包，因为潜在客户已经一一归类，他们的特征与现有客户有共同点，策略针对性也就更强。

5.3　精确营销帮助聚焦客户

对于有大数据库的行业和推销人员，现有的数据库是一笔很好的资源，借助数据库中的客户行为数据可以找出客户的行为规律。推销人员不需要关心找出数据关系算法的原理和运算过程，甚至不需要自己去操作，因为很多行业或者企业有专门的数据分析部门。推销人员所要做的就是，将这些规律应用到推销过程中，提升推销的针对性和有效性。

精确营销的产生

1. 精确营销的定义

莱斯特·伟门1999年提出了精确营销概念，他对精确营销的最初定义是：改变以往的营销渠道及方法，以生产厂商的客户和销售商为中心，通过电子媒介、电话访问、邮寄、国际互联网等方式建立客户和销售商资料库。然后通过科学分析，确定可能购买的客户，从而引导生产厂商改变销售策略，为其制定出一套可操作性强的销售推广方案，同时为生产厂商提供客户、销售商的追踪服务。

莱斯特·伟门给出了精确营销最为原始的方法，但是精确营销在它以后的发展中，随着行业应用空间的拓展，开始有了更为新鲜而泛化的内涵：精确营销以科学管理为基础，以客户洞察为手段，恰当贴切地对市场进行细分，并采取精耕细作的营销操作方式，将市场做深做透，进而获得预期效益。

2. 精确营销的基本背景是资源的紧缺性

企业的营销活动与其他活动一样，需要耗费资源。营销所消耗的资源不仅包括我们常说的企业产品资源、人力资源、品牌、技术、销售渠道，还包括来自外部的客户、媒体、合作伙伴、政府部门、信息资源、社会文化资源、自然资源等。由于资源本身的特性，特别是市场资源，如果不进行有效照管和精心维护，资源就会慢慢枯竭，效益就会递减，就像自然资源的开采一样，一味粗放经营只会加速资源的衰竭，导致富矿逐渐变成贫矿。因此，在企业的运作过程中必须对市场资源进行合理的规划和使用。

随着商品经济的日益发展和成熟，精确营销受到企业越来越多的重视，并成为企业青睐的营销理念。精确营销意味着营销活动的精确化、深入化、细致化，以及利用有限的资源获取最大的收益。精确营销最早是以邮购、目录销售的形式出现的。有一些厂商，或因产品适合寄送，或因建立渠道费时费力，或因竞争压力，或因地域广大，或因产品冷门等，采用了直邮广告，提供邮购，以达成销售。受邮购行业的启发，一些没有中间商的行业也开始采用这种方式进行销售工作。

3. 精确营销是对数据库营销的发展

数据库营销是信息技术（IT）的一种应用，正如其字面含义所示，它利用电子计算机存储量大、成本低的特性以全新方式存储和使用客户资料。数据库营销还强调建立长期客户关系的重要意义，这种关系被认为对企业的长期战略营销计划具有重大帮助。数据库营销还可以运用计算机存储的客户资料，支持企业与客户之间的沟通，从而使客户和企业均从中获益。

精确营销实际上是对数据库营销的发展，它不像数据库营销那样只看重数据分析，精确营销更重视商业应用。

精确营销的技术——数据挖掘

在互联网快速发展的今天，新型经济模式打破了传统的经济模式，加上网络本身的特性，基于客户行为研究的精确营销活动变得日益重要（见图 5－2）。客户期望获得快速且高质量的服务，因此，如何为客户提供精准而满意的服务，对于企业提升产业竞争力是一项有重要实践意义的议题。数据挖掘是精确营销的核心技术。

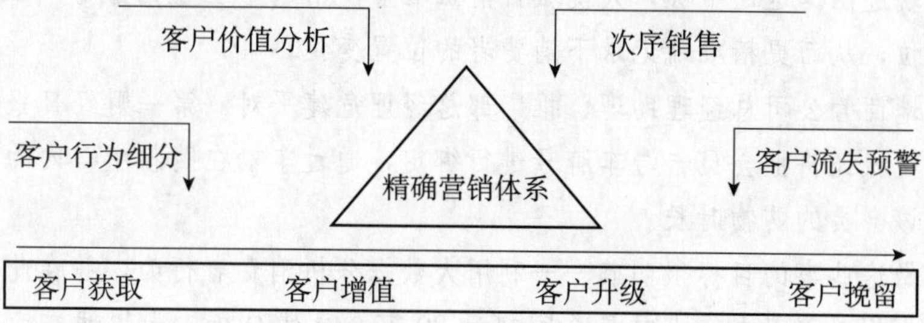

图 5－2　企业营销全过程与精确营销体系构建

数据挖掘是指对存储在电脑中的海量数据的分析。例如，食品杂货店通过人们的购买而获取了大量数据。条形码使付款变得非常便利，并且给零售企业提供大量数据。食品杂货店和其他零售商店能够快速地掌握人们的购买行为，并通过计算机对产品进行精确定价。

从统计和运营研究的角度看数据挖掘，数据挖掘方法包括如下几种：聚类分析；各种形式的回归、判别分析；运用操作研究工具——多目标线性规划的线性匹配。从人工智能的角度看数据挖掘，方法有：神经网络、规则推理（决策树）、遗传算法等。

数据挖掘的作用主要有：

- 分类：用测试数据集来识别常被用来分类数据的类别和族群。
- 预测：识别数据的关键特征以找到公式来预测未来事件，回归模型就是这样的。
- 关联：识别决定实体关系的规则。
- 检测：确定不规则属性，对于欺诈检测特别有价值。

推销人员不需要学习这些算法的原理，甚至也不需要自己去操作，但是推销人员最好能够理解为什么要这么做，这么做有什么好处。推销人员最重要的任务是，将这些规律应用到推销过程中，提升推销的针对性和有效性。

例 5－2

大悦城：用大数据进行精确营销

“希望未来的购物中心成为一个地缘辐射半径比较大的、有共同属性的人聚集的社区，是这群人的社交场所和生活中心。”中粮置地北京公司副总经理、朝阳大悦城总经理周鹏描述说。

现阶段传统卖场和电商平台都在不断探索，未来O2O模式下的线上线下结合将会更紧密，移动互联的应用也会更广泛。朝阳大悦城总经理周鹏抓住了这一切入口，他表示大悦城除满足客户体验外，还需要完成一件非常重要的事：消费者数据收集。

周鹏今年想要完成的一件大事是在朝阳大悦城内部成立消费者实验室，对消费者的反馈进行记录和分析。

而在北京另一家大悦城——西单大悦城内，消费者连上商场内WiFi的同时就自动成为大悦城数据库的一部分，后者只要统计WiFi接入点的客流情况就能勾画出消费者在卖场内的轨迹图。这还不够，大悦城目前正准备使用基于位置的服务（LBS）技术对客流进行定位，从而更精准地记录下消费者的位置变化。

中粮置地商管公司总经理助理、推广部总经理危建平对《第一财经日报》透露，今年年中，大悦城还将把会员卡与车牌号进行绑定，通过车辆在购物中心内的停留时间来判断并收集该会员的购物时长。

大悦城做这些事的目标很明确——利用大数据分析消费者行为，并在此基础上进行精准营销。根据对消费者，尤其是全国超过80万会员的分析，大悦城在商场内针对不同客群进行信息推送。在此基础上，大悦城启动了名为“购物篮计划”的精准营销，将会员分为21个层级，为每一个层级推送完全不同但与之相应的信息。

当不同层级的会员来到卖场并通过大悦城的App链接到WiFi时，大悦城即可监测到该会员来到卖场的动作，并通过后台技术自动调用会员信息，为其匹配有针对性的折扣、新品等时效信息进行推送。

资料来源：李蕾．大悦城构想：用大数据进行精准营销 做两个增量．（2014-06-06）．联商网．

问题：你如何评价大悦城利用大数据进行精确营销的做法？

精确营销帮助聚焦客户

对潜在客户的了解必须建立在对现有客户行为理解的基础上，因为人的消费行为存在很多共性和有规律的地方。因此，对客户进行分类，首先要了解客户的消费行为模式。精确营销可以帮助推销人员找出数据中隐含的客户行为规律。

1. 客户分类与客户挖掘

从理论上讲，所有市场都可以细分，从而找到企业的目标顾客，提高获利性和经营效率，提高市场地位。有些市场研究人员根据消费者特征细分市场。为此常常使用大量地理、人口统计和心理特征变量作为划分市场的依据，然后再看这些顾客群体是否对产品有不同的反应，据此选择不同的细分市场，针对不同的细分市场制定不同的销售策略。

选择合适的方法细分市场比细分的技术更加重要。精确营销以客户行为作为细分的标准，能够从大量庞杂、琐碎的客户资料中提炼出对公司有价值的信息。而这种基于数据挖掘的精确细分技术，能够对客户行为模式与客户价值进行准确判断和分析。因此，精确营销为客户细分提供很好的理论与实践依据，同时也有助于推销人员挖掘有价值的新客户。

例 5－3

啤酒与尿布

在一家超市里有一个有趣的现象：尿布和啤酒赫然摆在一起出售。但是这个奇怪的举措却使尿布和啤酒的销量双双增加了。这不是一个笑话，而是发生在美国沃尔玛连锁超市的真实案例，一直为商家津津乐道。原来，美国的妇女经常会嘱咐她们的丈夫下班以后要为孩子买尿布。而丈夫在买完尿布之后又要顺手买回自己爱喝的啤酒，因此啤酒和尿布在一起购买的机会还是很多的。是什么让沃尔玛发现了尿布和啤酒之间的关系呢？正是商家通过对超市一年多交易数据的分析，才发现了这对神奇的组合。

问题：怎样挖掘有用的客户需求信息？

2. 升级销售

升级销售也可以理解为追加销售，即向客户销售某一特定产品或服务的升级品、附加品或者其他用以加强其原有功能或者用途的产品或服务。这里的特定产品或者服务必须具有可延展性，追加的销售标的与原产品或者服务相关甚至相同，有补充、加强或者升级的作用。

举例来说，在麦当劳或是肯德基，当你点完你想要的鸡腿汉堡和饮料之后，餐厅的服务员一般都会问："需要加一份新炸的薯条吗？"这就是升级销售的一种典型方式。这里的"薯条"作为升级销售的诱饵，诱使消费者增加购买，从而实现扩大销售的目的。事实上，升级销售的方式不仅仅存在于快餐厅里，在商品市场上也很常见。比如，你在购买化妆品时，本来只想购买一支口红，但是在售货员的说服下你会再购买一套眼影。

升级销售需要理解和挖掘客户的需求，而这种理解和挖掘的工具，除了长期的经验积累所产生的洞察力，还可能包括一些分析工具。企业的数据库或数据仓库为企业保留了海量的客户信息，而精确营销数据挖掘技术强大的分析功能，可以将这些数据和信息变成对客户需求的洞察。可以说，以数据挖掘技术支撑的精确营销是实施升级销售的主要技术。数据挖掘是自动分析大量的数据集来鉴别在数据中我们先前不知道的信息的模式或趋势，这些模式和趋势可以用来帮助我们做出正确的判断。

3. 交叉销售

交叉销售是指企业向原有客户销售新的产品或服务的过程，从而加强客户对企业的依赖和提升客户盈利性。要实现交叉销售，企业必须掌握足够的客户信息，尤其是以前购买行为的信息，因为其中可能包含这个客户决定他下一次购买行为的信息，甚至是决定因素。例如，一个高尔夫俱乐部会员卡的购买者，可能也是一个轿车购买者，并且是一个健康服务购买者。如果了解这个客户的消费属性和兴趣爱好，我们就可以有更多客观参考因素来判断这样一个事实。所有这些参考因素必须有数据库来进行存储和分类。

对已有的客户进行交叉销售的前提是企业知道客户是谁，他购买了什么产品或服务，有哪些具体的消费属性。交叉销售的核心是客户数据库的应用，关键是与特定客户高效率的沟通。企业借助数据库可以锁定某个特定的客户，了解客户消费属性和购买历史，进而采取明智的营销战略和策略，来满足客户需要，赢得竞争优势，提高营销效益。

对于推销人员的交叉销售来说，精确营销的作用就会体现出来，它可以帮助企业找到影响客户购买行为的关键。推销人员可以通过精确营销找出客户交叉购买的可能性与方向，有效促成交叉销售。

案例分析

客户管理精确到细节

泰国的东方饭店堪称亚洲饭店之最，几乎天天客满，不提前一个月预订是很难入住的，而且客人大多来自西方发达国家。泰国在亚洲算不上特别发达，但为什么会有如此诱人的饭店呢？靠的是非同寻常的客户服务，也就是客户关系管理。

一位朋友因公务经常去泰国出差，并下榻在东方饭店。第一次入住时良好的饭店环境和服务就给他留下了深刻的印象，当他第二次入住时，几个细节更使他对饭店的好感迅速升级。

那天早上，在他走出房门准备去餐厅的时候，楼层服务生恭敬地问道："于先生是要用早餐吗？"他很奇怪，反问："你怎么知道我姓于？"服务生说："我们饭店规定，晚上要背熟所有客人的姓名。"这令于先生大吃一惊，因为他频繁往返于世界各地，入住过无数高级酒店，这种情况还是第一次碰到。

于先生高兴地乘电梯到餐厅所在的楼层，刚刚走出电梯门，餐厅的服务生就说："于先生，里面请。"于先生更加疑惑，因为服务生并没有看到他的房卡，就问："你知道我姓于？"服务生答："上面的电话刚刚下来，说您已经下楼了。"

于先生刚走进餐厅，服务小姐微笑着问："于先生还要老位子吗？"于先生的惊讶再次升级，心想："尽管我不是第一次在这里吃饭，但最近的一次也有一年多了，难道这里的服务小姐记忆力那么好？"看到于先生惊讶的目光，服务小姐主动解释说："我刚刚查过电脑记录，您在去年的 6 月 8 日在靠近第二个窗口的位子用过早餐。"于先生听后兴奋地说："老位子！老位子！"小姐接着问："老菜单？一个三明治，一杯咖啡，一个鸡蛋？""老菜单，就要老菜单！"于先生已经兴奋到了极点。

问题

东方饭店的客户管理有何独到之处？

重点名词

潜在客户　客户满意　精确营销　交叉销售

测试题

1. 推销的起点是________。

(1) 寻找客户　　(2) 接近客户　　(3) 约见客户　　(4) 推销准备

2. 在建立客户档案的基础上，访问前还必须在所有潜在客户中寻找最有可能购买的________。

(1) 集体　　(2) 客户　　(3) 任务　　(4) 部门

3. 如果销售已经完成，我们不应该出现下列________情况。

(1) 记录销售量，以便了解销售情况　(2) 迅速调整自己的心态，迎接下一批顾客到来　(3) 不要立即表现出过度兴奋感　(4) 对于顾客提出的退换货要求不闻不问

4. 需要某种商品且有购买能力的个人或组织，称为________。

(1) 引子　(2) 推销员　(3) 推销对象　(4) 准顾客

思考题

1. 如何有效建立和利用客户档案？

2. 精确营销对潜在客户寻找有什么帮助？

第6章 接近目标客户

本章要点

- 了解如何制定客户接近计划
- 了解客户接近前的准备
- 掌握客户接近的方法和策略
- 了解影响客户信任的因素
- 掌握建立客户信任的方法

引　例

了解客户的性格方能百战不殆

乔·吉拉德因13 000多辆轿车的出售纪录而被载入吉尼斯史册。他曾经连续15年保持世界上售出新轿车最多的人，其间6年年均售出轿车1 300辆。吉拉德的推销技巧之一就是：建立顾客档案，更多地了解顾客。

吉拉德说："不管你推销的是什么东西，最有用的方法都是让顾客深信，你宠爱他、关怀他。假如顾客对你抱有好感，你成交的可能性就增大了。要使顾客深信你宠爱他、关怀他，那你就必须了解顾客，收集顾客的各种有关资料。"

吉拉德中肯地指出："假如你想要把东西卖给某人，你就应尽自己最大努力去收集他与你生意有关的情报……不管你推销的是什么东西。假如你每一天肯花一点时间来了解自己的顾客，做好预备，铺平道路，那么，你就不愁没有自己的顾客。"

刚开始时，吉拉德把收集到的顾客资料写在纸上，塞进抽屉里。之后，有几回因没有整理这些资料而忘掉追踪一位准顾客，他开始意识到自我着手建立顾客档案的重要性。他去文具店买了日记本和一个小小的卡片档案夹，把本来写在纸片上的资料悉数做成记录，建立起他的顾客档案。

吉拉德认为，推销员就应像一台机器，具有录音机和电脑的功能，在和顾客交往的过程中，将顾客所说的有用情况都记录下来，从中获取有用的资料。

吉拉德说："在建立卡片档案时，你要记下有关顾客和潜在顾客的一切资料，他们的孩子、嗜好、学历、职务、成果、游览过的地方、年龄、文化背景及其他任何与他们有关的内容，这些都是有用的推销情报。"

"这些资料可以帮助你接近顾客，使你可以有的放失地向顾客解答疑问，讨论他们感兴趣的论题。有了这些资料，你就会知道他们喜欢什么，不喜欢什么，你可以让他们高谈阔论、兴致勃勃、手舞足蹈……只要你有方法使顾客心情畅快，他们就不会让你失望。"

资料来源：兰晓华．乔·吉拉德快速推销技巧．北京：中国纺织出版社，2012.

思考：了解客户与有效顾客接近之间什么关系？

6.1　客户接近的设计

客户接近是指推销人员正式与客户进行的前期接触，把推销引入洽谈的一个活动过程。成功推销的基础在于推销主体成功地接近推销对象，而且很多交易能否达成，往往取决于首次面对面接近的几分钟。如果接近是有效的，就有机会过渡到洽谈；如果接近是失败的，将丧失推销陈述的机会，也就等于宣告本次推销访问的终结。对于不同的客户类型，接近的重要性也可能不相同。一般来说，接近老客户要比接近新客户容易，但新客户的接近意味着推销人员有将潜在客户转变为实际客户的可能。

制定客户接近计划

推销人员在推销之前，应该确定自己的目标并拟出相应的计划。不制定计划，拿自己的产品到市场碰运气，卖多少算多少的是鲁莽行事的推销人员。他会缺乏高质量地完成任务的动力，难以从时间上、成本上判断现在的推销行为是否合理；还会缺乏明确的目标，处于被动。可以说没有计划就没有推销，有些精于市场销售的推销人员可能从没有写在纸上的计划，他们可能只是在回忆中才认识到他们所干的事情的合理性，但是，这丝毫不意味着他们就没有做什么计划，只不过他们的计划与传统的计划过程不同。

在现代社会，信息爆炸式增长，竞争越来越激烈，面对变幻莫测的市场，没有计划和准备是行不通的。推销人员还是应该将计划写下来。

1. 确定拜访计划

一次成功的拜访需要有良好的计划。确定拜访计划，可以采用5F法。

（1）find——寻找及收集事实。第一个F，在计划步骤中，就是寻找及收集事实。各种事实如公司的环境、产品销售市场、客户的购买习惯等，都是寻找及收集的对象。

（2）filter——选择收集的资料。第二个F，将收集来的资料加以过滤、选择，只抽取计划中所需的资料。

（3）figure——拟定初步计划。第三个F，针对所抽取的资料进行检查、讨论，经过组合，拟定出初步的计划方案。

（4）face——制定实施行动计划。第四个F，将初定的计划草案赋予生命力，使之能够付诸行动，成为一个可以实施的行动计划，不再只是纸上谈兵。

（5）follow——计划的实施。第五个F，依照计划付诸行动。

2. 明确拜访时机

要成功拜访，必须把握拜访时机。无论你如何辛勤地拜访，如果具有购买决定权的客户不在或正忙得不可开交，你的一切努力皆徒劳无功。因此，必须掌握确定拜访时机的方法。你必须站在客户的立场上寻找最方便适当的时段进行商谈，才能获得最佳的成果。而商谈的时机因客户的行业、部门各有不同，你必须依照客户的作息时间，找出最有效率的商谈时机。

3. 预约客户

明确拜访时机必须明确预约内容和预约方式。

（1）预约内容。

预约的主要内容包括确定拜访对象、约见时间和约见地点。

1）确定拜访对象。要尽可能多地熟悉手头上现有的被访客户的有关资料和信息，例如拜访对象的姓名、性别、性格、兴趣爱好、工作环境、身体状况、家庭情况等，需要补充了解的就及时补充了解，越详细越具体越好。这样才便于做好约见重点和策略的设想，才能在实施约见访问时做到有的放矢，才会与拜访对象有更多的沟通和交流，更好地赢得客户。

2）确定拜访时间。应主要根据客户的情况确定见面的时间，尽量避免在客户忙碌的时间前往。比如星期一的上午通常都比较忙，应尽量避开。如果能够选择客户较为轻松和闲暇的时候拜访为最好。至于是上班时拜访好还是休息时拜访好，不能一概而论，需要事先沟通商定，或者是建立在对客户生活规律的了解之上，应因人而异，因情而定。当遇到客户的时间与推销员的时间矛盾时，应尽量考虑和照顾客户的意图。拜访时间敲定以后，要立即记录下来，并且要严格按照约定时间准时到达，避免迟到或约而不到。

3）确定拜访地点。主要确定目标客户所处的位置、与公司之间距离的长短、可能的变化，以及相关的环境状况，以便确定最佳的交通路线、交通方式和行程时间。

(2) 预约方式。

预约方式有多种，可以根据自己的实际情况进行选择，例如函约、面约、电话约、广告约等。另外，如果有引荐人，会提高预约的成功率。

依据以上准备工作，可以制作图表。参照此表（见表 6-1），决定拜访次序，就能进行损失最少、效果最好的拜访了。

表 6-1 客户接近计划表

日期		拜访客户	拜访时机	拜访内容
第一周	周一			
	周二			
	周三			
	周四			
	周五			
	周六			
第二周	周一			
	⋮			

客户接近前的准备

推销人员对于准客户的调查，不必考虑太多，也不可犹豫不决，因为机会稍纵即逝，必须即时行动。在成为一个优秀的推销人员之前，你必须是一个优秀的调查员。你必须去发现、去追踪、去调查，直到摸清了准客户的一切，使他几乎成为你的“老友”。

我们知道，每个人的个性、收入、生活方式、兴趣爱好、家庭状况、休闲方式、声音、语速、笑容均不相同。如果你对准客户的事前调查工作马马虎虎，无异于把各种各样不同的准客户都归成同一类。这么一来，你要拿什么姿态面对不同的准客户呢？由于不了解对方，只能不顾对方而以自己一成不变的方式去应对。在此种情况下的交往，双方不可能水乳交融、打成一片。

调查准客户的方式因人而异，然而其目的不外乎下列两个：

(1) 在与对方正式碰面之前，掌握对方的详细资料，以描绘出对方的形象。

(2) 针对准客户的形象，决定自己的对应姿态。

1. 进一步审验潜在客户的资格

通过已经掌握的信息资料判断某个线索指向的是不是潜在客户，但对潜在客户作进一步了解后，可能会得出完全相反的结论，或许这些线索所指向的客户已经购买同类产品，或许没有足够的支付能力，或许亲戚朋友已向他们推荐同一类型的产品。因此，推销人员要全面地进行接近准备，弄清所掌握的线索，确认是不是真正的买主。

2. 客户信息

（1）个体潜在客户信息。

表6-2为接近个体潜在客户的准备内容。

表6-2 接近个体潜在客户的准备内容

客户信息类别	具体内容	注意事项与作用
基本情况	姓名	写对、读准。可以缩短推销人员与潜在客户之间的距离。
	年龄	了解潜在客户的真实年龄，有助于推测潜在客户的个性心理特征与需要等。女性年龄可以大致估计。
	性别	不同性别的潜在客户在性格、气质、需要和交际等方面都有差异。
	民族	不同民族有不同的风俗习惯与宗教信仰，推销品应该在包装、色彩、商标等方面符合特定民族的习惯。
	受教育程度	寻求交流的基点，同时为洽谈方式的选择提供参考依据。
	出生地	利用同乡关系谈话，容易被潜在客户接受。
个体特征信息	职业	潜在客户靠什么谋生？是雇主还是雇员？从事何种职业？能力怎样？工作了多久？这些问题的答案都有利于推销人员找到推销洽谈的话题。
	住所	依据住所的社区状况可以推测社会地位等情况。
	个人偏好	推销中可以适当投其所好。
	消遣、兴趣、爱好	了解潜在客户工作之外的娱乐项目、兴趣爱好，可以找到更多话题，使推销接近顺利步入正轨。
	最佳访问时间	如果推销人员能在潜在客户空闲之时去拜访，将会得到友好的接待。
与需求和购买相关的信息	需求状况	了解客户是否确实需要你所推销的产品。如果需要，应该弄清楚潜在客户对产品熟悉的程度；如果不需要，判断是暂时的还是长期的，以便进行分级管理。
	购买能力	了解购买能力，提高推销的针对性。
	购买决策权	判断购买决策权到底掌握在哪个家庭成员手中，并根据购买决策者的特征设计推销接近计划与方法。
	家庭状况	很多购买决策是由于人们想取悦配偶或子女形成的，因此要注意家庭成员在购买决策中的影响作用。
	参考群体	了解潜在客户属于哪一个参考群体，在群体中担任何种职务，有无权威性。掌握这些信息，有利于利用群体的影响和认同感使之接受推销品。
其他推销人员重点关注的信息	⋮	⋮

（2）组织潜在客户信息。

所谓组织潜在客户，是指除个体潜在客户之外的所有潜在客户，包括各种企事业单位及其他社会团体组织。由于组织潜在客户的购买目的是获利或开展正常业务活动（譬如学校购买课桌、椅子、粉笔、电脑等是为了组织教学)，除具备个人采购的一些特点外，还具有以下特点：购买数量大，订货次数少，供购关系稳定，重视品质，专业人员购买，影响购买决策的人员多，属于理智型购买。采购者只是执行购买决策的人员，通常不是作出购买决策的人，因而向组织购买者推销就是指向购买决策者推销，或向影响购买决策的有关人员施加影响，促使决策者作出购买决策。购买决策的复杂性必然要求推销人员更加充分地做好接近组织潜在客户的准备工作。

在客户采购时，客户需要的是产品的核心功能和附加功能而并非产品本身。在发掘客户需求时，一定要了解清楚在客户内心深处对产品各功能的排列次序，只有这样才能有针对性地讲解产品并做到击中要害，这也就是我们的卖点。

在产品销售中，是不是一味地向客户讲解产品优点呢？是不是一味地把这些优点认为是产品的卖点呢？如果这样，你就错了，因为你讲的优点在客户眼里可能没那么重要。只有客户关注的产品特点才能成为产品的卖点。

因此，除应准备与个体潜在客户相同的一些内容外，还应准备以下内容：

1）组织名称。准确地了解组织潜在客户的名称，有利于与推销对象取得联系，顺利地开展推销工作。

2）组织性质。掌握组织是公司法人还是行政事业单位，是营利性组织还是非营利组织等，有利于制定恰当的推销计划。

3）组织规模。包括资本、员工、生产能力、技术水平等，了解这些方面的资料，可以间接地推测该组织可能接受推销品的数量、支付能力的强弱等。

4）组织所在地。掌握组织总部及其分支机构的所在地、通信地址、电话号码、传真号码、电子邮箱、交通运输情况等，才能及时与组织取得联系，并前往组织所在地进行推销。

5）组织的机构设置与人事。包括组织机构的设置，各个部门的负责人分别是谁，总经理又是谁，是否设立了独立的采购部门等。

6）组织的采购状况。一般的采购决策由谁作出？重大的采购项目由谁决策？影响这些重大购买决策的有哪些人？组织现在的供应商是谁？对现在供应商提供的产品或服务是否感到满意？现在供应商的产品最大缺陷是什么？我们的产品具备这方面的优势吗？掌握组织潜在客户采购方面的情况，有利于有针对性地开展推销接近工作。

7）组织的经营状况。包括潜在客户的生产规模、经营管理水平与能力、盈利能力、市场状况、技术装备水平等。了解这些情况，有助于进一步审查潜在客户的资格，判断组织购买者购买活动的方向和水平。

8）组织的购买习惯。指潜在客户购买产品的时间、订购次数、订购的批量、订货方式、订货的要求等。了解组织购买者的购买习惯，有利于推销人员在推销洽谈中适应或迎合客户的购买习惯。

拟定洽谈计划

洽谈是推销过程一个关键的环节，推销能否成功通常取决于此，因而拟定一个行之有效的洽谈计划是非常必要的。通过接近准备，可以了解客户重视推销品的哪些方面，谈话用什么形式易为客户所接受等，以便有针对性地制定洽谈计划。如果潜在客户最感兴趣的是减少费用开支，则大谈产品质量的优越而忽视价格方面的分析介绍，推销品不可能为客户所接受；如果潜在客户不在乎费用多少，较为关心品质，一味宣传价格便宜，只会引起客户的反感，客户不可能作出购买决策；如果潜在客户追求的是心理、社会地位等附加价值，则宣传产品的成熟性与稳定性往往不可能激发其购买欲望。因而，通过推销人员的前期准备，可以明确推销洽谈中的侧重点，选用适宜的介绍产品的方式，从而达到激发购买欲望、实现最终购买的目的。

6.2 客户的有效接近

接近是推销面谈的前奏，是推销过程的必要环节。成功的接近是成功推销的第一步，接近不了推销对象，便无法开展推销。在接近推销对象的时候，推销人员的主要任务是简要介绍自己和有关企业的背景、概况以及推销产品的特点与购买利益，引起顾客的注意和兴趣。有一些推销方法和策略可以使用。

接近客户的方法

通常推销接近有三大类方式：介绍式、演示式和提问式。

介绍式接近技术包括：自我介绍接近法、他人介绍接近法。

演示式接近技术包括：产品接近法、表演接近法、馈赠接近法。

提问式接近技术包括：询问接近法、请教接近法、利益接近法、震惊接近法、好奇接近法、赞美接近法。

接近过程必须在做好接近准备、约见客户的基础上进行，因而应根据对客户情况的了解程度，选择最适宜接近特定买主的方法。

1. 介绍式接近

介绍式接近，是指推销人员直接说明产品给客户带来的好处，以引起其注意和兴趣，进而转入洽谈的接近技术。推销人员陈述的内容可以是推销品的购买利益，也可以是推销品使用之后所带来的或感觉到的有形与无形实惠，或直接是某位客户的评价意见，介绍完后常常提出一个问题以试探买主的反应。

（1）自我介绍接近法。

自我介绍接近法是指推销人员通过自我介绍接近推销对象的方法。在推销人员推销新产品或初涉推销领域时，对客户的情况了解不多，通常采用自我介绍法。例如："李先生，您好。我叫江××，我是教学仪器设备公司的。"

在正式接近客户时除了进行必要的口头自我介绍之外，也应同时出示能证明推销人员身份的有关证件或信函，如身份证、工作证、介绍信等。为了加深客户的印象，也便于日后的沟通联络，推销人员在接近过程的适当时机应主动呈送名片。自我介绍接近法是大多数推销人员经常运用的接近方法，但效果甚微，尤其是推销人员所代表的公司声名不显赫时，不易引起客户的注意和兴趣，因而往往要与其他方法联合使用。

（2）他人介绍接近法。

他人介绍接近法是指利用潜在客户所尊敬的人的介绍去接近的方法。如："陈先生，我叫张××，是快餐配料公司的。上个星期您哥哥曾跟我谈起您，他要我跟您联系一下，看看是否有你们要进的配料。"

他人介绍接近法的主要方式是信函介绍、电话介绍、当面介绍等。一般说来，介绍人与客户之间的关系越密切，介绍的作用就越大，推销人员也就越容易达到接近的目的。因此，推销人员应设法摸清并打进客户的接近圈，尽量争取有影响力的中心人士的介绍和推荐。

介绍人所起作用的大小，取决于推销人员与介绍人的关系及介绍人与客户关系的密切程度。但在实际应用时，切不可滥用介绍人，特别是当客户讨厌用人情关系接近时，滥用介绍人不但会疏远其介绍人，而且会迁怒于推销人员及其推销品，推销人员不可能有所作为。他人介绍接近法可以使客户与推销人员很快熟悉和亲近起来，较为省力，易于为客户接受，但客户也可能是出于人情而会见推销人员，未必对推销品感兴趣。另外，他人介绍接近法对特定推销对象只能使用一次，毕竟在你想接近的潜在客户中，能获得他人介绍的只是少数。

2. 演示式接近

演示式接近技术最显著的特点是能促成顾客的参与，从而使顾客集中注意力关注所推销的产品。产品接近法相对更为常用，或结合介绍式、提问式方法一同使用。

（1）产品接近法。

产品接近法是指推销人员直接利用推销品的新奇色彩、独一无二或明显改观引起潜在顾客的注意和兴趣，从而使接近顺利转入洽谈的接近方法。由于产品接近法以产品作为接近媒介，因而也称为实物接近法。例如，美国得州仪器公司的推销人员在推销一种大学生用的袖珍计算器时，只是把计算器放在购买者的桌子上，等待购买者的反应。

产品接近法的优点在于：让产品吸引顾客的注意，给顾客提供一个亲自摆弄产品的机会，激发其进一步操作的欲望，无须推销人员做过多的介绍。产品接近法适合具有独到特色的产品，容易引起买主的注意和兴趣。

当然，产品接近法并不是完美无瑕的，也有局限性，选用时要符合以下条件：

● 产品必须具有足够的吸引力，能够引起顾客的注意和兴趣。这种吸引力不是从企业或推销人员角度来认识，而是设法让买主也实实在在感受到这种不可抵挡的诱惑。

● 产品自身精美轻巧，便于推销携带，利于顾客参与操作。像服装、玩具等新潮产品易于展示和顾客试用，但像推土机、机床等笨重的产品就不可能用产品接近法。

● 推销品必须是有形的实体产品，能通过感官引起顾客的注意和兴趣。如果是无形产品，推销人员就难以用产品接近法。

● 产品本身质地优良，经得起顾客的摆弄，顾客能从操作中实实在在地感觉到产品的购买利益。

（2）表演接近法。

表演接近法是指推销人员通过各种戏剧性表演技法引起顾客的注意和兴趣，进而转入洽谈的接近方法。例如，一个推销瓷器的女推销员在把一套餐具中的一个盘子递给客户时，故意把它掉到了地上，盘子却完好无损。她捡起来说："这是引导瓷器业革命的新技术成果，您的顾客特别是新婚夫妇肯定会喜欢这样的产品，难道您不这样想吗？"

表演接近法可以迎合某些顾客的求新求奇心理，充分调动人们的主观能动性，唤起人们的思想感情，使潜在顾客能够注意并产生兴趣。

（3）馈赠接近法。

馈赠接近法是指推销人员利用馈赠小礼品来引起顾客的注意和兴趣，进而转入正式洽谈的接近方法。赠送的小礼品可以是一束鲜花、一张印有公司广告的年历卡片、小型台历、一个钥匙链等，目的在于短期内引起潜在买主的注意，使之有兴趣听推销人员的介绍。

馈赠接近法源于人类都有贪图小便宜的心理动机，顾客在接受了赠品后，把注意力集中到推销人员的接近中，容易发展与顾客的亲密关系，形成融洽的推销氛围，促进最终交易的达成。但在使用此法接近顾客时应注意以下几个问题：

● 慎重选择馈赠礼品。在进行接近准备时应做好调查，摸清情况。首先应确定的是顾客会不会把赠送礼品看成不正当的行为，会不会把送礼的推销人员看成骗子。其次是了解顾客对礼品的价值观念，以确定送礼的方式。最后要了解顾客的嗜好和需求，尽量送其所爱，送其所用。

● 用来接近的礼品只能当作接近顾客的见面礼与媒介，而绝不能当作恩赐顾客的手段。

● 礼品的内容与金额的大小必须符合国家有关规定，不可把馈赠变成贿赂。

● 礼品尽量与所推销的产品有某种联系。

3. 提问式接近

通过提问来接近顾客是最常用的技术，因为提问方式能使推销人员更好地确定潜在顾客的需求，促成顾客的参与。在提问式接近中，问题的确定至关重要，应该提出业已证明能够获得顾客积极响应的问题。

通过提问题去接近顾客的具体方法很多，这里介绍的几种方法只是提供基本的认识，随着推销经验的不断积累，应该针对每个具体的潜在顾客来设计所提的问题。

（1）询问接近法。

在许多情况下，使用一系列的问题来开始推销接近，并根据顾客的回答来确定顾客的需求不失为明智之举。询问接近法就是推销人员通过提出多个问题推动顾客参与推销访问活动，以此形成双向沟通的接近技术。提问后仔细地聆听顾客的回答，有助于抓住推销洽谈中需要向顾客阐明的特色（features）、优点（advantages）及利益（benefits），即 FAB。提问式接近法的一个新技术就是 SPIN，即在某一特定场合同时使用紧密相连的四种提问技术。

1）询问情境（situation questions），即 S，指向潜在顾客提出与产品有关的一般性问题。为了解潜在顾客的大致情况，可能得首先询问一个情境问题，帮助顾客理解购买需求。情境提问可以使销售人员平稳地过渡到某个特定的领域，当然也可能使潜在顾客感觉不自在和不愿意向推销人员倾诉相关的问题，甚至有可能否认这些问题的存在。因而提出几个预备性问题能够更好地了解和认识潜在顾客的业务状况。

2）揭示问题（problem questions），即 P，指通过第一阶段的铺垫后，向顾客询问与境况相关的特定问题、困难和不满意之处，在推销接近阶段就让潜在顾客的问题或需求尽早地暴露出来。推销人员的目标就是让顾客认识到：我确实存在某个方面的问题。

3）暗示危害（implication questions），即 I，指在询问情境、揭示问题后潜在顾客仍未重视存在问题的严重性，则需要向潜在顾客作出某些暗示或说明问题的存在将怎样影响家庭生活或公司经营等。暗示性提问目的在于帮助潜在顾客认识到问题的性质，因而设计出能够让顾客全身心地投入并积极寻求改进目前状况的问题是相当重要的，只有如此才能唤起潜在顾客满足需求和解决问题的动机。

4）解决问题（need-payoff questions），即 N，指询问潜在顾客是否有重大的、清晰的需求。在使用 SPIN 接近法时，潜在顾客的需求是自身确定的。如果潜在顾客对关键问题积极响应，就能知道这是一个重大需求，其间有必要重复 P—I—N 来充分发掘潜在顾客的重要需求；如果潜在顾客的回应是否定的，这就不是一个重要需求，要重新开始 P—I—N 的提问来判定顾客的重大需求。

在使用 SPIN 接近法时，并没有提及具体的产品，主要是在未暴露所确切推销的产品的情况下有机会去培育顾客的需求。如果一个推销人员一见面就说我想跟你谈谈某产品，则遭到回绝的可能性较大，因为购买者还不知道他的需求。所以，SPIN 提问式接近法能使你在正式洽谈前更好地识别顾客的需求。

（2）请教接近法。

请教接近法就是推销人员以虚心向潜在顾客讨教的方式，弄清顾客的需求，从而接近顾客的方法。当有人就某个你擅长的问题向你请教时，你肯定会向他大肆炫耀。请教接近法正是利用了这种心理，通过提出请教的问题来探察顾客的需求，从而为推销洽谈收集信息。如："我是这方面的新手，我想知道您是否能帮助我？我的同事说'我们的100型复印机是同档价位中最畅销的'，您是怎么想的？"

请教接近法特别适合刚刚从事推销工作的人，因为这表现出你尊重购买者的意见，而且不会对购买者的专家地位构成威胁。

(3) 利益接近法。

利益接近法就是推销人员提出问题直接点明推销品能够给潜在顾客带来的某种特别的利益或实惠，以引起顾客的注意和兴趣，从而顺利转入洽谈的接近方法。

利益接近法符合顾客追求实惠的动机，人们总是希望从购买行为中获取一定的利益。譬如：通过使用所推销的产品能使收益提高，或使成本大幅降低，或使工作环境改善，劳动强度降低，或使效率提高等。如果推销品与顾客现在使用的产品相比无明显的改观，就很难促使消费者弃旧迎新，因为人都有惯性，对新事物有天然的抗拒性。例如："吴先生，你知道有几千家像你们这样的公司都将制造成本节省了10%～20%吗？(不等顾客回答，继续说)它们确实做到了，因为安装了我们的计算机装配系统。你对此有兴趣吗？"

利益接近法适合已经知道潜在顾客的需求，且洽谈时间不多的情形。为了确保得到顾客的积极响应，在提问后应紧接着陈述，说明这些利益对顾客是相当重要的；即使知道顾客对所提问题的回答是肯定的，也要通过提问来陈述产品给顾客带来的利益，以此作为全面设计洽谈的参考。

使用利益接近法时应该注意以下几方面的问题：必须实事求是地陈述推销品能够给顾客带来的利益，不可夸大其词；推销品的独特利益必须有可供证明的依据，任何推销人员都会强调推销品所固有的利益，但顾客并不会盲目地认同，必须寻找能够证明其有独特利益的证据，以增强顾客的信任度；应该仔细地设想顾客可能的回应，以便采取适当的对策来处理顾客提出的问题。

(4) 震惊接近法。

震惊接近法是指推销人员设计一个问题，使顾客认识到自我境况中存在的危害，或用令人吃惊的数据资料来引起顾客的注意和兴趣，进而转入洽谈的接近方法。例如家庭防盗报警系统推销人员可能会这样开始他的推销洽谈："您知道家庭被盗问题吗？根据公安机关公布的数据，今年家庭被盗率比上年上升了15个百分点。"

震惊接近法是针对某些顾客对自我的境况没有认识到存在危害的严重性，或者虽然有所察觉，但却未能引起足够重视而设计的。运用震惊接近法要求推销人员去收集材料，分析顾客的可能情况，选择恰当的材料去触动顾客，使其认识到危害性，并采取防范措施去杜绝或减小危害。如消防器材的推销人员在向企事业单位推销时，就可以用全国每天发生重大火灾的数量，造成的财产损失、人员伤亡等典型例子，给顾客心灵以震撼，从而使其认识消防安全的重要性，最终促成购买消防器材。

在使用震惊接近法时应注意以下问题：

- 使顾客震惊的数据资料应该与推销品有关；
- 所用的数据资料确实能够达到震撼人心的效果，引起顾客的重视与警觉；
- 收集的数据资料建立在真实的基础上，切不可夸大和过分渲染其恐怖效果。

（5）好奇接近法。

好奇接近法是指推销人员询问一个问题或做某事来使顾客对产品或服务感到好奇的接近技术。例如：“你知道为什么最近的《工人日报》把我们的柔性加工单元描述成制造业的革命吗?”推销人员说着把报纸拿出来，给顾客看了一下标题，还未等顾客索取报纸就把它收好。要是顾客去细看文章的内容，就有可能中断、分散顾客的注意力，从而影响推销洽谈的效果。

再譬如，在访问一个爱抽雪茄的买主时，推销人员把一个雪茄烟盒放在买主的桌上。一阵闲谈之后，买主问道：“盒子里是什么?”推销人员把盒子递给这位男士并说道：“打开就知道了!”里面正是推销人员想推销的产品。

（6）赞美接近法。

赞美接近法是指推销人员利用人的虚荣心来引起潜在客户的注意和兴趣，进而转入洽谈的接近方法。

从心理学角度来分析，每一个人都喜欢受到赞美，同时也希望别人能注意到他的成就，并得到他人的赞许，为他人所认同和尊重。这是一个人奋发进取、努力向上的精神动力之一。推销接近过程中，只要是真诚地夸奖潜在客户，如称赞客户的企业所取得的成就，赞许决策者的工作能力、办事效率、对人的态度等，都有助于交易的达成。

使用赞美接近法应注意以下问题：

- 认真进行接近准备，了解客户值得赞美的成就是什么，避免捧错了人或事，引起客户的反感。
- 一定要诚心诚意地赞美客户，尊重事实，把握赞美的分寸，不可冷嘲热讽或阿谀逢迎。
- 了解客户的个性特征，讲究赞美的方式。有些人喜欢别人赞美，而有些人对此很反感，推销人员应分清对象，采用不同的策略方式接近。

有效接近的策略

除了客户接近方法之外，还有很多可以应用的客户接近的策略。比如开场白策略、找到客户对抗点、控制时间策略以及减轻客户心理压力等。以下这些策略可以和客户接近方法结合使用，以提高接近成功率。

1. 用开场白赢取客户好感

用开场白赢取客户好感也就是营销学中的一句话——营销。推销人员与准顾客交谈之前，需要适当的开场白。开场白的好坏几乎可以决定这一次访问的成败，换言之，好的开场就是推销人员成功的一半。

（1）突出经济利益。

几乎所有的人都对成本感兴趣，省钱和赚钱的方法很容易引起客户的兴趣。如：“张经理，我是来告诉您贵公司节省一半电费的方法的。”“王厂长，我们的机器比您目前使用的机器速度快、耗电少、更精确，能降低生产成本。”“陈厂长，您愿意每年在毛巾生产上节约 5 万元吗？”

（2）真诚的赞美。

每个人都喜欢听好听的话，客户也不例外。因此，赞美就成为接近顾客的好方法。赞美准顾客必须找出别人可能忽略的特点，而让准顾客知道你的话是真诚的。赞美的话若不真诚，就成为拍马屁，这样效果当然不会好。

例如：“王总，您这房子真漂亮。”这句话听起来像拍马屁。“王总，您这房子的大厅设计得真别致。”这句话就是赞美了。

（3）引用有影响力的第三人。

告诉客户是第三人（客户的亲友）要你来找他的。这是一种迂回策略，因为每个人都有“不看僧面看佛面”的心理，大多数人对亲友介绍来的推销员都很客气。

例如：“何先生，您的好友张安平先生要我来找您，他认为您可能对我们的印刷机械感兴趣，因为这些产品为他的公司带来了很多好处与方便。”为了取信于顾客，若能出示引荐人的名片或介绍信，效果更佳。

还有很多不错的开场白，这需要推销人员的不断总结和经验积累。

2. 找到客户的对抗点

小知识　开场白避免唐突：寻找客户感兴趣的话题

在客户不了解推销人员及其推销的产品的时候，客户可能存在某些方面的抵触情绪，比如认为推销人员是在占用或者是浪费其时间等。所以，如果你找不到客户的真实对抗点，很容易被客户打断或者拒绝。此外，在接近时，不要轻易打断客户的话，从客户的言语中找到客户最关心的内容，以此为切入点。

3. 控制时间策略

推销人员必须严格遵守时间。善于支配时间的人，才能进行高效率的推销。严守约定时间，要制定一个时间表，这就是你的行动计划。对调查研究的时间、推销的时间、吃饭和休息的时间等，依照一天的行动，合理地加以安排，努力做到能够最大限度地提高工作效率，这就是有效利用时间的要点。

4. 减轻客户心理压力

如果出现产品价格过高或者没有购买计划的情况，客户就会产生心理压力。此时，宜将推销重点放在提供产品信息上，而不是推销产品，重在建立联系，而不是强调销售产品，特别是首次见面，重在认识与交流，不要急于推销产品，以免给对方压力。

6.3　约见目标客户

推销人员要想实现销售目标，就必须先对客户进行邀约，约见客户是推销人员把潜在客户培养成客户的起始步骤。

推销接近的目标

推销人员进行的接近准备、约见及接近等工作，其最终目标都是成交。但不同的客户由于其熟悉和了解程度不同，不可能每次接近都能成交。因此，推销接近的目标是逐步推进的，应分别根据客户的情境达成不同的目标。无论采用何种接近技术，推销接近都包括以下四个层次的目标。

1. 引起注意

尽管推销人员已经事先与客户预约，但客户由于工作很忙碌，不可能专门停下手中的工作恭候你的到来，甚至在推销拜访时，客户可能还一边工作，一边听推销介绍。根据心理学的基本原理，一个人在同一时间内不可能感知周围的一切事物，只有少数事物处于其注意的焦点，大量发生的事情或周围的事物都处于注意的边缘，而且人有选择性注意的心理特征，即人自身如果有强烈的需要或受到外部感官刺激，则相应的事物就容易受到其关注，并进一步转换为浓厚的兴趣。因此，要求推销人员在接近过程中，如果发现客户正忙于其他工作，不可能安下心来听推销介绍，最好是停止或暂缓其推销工作，即使推销人员做了较为详细的推销介绍，也未必能引起客户的注意。但要是能找到引起客户注意的强烈刺激手段，譬如找到与客户有共同兴趣和爱好的话题（昨晚某场精彩足球赛或国内外发生的重大事件等），扭转其注意的指向，也可继续接近工作。另外，推销人员必须善于察言观色，及时掌握客户的心理状态与特征，尽力维持客户注意力的持久性。一旦客户把注意力集中起来，推销品又确实能使客户获利或帮助客户解决某个实际问题，则已经步入成功的殿堂。

2. 激发兴趣

客户注意到了推销人员的存在，不等于关注推销人员的谈话，他也可能把注意力分散或转移到其他事物上，最后使推销接近以失败告终。从心理学的角度来看，兴趣是指一个人积极探究某种事物的认识倾向，这种认识倾向具有鲜明的个性特征，因人而异。因此，推销人员必须善于创造条件使客户有持续听下去的愿望，保持其注意力的集中性。要达到这样的目的，就要告诉客户推销品能帮助解决哪些方面的问题，满足什么样的需要：或者能使企业的劳动强度减少多少，或使效率提高多少，或能节省多少原材料，或直接能为企业赚取多少利润等。

3. 步入洽谈

当对客户有较多了解后，推销人员就应在简短的接近过程之后，自然而然地步入洽谈阶段。这里接近与洽谈很难找到一个准确的“界碑”来区别两个不同的推销阶段。推销人员应视具体的推销对象和推销品，把握接近过程的火候，及时转入交易洽谈过程。在实际推销中，有些推销人员不管对客户的熟悉程度怎样，开口就是：你要不要××？这种既不清楚客户的需要也不明白客户关心焦点的提问方式，不可能使客户有深谈下去的兴趣，也难以使客户接受推销品。就像一场戏，总要对戏中的人物有交代的序曲阶段，最后才将观众带入戏剧的高潮，最终目的是使观众的思想、情绪与剧中人物共鸣并升华。

推销接近除了达到上述三个目标之外，还需要通过提问获取以下信息：

- 揭示潜在客户的需求或出现的重大问题；
- 判断潜在客户是否要满足这些需求或解决所面临的问题；
- 设法让客户自己说出这些需求或问题，了解他们的打算。

4. 建立客户信任

步入洽谈并不意味着最终成交的实现。实现交换的一个很重要的前提就是建立客户信任。洽谈过程也是一个建立客户信任的过程。作为销售人员，在与第一次打交道的客户交往时可以发现，客户往往不会一接触就对你产生信任。在信任产生前，对你所说的一切，客户会抱着半信半疑的态度。在此情况下，我们首先要做的就是：以真诚的态度对待客户，让客户感觉到你是一个诚实的人，这是取得信任的关键。

约见客户的方法

约见客户，或称商业约会，是指推销人员事先征得客户同意接见的行动过程。约见实际上既是接近准备的延续，又是接近过程的开始。只有通过约见，推销人员才能成功地接近准客户，顺利开展推销洽谈。通过约见，推销人员还可以根据约见的情况进一步进行推销预测，为制定洽谈计划提供依据。此外，约见还有助于推销人员合理地利用时间，提高推销效率。当然，在某些情况下，约见客户这个环节有时也是可以省略的，这要视具体情况而定。

常见的约见客户的方法有以下几种。

1. 电话约见

例 6-1 电话约人怎样才不被拒绝

电话约见客户是比较常见的一种预约方法。但如果约见一位新客户，这种预约方法的成功率并不是很高。因此，使用这种方法时推销人员一定要强调不会占用客户太多时间，另外尽量做到主题明确。如果能找到介绍人，则成功率会有较大的提高。

电话预约也是推销人员常用的一种预约方法。在给顾客打电话约定洽谈时间时，说话要简明扼要。比如："我是小王。我准备到您的办公室拜访您，时间不超过 5 分钟。我准备向您介绍一种有吸引力的产品，我什么时候到您那里比较合适？明天上午 10 点还是后天上午？"在确定访问客户时间等信息之后，拜访之前，一定要先打电话联系。早在几天前就在电话里约定好日期、时间，到了那天，再次打电话确认，这样就保证一定能见到客户。对于推销人员来说，有必要进一步或更进一步地有效地利用电话。而且要牢记：电话号码簿是寻找客户的钥匙。只要善于充分地利用电话，就一定能使销售量成倍增加。

2. 信函约见

信函约见是一种比电话更有效、更正式的预约方式。一般情况下，信函约见包括如下内容：

- 问候；
- 寄信的目的；
- 拟拜访的时间；
- 介绍人的推荐。

电子邮件预约是现在比较常用的一种信函约见方式，但要避免收件人将邮件认为是垃圾邮件而删除。一方面要吸引受访客户的注意力，另一方面最好能有引荐人的帮助，成功率会有很大提高。

在顾客对推销人员、推销人员的公司及推销的产品都不了解的情况下，最好的方法是先给顾客写一封情况介绍信，然后再打一个电话。如果推销人员不知道能否在电话里说清楚，或者不能在电话里约定洽谈时间，那么采取书信预约的方法。在书信中，推销人员不能用"我非常高兴，如果您能告诉我什么时候拜访您合适"这样的话作为信的结尾。比较好的结尾是："我将打电话问您，我什么时候可以拜访您。""我下星期三拜访您是否合适？"

如果推销人员担心打电话会遭到顾客的拒绝，在书信的结尾可以这样写："这个星期五下午 3 点我将冒昧拜访您，时间不会太长。如果时间不合适的话，您可以让您的秘书告诉我，此致，谨表谢意！"

3. 访问约见

访问约见是最直接的一种约见方式。但在初次约见时，要明确可能占用客户的时间，比如向受访客户表明：能否占用 10 分钟的时间。此外，推销人员应该争取和具有决定权的人预约面谈。

6.4　建立客户信任

信任研究吸引了众多学科参与，尽管分歧很大，即使像信任的概念这样一个基本的问题也没有达成公认的、清晰的定义，但在信任的重要性方面，不同学科的研究者却达成了高度一致。

信任理论的出发点是互动。正是互动形成了人们之间的复杂关系，形成了社会。个人之间的互动是所有社会构成形式的起点。社会生活真实的历史起源仍然众说纷纭，但不管怎样，系统的发生学分析一定要从这个最简单、最直接的关系出发，即使到了今天，这种关系也仍然是无数新的社会构成形式的源泉。

信任的含义与特征

与信任相关的词汇甚多，诸如诚信、相信、信赖、信仰等。它们都与信任相关，含义却相差很大。

诚信是一个人的美德，这是对每个个体本身而言的，修德在己而不在人。它是一个人获得他人信任的资本。相信是从认知方面讲的，可以说我相信你说的话是真的，相信明天会是晴天，等等。这是一般性的、非道德性的，也没有太大的后果性。信赖不但是非常相信，而且表现出很依赖。信仰则是一个有高度的词，这是就精神依靠而言的，更侧重于个体的主观体验，有理性的科学信仰，也有非理性的宗教信仰，还有世俗的物质信仰等，而且从心理和行为上都对信仰对象有很高的要求。信仰者对于他的信仰对象是真诚的、虔敬的。

信任虽与“信”相关，却与上述几个词含义不同。

1. 信任是一种人际关系形式

信任涉及信任主体与信任客体两方，是一种由情感、激情或者承诺引起的心理认定。《说文解字》中如是解释：“信，诚也。从人，从言，会意。”《论语·阳货》中有“信则人任焉”，如此看来，“信”与“任”密切相关，讲的就是人与人之间的关系。在这种关系发生之时，最有力的交流工具便是语言，“人言”为信，但仅仅“人言”又不足为信，人言不欺才足以谓信，而后才有人任焉。信任这一概念在众多学科中出现，比如社会学、伦理学、心理学以及经济学都会涉及。

2. 信任是重要的社会综合力量

信任是社会的产物。处于自然状态中具有自利性的人为了能够和平相处，在多次的反复较量、反复猜测与不断的冒险中产生信任，从而开始合作，而合作的过程又增进了彼此的信任，如此反复循环。

学者西美尔在其《货币哲学》一书中如此表述，“离开了人们之间的一般性信任，社会自身将变成一盘散沙”。在《社会学》一书中，“信赖是在社会之内的最重要的综合力量之一”。对个体行动者来讲，信任的功能是“提供一种可靠的假设，这种假设足以作为保障把实际的行为建立在此之上”。无论是在社会层面，还是在个体层面，信任都显示出它的重要性。

3. 信任是一种心理偏见

一个人面对不确定的环境时，预期对方是善意的，而不惜使自己身陷被骗的危险，仍采取合作行为。所以没有不确定性的合作就不是信任的表现，比如严格的合约在执法如山的环境里，不需要信任也可以交易，又比如明确的制度与流程加上重赏重罚的激励措施，会使员工的行为符合公司预期，但不会使其信任公司。信任理论更指出权力与信任是相互矛盾的，权力可以使人的行为符合要求，完全不会有不确定的危险，但权力不但不会增强信任，反而会损害信任。

4. 信任是有风险的

人们无法消除交往过程中的或多或少的风险。但是我们依然肯定这种必要的交往是可能继续的，因为我们在初次冒险而且这种大胆的赌注为我们带来现实利益时，彼此的可靠度具体地表现了出来，双方就会产生好感。这种交往次数越来越多，彼此的信任感也在逐渐增强，我们的信任是在逐渐的了解与合作中产生的。

5. 关于信任分类的观点

学者卢曼从系统理论和符号功能主义视角，对信任的类型作出了明确的区分：人格信任和系统信任。同时，卢曼对交换媒介进行了深入的研究，在《信任与权力》中提出了三种主要的交换媒介：货币、真理、权力。卢曼认为这三种交换媒介在信任情形中有着非常重要的地位。学者吉登斯对信任的类型作出了新的概括，他认为信任的种类包括：人格信任、符号系统和专家系统。

信任的社会价值

学者西美尔认为，现代社会中占支配地位的互动形式或社会关系是交换。他认为交换不仅存在于有货币参与的经济领域，这一点在资本主义时期表现得尤为突出，而且社会交往本身也是一种交换，每一次互动都可以看作一次交换，只不过交换的评价标准不同而已。在经济领域中，我们用货币来评价交换双方的付出和收获，所以我们对交换的评价标准是交换价值。马克思认为商品的价值是凝结在商品中的抽象的无差别的人类劳动。但交换的作用是明显的，交换教会我们的不仅有事物的相对价值，还有互惠。

在前资本主义时期，货币经济尚不发达，主要的交换形式是物物交换，互惠就表现得更加明显，否则交换就无法进行。虽然在货币经济高度发达的现代社会，不再是物物交换，而是以货币为中介进行交换，互惠的性质仍然没有改变，因此互惠是所有人类关系中的一个构成因素。

现代社会中，交换是创造一个社会人与人之间的内在联结和有机团结的前提条件之一。当然，无论从历史上还是逻辑上都不能说交换创造了社会。在现代社会，随着社会分工的充分发达，交换更加普遍，社会关系的形式更加丰富，交换使人们有了更多接触和联系，也就为发展新的更多的个人关系和其他形式的社会关系提供了可能，开辟了新的空间。现代社会的良性运转离不开交换的正常进行。

因此，交换机制的前提条件同样也构成社会的持续性的前提条件。交换的一个最重要的条件是信任。如果人们彼此没有一般的信任，社会将会解体，因为很少有关系可以完全建立在关于他人的确定的认知之上。如果信任不像理性的证据和个人经验那样强或者更强，也很少有什么关系可以持续下来。现代经济是货币经济，占主导地位的交换形式是货币交换，货币是交换的媒介。西美尔认为现金交易离开了公众的信任是无法进行的。不仅如此，人们还必须相信被接受的货币不会贬值或者至少不会极大贬值，而且可以再次消费掉。这种形式的信任似乎是对作为物的货币的信任，但西美尔强调信任必须是对赋予货币有效性的人或者政府的信任。社会的运行离不开信任。

影响客户信任的因素

信任对任何关系都相当重要。有几个因素在帮助销售顾问赢得客户的信任中非常重要，例如专业知识、正直、客户导向和相容性等四大方面是基石。

我们常听到一句话："做事即做人。"其实对于推销人员也是一样。工作态度反映了人生态度，对别人是什么样的态度，别人自然也会对我们是什么样的态度。无论要成为一个成功的技术人员还是销售人员，其实都有一些共通的东西，要掌握好一些原则。

1. 诚信

作为销售人员，在与第一次打交道的客户交往时可以发现，客户往往不会一接触就对你产生信任。在产生信任前，对你所说的一切，客户会抱着半信半疑的态度。在此情况下，我们首先要做的就是：诚实。真诚待己、真诚待人是对我们最基本的要求。要开诚布公地与客户交谈，不要令对方对你谈话的真实含义有所怀疑。同时，真实地展现推销产品各部分的各种功能，不能有半点虚假和欺骗。绝不能夸大其词，承诺一定要兑现。以真诚的态度对待客户，让客户感觉到你是一个诚实的人，是取得信任的关键。

个人道德规范和行为准则为决定特定情况下什么是对、什么是错提供了基础。职业道德标准是建立在社会标准之上的，而且大多数行业形成了与社会标准一致的行为准则。各行业都将得到的公众尊敬归功于行业组织制定的行为标准。销售顾问经常被卷入道德问题中。销售经理用增加交际费代替加薪来激励他的销售顾问。销售顾问将客户不需要的产品或服务卖给客户，或者夸大产品的利益来达成买卖。这类事情还可以列出很多。销售专业化要求真实的客户导向方法，客户对非专业的、不道德的行为越来越不能容忍。道德规范与信任密切相关。只要销售顾问出现过一次欺骗行为、非法活动或非客户导向行为，就会失去客户对他的信任。

2. 专业知识

无论是技术人员还是销售人员，要取得客户的信任，都应该拥有足够的专业素养。没有人喜欢和什么都不懂的人谈话。特别是对于销售人员，和客户打交道的时候，更应该表现出自己的专业性。这里不仅仅指对自己产品的了解，而且应该对行业、业务流程、客户的实际情况了如指掌。每个人都只对对自己有用的信息感兴趣。客户关心的是我们能够给他们带来什么样的好处，给他们带来什么样的利益。而这些只有对客户的业务有了深入的了解，才能有的放矢。

销售培训是为了让销售顾问获得关于公司产品和计划、行业、竞争和总体市场情况的知识。年轻的销售顾问可以从经验丰富的销售顾问那里学习怎样才能成功，他们也必须向客户证明他们的服务热情。例如，在房地产行业客户询问“销控”术语，如果你不清楚，你的培训就没有太大的效果，客户对你的信任感就会下降。

值得考虑的另一点是，近来许多组织的规模都缩小了，大大削减了采购部门，包括人员和其他采购支持部门。所以，客户必须用更少的资源做更多的事情，因此渴望专业知识，无论是对他们的自有业务、财务状况、行业发展趋势的即时洞察力，还是有效地识别业务中出现的成本削减和收入增加机会的策略技巧。当然，对那些技术型的、注意细节的或对产品、行业没有充分了解的客户，专业知识更加关键。销售顾问应该努力帮助客户达到目标。例如，个人或商务经营者能从网上和交易中获得专业知识，但是，如果他们认为其他人知识更丰富而且能带来更多专业知识，那么他们就会利用这些资源。当今的客户都积极地回应对他们努力达到底线目标有所帮助的任何活动，无论是收入增加、盈利能力增强，还是财务或战略目标。因此专业知识在客户对卖方信誉的评价中扮演更加重要的角色。对某些客户来说，尤其是那些负有经济或财务责任的客户，销售代表为底线目标贡献的能力决定了客户对卖方信誉的评价。

3. 客户导向

在市场日益激烈的竞争之下，客户选择越来越多，需求变化也越来越复杂，销售人员也必须做出改变。在销售流程中，以前是以产品为中心，不需要建立太多的关系，客户就会买产品，然而，今天时代不同了，就必须花时间来发现关系，建立信任，才有可能实现销售。以客户为导向就是换位思考，以客户为中心分析问题，帮助客户解决问题。所以，销售顾问需要花较多的时间与客户建立信赖关系，并且了解客户的需求，只有以客户为主导才能更好地建立信任感。

如果你能给客户带来效益，客户就会敞开大门欢迎你。帮助客户成功，也就会让我们自己成功。不用多谈什么大道理，用实际的例子来说话。真心实意对待客户，客户自然也会真心实意来对待你。要站在客户的角度考虑问题，善于把握客户的心理，做到换位思考。

例 6－2

像守江山一样守住自己的“势”

朋友是一个不锈钢加工企业的新业务员，实际上其公司的产品质量因其设备的先进性一直在广东地区独占鳌头。

但是，朋友没有很好地利用这些优势，在客户交往过程中过度奉行“客户就是上帝”“客户永远是对的”等理念，语言、行为偏软弱。很快，在与客户合作中将企业本身的强势拱手送出，导致企业及自己的业务活动步步被动。

个人领悟：站在销售的角度，业务员一定要认清自己、了解市场，充分发挥企业的优势，并利用自己的长处慢慢建立自己的“势”，做到“有理、有利、有节”。只有自己拥有更多的“势”，才能在供需合作的过程中拥有更多的话语权。而作为一个销售业务员必须配合企业守住自己的势，就像守江山一样！

问题：保持推销的“势”有什么实际意义？

4. 与客户的相容性

与客户在电话中沟通，请保持良好的坐姿，面带微笑，语气柔和而坚定，最好是想象客户就坐在你对面和你谈话。不要以为客户在电话那一边看不到，你的姿势和面容，客户可以“听”出来。如果是面谈，要注意同客户的目光接触，注意语气、语调和语速。需要特别提出的是，一定要注意掌握谈话中的停顿，这不但有利于你组织语言，还有助于让对方参与到谈话当中。人是感情动物，会受到感情和情绪的影响，通过与客户建立感情来施加影响，无疑比一般的说教更有效。在拉近与客户的距离方面，握手也是一种不错的方法，与客户产生身体上的接触，无疑更能让客户放松下来。

客户一般乐于与他们所了解、喜欢，以及他们感到有必要联系的销售顾问打交道。有些销售顾问急功近利，低估了与客户建立融洽关系的重要性。事实上，如今的客户不再像十几年前一样，愿意花时间在销售访问中谈论个人问题。

为了与客户建立和睦关系，销售顾问必须更有创造力和更加机智。制药业销售顾问与医生办公室的所有雇员共进午餐是很寻常的事情，销售顾问这时就有时间与在座的医生谈论他的产品。销售顾问必须清楚他们的客户很忙，很难挤出时间来应付工作以外的事务。但是，记住一点，客户是人，也有相容性，只不过有些人多些，有些人少些。相容性和讨人喜欢对与关键人员建立关系很重要。第一印象很重要，销售顾问寻找与这些人的共性的能力对在采购组织内获得需要的盟友有很大的帮助。讨人喜欢被认为是一个很难准确把握的情感因素，但在某些买卖双方关系上又是一个强有力的因素。如果销售顾问很好地证明了自己具有建立信任的其他品质，那么相容性能促进信任的建立。客户不一定信任他们喜欢的每个人，更难信任他们不喜欢的人。

建立客户信任的方法

客户信任的建立要以推销人员的可信赖行为为基础。

什么是可信赖行为？管理学者米舍将可信赖性分为四个构面，这一理论是这类研究的一个较广为接受的理论，四个构面分别是诚实与公开、能力与效果、公平与一致以及互惠与忠诚。展现可信赖性，四类行为缺一不可，不诚实又一肚子秘密的人当然不值得信任，但诚实的人如果总是做不好事情，我们会欣赏他的老实，却不放心把事情托付给他。诚实又有能力的人，如果爱做事时就做事，不想做事就怠工，是个性不成熟的表现。在中国社会，互惠与忠诚或许是一个例外，有时只要有此特质就能得到效忠对象的信任，即使能力及品格上有瑕疵，也不减其信任，这是人情社会中的特殊现象。

可信赖性的另一个特质是，信任需要长时间酝酿才能产生，破坏信任却十分容易。只要出现一两次不可信赖的行为，别人就会不再信任，而且重建信任要比初建信任更困难。所以可信赖行为要持之以恒，并时时警觉，换言之，就是养成习惯，否则一个偷懒或一个疏忽，就可能露出“本性”而前功尽弃。

推销工作的关键是与客户建立信赖感，在销售过程中，推销人员必须花费至少一半的时间去与客户建立信赖感。

1. 全面了解客户的背景

推销前一定要做全面的准备，要准备得很详细。最好能在拜访客户之前，彻底地了解客户的背景，这样客户对你会更有信赖感。

2. 着装

通常一个人不了解一本书之前，都是看书的封面来判断书的好坏。一个人不了解另一个人之前，都是看他的穿着。所以穿着对一个推销员来讲是非常重要的。记住，永远要为成功而穿着，为胜利而打扮。

3. 倾听与提问

这一步主要为了更好地理解客户的需求，以及为客户不同需求的重要性排序。顶尖的销售人员在一开始都是不断地发问：“你有哪些兴趣?”“你为什么购买你现在的车子?”“你为什么从事你目前的工作?”以此打开话题，让客户讲话。每一个人都需要被了解，需要被认同，被认同最好的方式就是有人仔细地听他讲话。

在现代的生活中有不少人不愿意听别人讲话，急于发表自己的意见，所以如果你一开始就能把听的工作做得很好，信赖感就已经开始建立了。

4. 赞美与认同客户

比如说：“你今天看起来真是漂亮极了!”而且是出自真诚的赞美，不是敷衍。记住，赞美会建立信赖感。客户讲的不一定是对的，可是只要他是对的，你就要开始认同他。

5. 模仿客户

人讲话有快有慢，讲话速度比较快的人通常与讲话速度快的人比较容易沟通，而对讲话比较慢的客户就会失去耐心。所以好的推销人员应该不断地调整讲话的速度，以符合对方说话的节奏。

6. 产品的专业知识

假如你没有完整的产品知识，客户一问三不知，马上就会让客户失去信赖感。

7. 已有客户的见证

你必须使用已有客户的见证。因为客户常常会说："好的，假如你讲的都是对的，那你证明给我看！"所以见证很重要。

你必须要有一些大客户的名单。记得在美国推广训练课程的时候，有人说："我为什么要听你的？你觉得这个训练可以帮助我们公司吗？"这时候我就会展示出我们曾经帮助IBM、惠普、施乐的记录。客户看到我们有这种能力，反过来会要求听我们的产品介绍。可是如果没有这些大客户的见证，客户可能连听都不听，他认为你在浪费他的时间。

例6-3

借助已有大客户信息建立信任

涂料推销人员在向一位公司采购部经理进行推销活动。

客户："你们公司生产的外墙涂料日晒雨淋后会出现褪色的情况吗？"

推销人员："经理您请放心，我们公司的产品质量是一流的，中国平安保险公司给我们担保。另外，您是否注意到东方大厦，它用的就是本公司的产品，已经过了10年，光彩依旧。"

客户："东方大厦啊，我知道，不过听说你们公司交货不是很及时，如果真是这样的话，我们不能购买你们公司的产品，它会影响我们的工作。"

推销人员："经理先生，这是我们公司的产品说明书、国际质检合格证书复印件、产品价目表，这些是我们曾经合作过的企业以及它们对我们公司产品的评价。下面我给您介绍一下我们的企业以及我们的产品情况……"

问题：推销如何借助大客户的"势"提高影响力？

建立信赖感后，接下来请把你的客户名单先列出来，列出来之后以0～10分衡量一下你跟他的信赖感，你认为是几分。从这个小小的过程当中，你可以知道：这个客户10分，他100%相信我；这个客户可能只有5分，他还半信半疑；这个是7分……

假如你很明确地知道你跟客户的关系，你就可以运用以上方法把这些客户的信赖感建立起来，这样其他的后续推销工作就会顺利许多。还有一点很重要，就是你必须列出有哪些客户对你有负面意见或印象。销售工作非常困难，不可能每一个人对你都很满意。在销售过程当中，成交或是没有成交的客户中，多少有一些对你有不好印象的。请你把这些人列出来，同时想出解决方案。

案例分析

聪明的营销员

以下是一位保险（理财）产品营销员与顾客的对话：

准保户："喂，请问你是哪一位？"

营销员："我是您的朋友刘杰的好友，前几天，我为他策划了一套很不错的财富计划，他认为按照那个办法，他将会在他的后半生赢得一笔不小的财富。他确信您对此类事情也感兴趣，所以介绍我认识您。"

准保户："关于这个财富计划，你现在能否说得详细一点呢？"

营销员："我很感谢您对我的这个计划有兴趣。不过，在电话里我恐怕说不大明白，还是当面谈比较好一点。您看是星期一晚上合适还是星期二晚上合适？"

准保户："究竟是什么？你能不能告诉我一个大概？"

营销员："我完全理解您现在就想知道详细内容的心情。不过，马先生，为了说明这个计划，我必须借助一些文字和图表资料才能讲清楚。您看是星期一晚上方便还是星期二晚上方便呢？"

准保户："我可能没有什么时间。我太忙了。"

营销员："我非常了解您的状况，您的朋友也说过您是一个大忙人，所以要我先打个电话过来与您约一下具体时间。那您看是星期三晚上方便还是星期四晚上方便？"

准保户："你说的那个财富计划是不是保险之类的东西？"

营销员："我很感谢您提出这个问题。您需要买一些保险吗？"

准保户："不，不需要。"

营销员："但您并不反对积累财富，是不是？"

准保户："是。"

营销员："而积累财富需要有方法和技巧，还要有一定的途径，是不是？"

准保户："是。"

营销员："我正是为了这些来见您。您看是星期三晚上方便还是星期四晚上方便？"

准保户："你不用再说了，我知道你要干什么。我现在没有钱。要跟我谈这些问题，明年再说吧。"

营销员："您放心，见面后我不会给您带来任何压力，这份计划是否能帮到您完全由您在了解了计划的详情后自行判断，您看是星期三晚上方便还是星期四晚上方便？"

准保户："把你的那些资料寄给我，让我研究了以后再给你答复。"

营销员："我手上的这些资料和实际操作方式需要一些详细的解说，面谈更能节省您的时间。20 分钟就够了，您看是星期一晚上方便还是星期二晚上方便？"

准保户："我要先问问我的朋友刘杰，看他是怎么说的。"

营销员："当然可以。不过，您在了解了这个计划后再与刘杰交换意见岂不是更好？

您看星期三晚上7点钟如何？”

准保户：“我还是要先跟刘杰谈了以后，再跟你见面。”

营销员：“您应该信得过刘杰，他会把对您不利的东西推荐给您吗？”

准保户：“那倒不会。”

营销员：“因为刘杰本人十分喜欢这套财富积累方案，所以才介绍我来认识您。您完全可以自己来判断它是否适合您。因为它不一定适合每一个人。我们的见面，对您而言并不会损失什么，却很有可能会给您带来利益。您看是星期三晚上还是星期四晚上方便？”

准保户：“那就星期四吧。”

资料来源：如何约见客户：电话约访范例．(2015-09-17)．保险岛．

问题

1. 请认真分析一下这位营销员为了争取这个约会运用了哪些手法？

2. 你认为还有什么更好的接近目标客户的方法？

重点名词

目标客户　客户接近　客户信任

测试题

1. 推销员用提问、讨论问题方式接近顾客的方法称为________。

(1) 提问式接近法　(2) 好奇接近法　(3) 演示式接近法　(4) 介绍式接近法

2. 推销员利用顾客的好奇心，以奇闻奇事奇物引起顾客注意再转入面谈的方法称为________。

(1) 提问式接近法　(2) 好奇接近法　(3) 演示式接近法　(4) 介绍式接近法

3. 由推销员本人作自我介绍或通过顾客社交圈子里的人介绍而接近顾客的方法称为________。

(1) 提问式接近法　(2) 好奇接近法　(3) 演示式接近法　(4) 介绍式接近法

4. 推销员直接利用推销品引起顾客的注意和兴趣，从而顺利进入推销面谈的方法称为________。

(1) 利益接近法　(2) 好奇接近法　(3) 产品接近法　(4) 介绍式接近法

5. 某矿山机械厂设计制造出新型采掘机，性能、质量优于原有产品，在打算向目标顾客推销时，以下接近法中比较可行的是________。

(1) 演示式接近法　(2) 好奇接近法　(3) 利益接近法　(4) 介绍式接近法

思考题

1. 接近客户的途径和方式有哪些？

2. 接近客户前要做哪些准备工作？

3. 建立客户信任的影响因素有哪些？

实训练习

布置课后作业，要求学生根据本章学习的内容，模拟设计1～3套接近某重要目标客户（大客户）并建立关系的实施方案。具体包括目标确定、信息收集、时间节点、接近方式、可能情景设计、危机处理预案、可能的结果等，方案细节设计越周全越好，引导学生去寻找有经验的亲戚、朋友帮助设计，以达到温习掌握的目的。假设：某食品原料供应企业业务员想接近该市某知名糕点连锁企业总经理；某房地产企业销售员希望接近本市某纳税大户董事长以销售别墅；某保险公司业务员想接近某品牌汽车车主销售汽车保险等。

第7章

推销业务洽谈

本章要点

- 了解推销洽谈的内容
- 熟悉推销洽谈的步骤
- 掌握推销洽谈的方法
- 掌握推销洽谈的策略

引　例

说漂亮的销售语言

老路在一个小城市开了一个家具店。一天，有一位客户到家具店想购买一把办公椅。老路带客户看了一圈后，客户问："那两把椅子怎么卖?"

"这把600元，而那把较大的250元。"老路说。

"为什么这把那么贵，我觉得这把应该更便宜才对。"客户说。

"先生，请您过来，坐在上面比较一下。"老路说。

客户依照他的话，在两把椅子上都坐了一下，一把较软，另一把稍硬，不过坐起来都挺舒服的。

等客户试坐完两把椅子后，老路接着说："250元的这把椅子坐起来较软，觉得非常舒服，而600元的椅子您坐起来感觉不是那么软，因为椅子内的弹簧数不一样。600元的椅子由于弹簧数较多，绝对不会因变形而影响到坐姿。不良的坐姿会让人的脊椎侧弯，会引起腰痛，光是多出弹簧的成本就要多出将近100元。这把椅子的旋转支架是纯钢的，它比一般非纯钢椅子寿命要长一倍，不会因为长期的旋转或过重的体重而磨损、松脱。因此，这把椅子的平均使用年限要比那把多一倍。”

“另外，这把椅子看起来没有那把那么豪华，但它完全是依人体工程学设计的，坐起来虽然不是软绵绵的，却能让您坐很长的时间都不会感到疲倦。对于一个长期坐办公室的人来说，一把好椅子确实是很重要的。这把椅子虽然不是那么显眼，却是一把精心设计的椅子。老实说，那把250元的椅子中看不中用，是卖给那些喜欢便宜货的客户的。”

“还好，只贵350元。为了保护我的脊椎，就是贵1 000元我也会购买这把较贵的椅子。”客户听了老路的说明后说道。

推销是推销员与客户之间情感交流的过程。如果推销员善于把话说到客户的心里去，让客户听得明白、听得舒服、听得高兴，那么你的推销就已经成功一半了。推销员要把自己变成一个善于说话的智者，说客户爱听的话，用最巧妙的语言，把话说到对方心里去。

思考：怎样理解会说话对于推销人员的重要性?

7.1 推销洽谈的内容

推销洽谈是指推销人员运用各种方式、方法和手段，向客户传递推销信息，并设法说服客户购买产品和服务的协商过程。在古代，“推销人员”主要依靠一双“铁腿”和一张“巧嘴”，行万里路，登万户门，说万次话，讨万回价，当面商议，各得其所。因此，古人所称的推销洽谈基本上属于当面洽谈。

在现代推销环境里，新的推销方法、推销技术和推销手段不断涌现，推销洽谈的方式和方法也在不断变化。现代推销洽谈可以利用人类所能利用的一切信息沟通工具，除面对面的直接洽谈外，还有电话、书信、电子邮件等推销洽谈方式。

推销洽谈的目标

从现代推销学理论上讲，洽谈的目标既取决于客户购买活动的一般心理过程，又取决于推销活动的发展过程。因此，我们认为现代推销洽谈的目标在于向客户传递推销信息，诱发客户的购买动机，激发客户的购买欲望，说服客户，达成交易。

为了实现推销洽谈的目的，推销人员需要在推销洽谈中完成以下几方面的任务。

1. 向客户传递信息

向客户传递信息、介绍情况是为了说服客户达成交易，推销人员必须向客户全面介绍推销品的情况以及生产企业的情况，包括生产企业、品牌、产品功能、质量、价格、服务、市场份额、市场地位等情况。客户只有在对相关各方面信息有了一定了解的情况下，才能作出购买决策。

在洽谈之初，推销人员要将自己所掌握的产品、技术、服务等有关信息迅速传递给客户，以帮助客户尽快认识和了解推销品的特性及其所能带来的利益，增加客户对推销品以及生产企业的好感，诱发客户的购买兴趣，为客户进行购买决策提供信息依据。同时，推销人员在向客户传递信息时要做到客观、恰当、实事求是。

2. 展示推销产品

消费者行为学中强调，只有发现或者是激发人们的购买需求和动机，才可以去预测和引导人们的购买行为。购买动机支配购买行为，而动机又源于人的需要。为此，推销人员在洽谈开始之前就应该对客户的需要做一下总结，在洽谈时可以将客户需要进行归类，从而可以投其所好地开展推销洽谈。

同时，在推销洽谈中针对客户的需要展示产品相对应的功能，向客户证明产品可以充分满足客户需求。客户只有在真正认识到推销人员的产品可以更好地满足其需要，预期到产品所带来的满足感的时候，才会产生购买动机。

一种产品往往具有多种功能或者说是客户利益，但不同的客户对同一产品往往有不同的需求。例如，电脑是一种 IT 工具，但不同的客户，由于性格、职业、经济情况、年龄、性别等不同，对电脑的需求不同，有的客户是办公使用，有的客户更侧重于娱乐。

推销人员要善于发现客户的真实需求，并紧紧围绕着这一需求来展示推销品的功能和利益。否则，即使推销人员向客户传递的信息面面俱到，而客户想要了解的功能却一带而过，也起不到诱发客户购买动机，刺激客户购买需求的作用。因此，只有在推销人员传递推销产品的信息、展示推销产品为客户带来的利益时对应了客户的需求，客户的购买欲望才能真正地得到激发，并最终促成交易达成。

3. 恰当处理客户异议

在推销洽谈中，客户异议很常见，推销人员要把握住客户异议中的有价值信息。客户接收到推销人员传递的产品相关信息后，会进行考虑并提出一系列自己的看法和意见，这就是客户异议。但客户异议并不一定是真实的，推销人员要学会把握真实的客户异议。有些客户可能会提出自己并不真正关心的异议，其目的是让推销人员在某些方面作出让步，比如价格。但不论怎样，如果客户异议处理不好或不能消除，就会引发客户的不满，甚至直接导致洽谈失败，这样就很难再说服客户达成交易。所以，处理客户异议是推销洽谈的关键任务之一。

产生客户异议的根源有两个方面：一是推销人员对产品的信息认识不全面，客户因信息不清晰和不全面而提出异议；二是由于客户产品知识的欠缺导致的异议。因此，一个优秀的推销人员必须掌握尽可能多的与推销品相关的知识。例如，手机推销人员必须熟悉手机参数和性能，最好是能够了解手机生产技术和使用技术的技术人员。只有这样，才能准确、完整地解释客户提出的各种问题，恰当妥善处理客户异议，从而加深客户对推销产品的认识，取得客户信任。

4. 促使客户作出购买决定

推销人员寻找、接近并说服客户的最终目的是促成交易。客户购买活动的心理过程，在需要认识阶段之后，还要经过情绪变化和意志决定两个阶段。在需要认识明确、动机诱发充分之后，客户会产生相应的情绪反应和意志行为，甚至会产生错综复杂的心理冲突。经过一番激烈的内心冲突之后，客户就会作出购买还是不购买的决策。

因此，推销人员在洽谈过程中，要准确把握客户购买决策形成前的情绪变化和心理冲突，利用理智的和情感的手段去激发客户的购买欲望。推销人员可以充分强调客户购买推销品所能得到的利益，能够满足客户的特殊要求，适当给予客户一定优惠，同时提供优质的服务，强化客户的购买欲望，努力促使客户最终作出购买决定。

总之，推销洽谈的目标在于沟通推销信息，向客户展示产品，诱发客户购买动机，并促成客户采取购买行为。

推销洽谈的内容

推销洽谈涉及面很广，内容丰富。不同产品的推销，有其不同的洽谈内容，但基本内容是大致相同的，主要有以下几个方面。

1. 产品

产品品质是商品内在质量和外观形态的综合，是客户购买产品的主要依据之一，也是影响价格的主要因素。所以，产品品质是推销洽谈的主要内容之一，推销人员必须全面地向客户介绍推销品的质量、功能和外观特点，让客户对推销品有一个全面的了解，也可以把产品的品质标准（如国际标准、国家标准、部颁标准，通过了 ISO 9001、ISO 9002、ISO 1400 国际认证等）介绍给客户。

一般来说，产品条件洽谈的内容包括：产品品种、型号、规格、数量、商标、外形、款式、色彩、质量标准、包装等。如果购买者是个人消费者，则购买的产品数量少，品种单一，洽谈会比较简单；如果购买者是中间商和集团用户，购买的产品数量多，品种型号也多，洽谈就较为复杂。

产品的数量是指按照一定的度量衡来表示产品的质量、个数、长度、面积、容积等的量。成交产品数量的多少直接关系到交易规模以及交易价格。在推销洽谈中，买卖双方应协商采用一致的计量单位、计量方法，通常情况下是将数量与价格挂钩。成交数量大时，产品的价格通常会有一定的优惠。

2. 价格

价格条件洽谈是推销洽谈的中心内容，是洽谈双方最为关心的问题。成交价格的高低直接影响交易双方的经济利益，所以价格是推销洽谈中最重要的内容，也是洽谈中极为敏感的问题。买卖双方能否成交，关键在于价格是否适宜。在洽谈中，买卖双方要考虑与价格相关的成本、付款条件、通货膨胀状况、彼此信任与合作程度等有关因素，商定一个双方都满意的价格。

通常，双方会进行反复的讨价还价，最后才能敲定成交价格。价格条件洽谈也包括数量折扣、退货损失、市场价格波动风险、商品保险费用、售后服务费用、技术培训费用、安装费用等条件的洽谈。在商品交易中，货款的支付也是一个关系到双方利益的重要内容。在洽谈中，双方应确定货款结算方式及结算使用的货币、结算的时间等具体事项。

3. 服务

销售服务是客户极为关心的内容之一。按时交货是客户的基本要求，推销人员能否按时交货，则受生产和经营能力、运输能力、供应能力等因素制约，客户提出交货时间后，推销人员要汇集各种综合因素，加以考虑。

具体来说，明确提供的服务主要有：送货、运输方式、地点等方面的服务；售后维修、养护、保管等方面的服务；技术指导、操作使用、消费需求等方面的服务；零配件、工具、供应等方面的服务。在推销洽谈过程中，推销人员和企业应尽量满足客户的正当要求，并竭力消除客户的后顾之忧。

推销洽谈的特点

推销洽谈是买卖双方为达成交易，以维护各自的利益、满足各自的需要，就共同关心的问题进行沟通与磋商的活动。现代推销洽谈既可以是当面洽谈，也可以利用现代通信工具跨越时空的阻隔进行磋商。

推销洽谈具有以下三个突出的特点。

1. 以经济利益为中心

在推销洽谈中双方主要围绕各自的经济利益展开洽谈。推销洽谈是商业谈判的一种类型，是围绕销售产品而进行的洽谈。作为卖方，希望以较高的价格出售而使己方得到较多的利润；作为买方，则希望以较低的价格购买而使己方降低成本。

因此，谈判的中心是各自的经济利益，而价格在推销洽谈中作为调节和分配经济利益的主要杠杆就成为洽谈的焦点。当然，推销洽谈中经济利益的中心性并不意味着就不考虑其他利益，而是说相对于其他利益来说，经济利益是首要的，是起支配作用的。

2. 合作与冲突并存

所有的推销洽谈都建立在双方利益的基础之上，双方既有共同利益点，也有截然相反的利益点。冲突表明双方存在利益分歧的一面，推销洽谈的作用之一就是将双方的分歧点转化为共同点，尽可能加强双方的合作性，减少双方的冲突性。这是因为合作与冲突是可以互相转化的，如果合作性的比例加大，冲突性的比例减少，双方洽谈成功的可能性就大；反之，如果冲突的一面通过洽谈没有得到解决或减少，那么，洽谈就有可能失败。

推销人员可以在洽谈之前或者过程中，将双方意见的共同点和分歧点分别列出，并按照其在洽谈中的重要性分别给予不同的权值和分数，根据共同点方面的分值与分歧点方面的分值比较来预测洽谈成功的概率，并决定如何消除彼此的分歧。

3. 原则与调整并存

洽谈中的原则是指洽谈双方在洽谈中的最后退让的界限，调整是指双方为了弥合分歧在基本原则不被打破的基础上彼此作出的一些让步。洽谈双方对重大原则问题通常是不会轻易让步的，退让是有一定限度的。但如果推销洽谈的双方在所有的方面都坚持自己的立场，洽谈就可能没有结果，双方的利益也就无从实现。

绝大多数谈判都有潜在的共同利益，共同利益就意味着商业机会，并且谈判双方还有可能存在兼容利益。洽谈参与人员应分析双方原则立场之间的差距大小，以及经沟通协调缩小这种差距的可能性，充分发挥想象力，扩大方案的选择范围，或准备多个备选方案，努力实现双赢。如不能达成全面共识，可以就某些问题和合同条款达成不同的协议；如不能达成永久协议，可以达成临时协议；不能达成无条件的，可以达成有条件的；等等。同时，也要做好洽谈失败的应变准备。

7.2　推销洽谈的步骤

推销洽谈是整个推销活动的中心环节。在洽谈过程中，推销人员要运用各种推销方法和技巧，以说服客户购买企业的产品，那么，推销人员通过洽谈促使购买达成的流程是怎样的？

现代推销实践中，洽谈过程是推销人员掌握客户购买心理变化、诱导客户采取购买行为的一个过程。营销学者将客户购买的心理过程分为五个阶段：注意、兴趣、欲望、记忆、行动。推销人员的洽谈步骤可以说是顺应客户心理变化的一个过程，但并不是说推销人员就没有能动性，推销人员可以主动去遵循客户心理的发展过程。首先要争取引起客户对产品的注意，然后使其对产品产生兴趣，进一步使客户了解和熟悉产品；再启发客户对产品的需求，进而激发客户的购买欲望；最后，采取说服的方法促使客户作出购买决定。

可以将推销洽谈详细划分为营造开场气氛、介绍并示范公司产品、合理报价并陈述交易条件、实质性磋商和达成业务交易五个步骤。

营造开场气氛

双方洽谈人员从见面入座到洽谈实质内容之前，为摸底阶段，旨在建立推销洽谈气氛、交换意见、开场陈述。

1. 轻松愉快的洽谈气氛

要努力营造合作、诚挚、轻松、愉快的洽谈气氛。为此，要把洽谈场地布置得赏心悦目，要使推销洽谈者的举止行为给人留下热情、诚挚、轻松、美好的印象。

开场白的最终目的是和客户就拜访中将谈及和达成的事项取得协议，良好的开场白对交易的达成至关重要。并不是拜访或者接近所有的客户都需要开场白，但基本的问好和寒暄是必不可少的。第一印象已决定了一半，而且无法重来。

成功的开场白应注意以下事项：首先，准备开场白。完成客户背景资料调查，所谓“知己知彼，百战不殆”。问自己：客户和我会面，他想达成什么目的？我和客户会面，想达成什么目的？其次，引出开场白，如闲聊一下店内的装修、当天的天气等。也可以谈论共同认识的人或互相感兴趣的话题以先建立融洽的关系。当双方都准备好谈生意时，将话题转回业务和会面的目的。

2. 向对方陈述洽谈计划

要及时交换意见和看法，就推销目的、计划、人员情况等方面取得一致意见，即使双方早已联系，也应在正式洽谈中重新明确一下。为了进一步了解对方的洽谈原则、态度等情况，推销人员可以从主要问题、期望目标、主要原则、变通措施等方面开始陈述或者提出建议。

介绍并示范公司产品

制定洽谈计划时，对产品的性质、类别、功能、特色以及它能为客户带来什么利益等都要明确。这样才能把客户的需要与所推销的产品联系起来，促使客户接受。随着我国市场经济的不断发展，各个行业竞争的逐步放开，产品之间的差异越来越难以建立。当很多同类产品和服务相互竞争时，客户就会由于选择太多而感到困惑。推销人员要能够帮助客户解决问题，协助他们得到其想要的产品和服务，只有这样才能赢得客户的信赖，并顺利达成交易、实现交换。

推销人员应尽可能随身携带一些推销产品，因为在推销过程中直接向客户展示产品，有助于激发客户的购买动机。在推销产品难以携带的情况下，推销人员可以利用产品模型或者图文材料来替代，尽量让客户亲自试用产品。这样能够刺激客户的购买欲望，增强客户购买信心。

推销人员在推销过程中不能单纯靠说话，还需要利用各种推销工具。

1. 文字资料

推销人员应携带一些文字资料，包括产品种类介绍及说明书、产品价目表、企业简介等。利用文字资料辅助推销，一是成本低廉，简便易行；二是对推销品的介绍详尽、全面、系统，有较强的说服力。但是，文字资料难以做到因人而异地介绍产品，故应配合其他推销工具一起进行使用。

2. 图片资料

图片资料主要有图表、图形、照片等。在推销品或推销模型难以携带的情况下，生动、形象的图片资料能对客户产生较强的说服力和感染力，使客户通过视觉加深印象，直接引发客户的购买欲望。

3. 证明资料

在推销洽谈之前，推销人员应尽量收集和准备各种有说服力的推销证明资料，可以提升产品的可靠性，有利于客户在心理上产生安全感。

4. 其他必备材料

必备材料包括推销人员的名片、介绍信、订购单、合同书、笔记用具等。

合理报价并陈述交易条件

开盘报价是洽谈过程中十分重要的阶段。报价，亦称发盘。在推销洽谈中，不论谁先报价，真正进入报价与讨价还价的阶段都意味着客户具有购买动机。价格条件的洽谈是推销洽谈的中心内容，它涉及交易双方的利益，是买卖双方最为关心的敏感问题之一。推销人员可按企业所定的价格上下限幅度，适当报价，但一般报价高于最终的成交价格。报价时力求果断、明确、清楚、无保留、不犹豫。不用解释和详细说明报价理由，在对方讨价还价的过程中表明定价的原因，尽量留有充分的双方磋商的余地，也便于对方表述自己的价格。除了报价之外，其他的关键交易条件，比如交货、质保等，也需要在报价的同时提出，可能需要在报价之前就向客户表明。

与客户迈向一个互利的决定是推销人员拜访客户的目的。推销人员要询问是否接受交易条件，当客户故作拖延时，推销人员要进一步询问并找出真正的原因有针对性地加以解决，比如可以给出一个恰当的对方关心事项的承诺。即使客户说不，也要感谢客户花时间面谈。当然如果可以进一步商谈，尽量让客户给出继续的时间和对方关心的事项。

报价和提出交易条件后，可能会发生以下三种情况。

1. 关键销售条件客户接受

交易分歧很小，即可跨越到磋商阶段，直接转入签字成交阶段，以减少不必要的讨价还价，缩短洽谈时间，提高推销洽谈的效率。推销人员不应过分表现出急于求成的心理状态，以免客户采取拖延战术。这种情况较少，一般情况下，对方会提出异议，当然在客户急于实现交易时，也可能会出现直接进入成交阶段的情况。

2. 销售条件客户部分接受

销售条件客户可能接受一部分，部分存在异议，还需要磋商。这时，推销人员可以对洽谈中所涉及的关键问题进行全面细致的分析，考虑在哪些方面存在坚持或让步的可能。在推销洽谈中，推销人员一定要对客户存在异议最大的事项进行认真分析，尽量确定一个可以实现的范围，例如最理想的情况是怎样的，可接受的情况是怎样的，可接受的最低限度目标是怎样的。即使分歧意见超出可接受的一般目标，也可以考虑去努力争取达成协议。

3. 无法预见销售交易的可能性

当买卖双方分歧意见很大时，特别是在买方表示困难时，推销人员则很难按照原定计划成交。此时可能存在以下三种情况或者说是选择。一是终止推销洽谈。这是最坏的结果，意味着前期投入的浪费，因此即使采取这个对策，也要充分慎重考虑。但是也存在一种情况，即只有以退为进时，才可以考虑基于这个目标去主动终止洽谈。具体地说，只有在市场对推销人员有利，推销人员处于强有力地位，推销人员的退出反而会刺激客户要求重新洽谈时，去主动提出终止洽谈。二是继续洽谈。在按原计划无法达成销售交易时，推销人员可以继续与客户就一些次要的问题进行磋商，并与主管部门联系，寻求进一步修改既定交易条件的支持，力求能够从局部进行突破。三是请求客户改变计划。很多时候，客户提出的成交条件也是有很大的变动余地的，因此可以请求客户相应地改变其原定的洽谈计划，这也是第二轮洽谈的开始。

实质性磋商

实质性磋商，是指对可能达成的交易，在不断调整意见中，从分歧较大到协调一致，最终成交的过程。实质性磋商是交易成败的关键时刻，只有善于运用磋商诀窍，才能获得成效。

1. 分析分歧原因

推销洽谈难免会有分歧，这是正常现象。要分析分歧的原因，弄清楚原委。总结起来不外乎以下几个原因：一是想象中存在的分歧，是因为没有很好理解对方意图所致，或者是因缺乏沟通而发生的误解；二是人为的分歧，是洽谈人员故意制造障碍所致；三是真正的分歧，即由双方经济利益得失而引起的分歧。

2. 正确施加压力，善于抵御压力

在洽谈过程中，推销人员可以对客户恰当地施加压力，以保持对交易的控制优势。适当施加压力还有助于制造与客户之间竞争的事实和气氛，逐步降低客户的期望水平。常见的方法就是暂时中断推销洽谈，但是在实施过程中也要把握分寸，防止感情冲动和心理外露，产生适得其反的效果。

同时，如果客户给推销人员压力，一方面，推销人员可以采取先发制人的策略，在对方可能提出问题时先提出该问题，同时尽可能提出解决方案，但这需要推销人员做足功课。另一方面，也可以采用耐心等待策略，以寻找对方可能存在的漏洞，并抓住时机

将客户问题解决掉。必要的时候也可以请第三方适当干预。

3. 提出要求和适当让步

推销人员提出要求的目的是使对方愿意将洽谈继续下去，同时也是为能够提出更高的目标铺平道路，因此，在适当时候提出要求是合理的，其目的也在于吸引对方。

另外，主动提出某些让步也是为了吸引对方。但是，让步要有原则，不能无限制地、轻易地作出让步。只有在认为需要并且恰当的时候才能作出让步。此外，尽量不要作出单方面的让步，而是要以自己的让步来换取对方的一定让步。让步幅度要适中，不能太快，尽量在较小的问题上作出让步，在重要的问题上尽量不先让步。

如果双方分歧较大，并且都不愿意主动退让，推销人员要避免出现无法继续洽谈的僵局，可以将问题分开处理，避开次要矛盾，找到主要矛盾进行协商，当然也可以通过次要矛盾来分散客户对主要矛盾的关注。在实在无法打破僵局的时候，也可考虑先暂停洽谈。

达成业务交易

这是推销洽谈的最后阶段。经过上述几个阶段的洽谈，情况逐渐明朗，洽谈已经接近尾声。这时推销人员务必善终，正确处理有关问题。

1. 要向对方发出正确成交信号

推销人员要阐明立场，就对方所提出的条件表明肯定态度；或以特定的方式表明成交意愿；或告诉对方洽谈时间已到，可以结束了。

2. 要及时进行总结

明确交易内容是否谈妥，是否有遗留问题，如有遗留问题要提出处理意见。明确推销洽谈结果是否达到原先期望的交易目标，明确最后让步事项及让步幅度，着手安排交易记录事宜。

3. 确定最后报价

在交易达成阶段，双方都要做最后一次报价。推销人员应该选择好提出最后报价的时间。最后报价一般应该分成两步，尽量不要一步到位，以免自己可能处于较被动局面。让步幅度应因人因具体情况而定，并将此报价作为双方最后成交的标志。

4. 整理洽谈记录，起草书面协议

对于组织购买而言，双方谈妥后还需要签订合同，因此，在最后阶段，推销人员应将整理出的洽谈记录检查一遍。在双方都确定无误后，可以将记录内容作为书面协议的依据。对敏感事项，尽量做到非常细致，比如价格问题、合同完成问题、规格要求问题、索赔处理问题等。

例7-1

商业谈判的原则

(1) 不要把对方当成“敌人”“对手”，要把冲突当作相互了解和成长的机会。

(2) 认为妥协比胜利更重要，寻求满足谈判各方需求的途径，达成双赢的局面。

(3) 考虑自己可以妥协的部分、对方的立场和目标，了解对方的真实意图。

(4) 让别人认识到你的立场、理由、观点。

(5) 需要和欲求的区分：必须坚守的和可以放弃的，及其变通办法。

(6) 营造好的谈判气氛。

(7) 说出你现在和将来想要的，对双方都是有利的。

(8) 求同存异，一个问题一个问题地解决，让谈判继续下去，不要破坏谈判。

问题：商业谈判中还有什么原则需要遵守和把握？

7.3 推销洽谈的方法

推销人员在实际推销活动中，总是要面对各种各样的客户。很多推销人员坚持自己的推销方法，而不愿意针对不同客户作出改变。推销理念与态度是可以坚持的，但为了推销的成功，推销人员使用的推销方法、方式也要因人而异，不能千篇一律。这就要求推销人员在推销洽谈前，认真准备有关推销洽谈的各种资料和知识，针对不同客户，拟定具体的推销洽谈计划，制定解决客户异议的方案。只有这样，推销人员才能将不同的推销洽谈内容分清主次，突出重点，采用不同的方式方法，有的放矢地进行洽谈。

推销洽谈的方法有多种，主要有提示法、演示法和试用法三类。

提示法

提示法是指推销人员向客户指出客户可能的需要，引导和激发客户的购买动机，然后促使客户作出购买决策的方法。因此，推销人员要不断地深入市场去了解客户需求变化，利用提示的方法让客户发现已有或者潜在的需要。

1. 直接提示法

直接提示法是指推销人员直接劝说客户购买产品的洽谈方法。这种方法的优点是能够适应现代快速的生活节奏，同时可以提高推销效率，很明显这是一种简单、快速的推销方法。但缺点是可能引起客户的反感，推销人员直入主题会使客户有唐突感。因此，推销人员接近客户后，首先要判断客户是否正在搜索该类产品，然后直接向客户介绍产品，陈述产品的优点与特征。

在应用直接提示法时，一定要注意抓住推销重点，直接提示客户可能存在的主要需求与困难，并依据产品提出解决的途径与方法。结合产品的主要优点与特征，向客户提示其购买动机与购买利益。另外，提示内容要易于被客户了解，产品的优点与特征也应该阐述得简单明了，并围绕产品的核心特点展开。此外，还应尊重客户的个性，不同的客户有不同的需求、不同的购买动机与购买行为，直接提示要避免侵犯客户某方面的特征，并避免冒犯客户。

2. 积极提示法

积极提示法是指推销人员肯定客户购买、赞扬客户选择的一种使用积极的语言或其他积极的方式劝说客户购买产品的洽谈方法。推销人员主要是通过肯定提示、正面提示、赞美提示等能产生积极正面作用的提示。也可以先采用与客户讨论的方式，然后再逐步根据客户的意见和想法，给予其正面的、肯定的答复，从而产生积极的正效应提示。如“风度尽显金利来”“出手不凡钻石表”等，正面提示了“风度尽显”“出手不凡”的特点，使客户产生愉快的联想和积极的心理效应。使用这一方法也应该注意到，推销人员的诚实可信也是很重要的，切勿被客户看作溜须拍马或者盲目顺从。

3. 暗示提示法

暗示提示法指推销人员利用各种提示刺激物来引起客户自我暗示，从而导致其购买行动的洽谈方法。根据营销学中的相关原理，客户购买的一个很重要的影响因素即自我暗示，暗示往往比直接说明更具说服力和感染力，更容易激发客户的购买欲望。例如，白加黑感冒药、黑又亮鞋油、百灵乐器等品牌名称有关产品效用的暗示，容易使客户产生联想。

使用暗示提示法时应该注意：选择的刺激物应是可信、适宜、有足够冲击力的。例如，某人寿保险推销人员对一中年男子推销对象说：“据官方最近公布的人口统计资料，目前有一个值得人们关切的事实，有90%以上的夫妇，都是丈夫先于妻子去世。作为家庭的顶梁柱，是否应该就这一事实早作适当安排呢?”这段说辞有真实数据，用于已婚中年男子，足以引起推销对象的关注。此时，推销人员抓住客户对自己的联想，提出解决方案，应当会收到良好的效果。

4. 反向提示法

反向提示法是指推销人员利用反暗示原理来说服客户购买推销品的洽谈方法。反暗示是一种相反的心理暗示，可以引起客户作出与暗示内容相反的反应。所谓“请将不如激将”就是这个道理。例如：“IBM电脑是价格最高的，我看您可以选一台稍微便宜一点的。”其本意是暗示客户要买最贵的，也是质量最好的。使用这一方法应注意，要针对客户的主要购买动机，用反暗示增强提示震撼力，但切忌冒犯客户，语言失当，不能使客户产生相反的行为，而与自己的初衷相悖。

5. 理性提示法

理性提示法是指推销人员利用理性的逻辑推理劝说客户购买推销品的洽谈方法。理性提示法顾名思义，是让推销人员帮助客户理智思考，选择产品，这也是建立客户信任的一种方法。通过逻辑思维的方式，使客户进行理智的思考，从而明确客户购买该产品的利益。

例如："所有企业都希望降低生产成本，这种材料可以帮助贵厂降低生产成本，提高经济效益。所以，贵厂应该采用这种新型材料。"这是一个比较典型的三段论式推理模式，包括大前提、小前提和结论三个命题。使用这一方法应注意：要选择具有理智购买动机的客户；要了解产品所依据的科学原理，再加以严密的逻辑推理，做到以理服人；根据逻辑推理原理总结出简单可行的说理方式，如"如果……那么……"法、对比法、概括选择法等；要做到情理并重，对客户既晓之以理，又动之以情，才能使客户的购买行为合理化。

6. 鼓动提示法

鼓动提示法是指推销人员建议客户立即采取购买行为的洽谈方法。鼓动提示法可以直接刺激客户的购买欲望，并适时地鼓动客户立即采取购买行动。在这里请注意，适时鼓动是很重要的，鼓动一般发生在客户犹豫不决的时候，只有提示得合理、及时，才可以收到良好的效果。例如当看到某位客户犹豫是否购买时，可以尝试"今天是公司活动日，购买可以享受最高的折扣""今天是优惠期的最后一天，明天就不是这个价了"。

除了适时之外，推销人员还要有针对性地鼓动客户。鼓动的语言要简练明确，能打动客户。因为该方法可能带给客户负面作用，应考虑不同客户个性，有选择地采用。

7. 明星提示法

明星提示法是指推销人员借助一些有名望的人或者大公司来说服与动员客户购买推销品的洽谈方法。这种方法迎合了客户求名、求荣等情感购买动机，也提升了客户购买产品的信心，使推销人员与推销品在客户心目中产生明星效应，有力地激发客户的购买欲望。例如，金蝶管理软件找大客户为其做广告，以及"伊利牛奶，中国航天员专用牛奶"等。使用这一方法应注意：提示中的明星应是客户熟知并崇拜的对象，应与推销品有必然的内在联系，所提及的事实应是真实的。当然，也存在客户不喜欢某些明星的情况，可及时转换方法以避免产生明显的负面效应。

演示法

在现代推销环境里，推销品种类越来越多，信息越来越复杂，越来越难以引起客户的认知和记忆。推销人员如果只利用口头语言来传递全部推销信息，很难被客户完全理解，倒不如借助一些展示工具来加深消费者的理解和认知。

1. 产品演示法

产品演示法是指通过展示推销品来劝说客户购买的方法。这是一种最常用的演示法，根据客户的性质和特点，选择理想的产品演示方式、内容和地点。展览会等活动提供了很好的产品演示平台。要善于控制洽谈气氛，抓住适当时机，开展产品演示。当客户还完全不了解推销品，一点不感兴趣的时候，不要急于演示产品；当客户对推销品产生兴趣时，就是产品演示的最佳时机。演示时要注意演示的步骤与艺术效果，最好边演示边讲解；要渲染演示的气氛与情景效应，做到生动形象，干净利落；要请客户参与演示活动，使客户能亲身体验到推销品的优点，从而产生认同感和占有欲，提高推销洽谈的成功率。

例如，在德国举办的工程机械宝马展，我国的三一重工和中联重科等企业参与了展览，并对其顶级产品进行了产品演示，取得了良好的洽谈效果。

2. 文案演示法

文案演示法又称为文字、图片演示法，是指推销人员通过演示有关推销品的文字、图片资料来劝说客户购买推销品的洽谈方法。它特别适用于用语言不便简要说明或难以说明的产品相关信息，如一些产品的设计原理、工作原理、统计数据、价目表等，都可以制作成彩页甚至是PPT文件，通过电脑和PPT投影设备向客户说明。

采用文字、图片演示法最大的优点在于生动形象，既准确可靠又方便省力，还可以使推销对象理解容易、印象深刻。使用这一方法应注意：

（1）文案的准确性与及时性。要使用具有系统性、准确性、权威性较高的相关资料，文案材料的及时性和准确性要求推销人员保证资料的可靠性、真实性和新颖性，随时修正、补充、更新有关演示资料。

（2）文案设计与推销主题一致。文案的制作和设计创作上要力求与推销主题思想一致，还要精美以吸引客户注意；文案要能充分展示推销品的特点，给客户以强烈的刺激。如文字的放大特写、图片的色调结构等，要收到大反差衬托的效果。

（3）文案要依据不同客户特征而有变化。文案的设计要注意目标市场客户的特点和不同的洽谈环境，从而准备不同的演示资料。

3. 证明演示法

证明演示法是指推销人员通过演示有关物证资料劝说客户购买推销品的方法。为了有效地说服客户，推销人员必须出示有关的证明材料，这是现代推销洽谈中经常使用的方法。生产许可证、质量鉴定书、营业执照、身份证、购销合同书等都是可以令客户信服的资料。

例如："这个价格已经是成本价，不能再降，你看这是我们的进货发票。"推销人员针对客户的从众心理，及时演示推销证明，增强推销的说服力，具有良好的推销效果。使用这一方法应注意：证明资料要真实可靠，具有权威性和针对性。同时，注意演示技巧，意在证明而非炫耀，令客户心悦诚服。

4. 音像演示法

音像演示法是指推销人员通过录音、录像、电影、音响等现代声像工具，生动形象地传递大量的推销信息，制造真实可信的推销气氛，充分调动客户的情感，增强推销说服力和感染力的方法。在许多生产资料推销、批发推销和国际贸易中，已经广泛采用这些先进的音像演示方法，进行贸易洽谈。它具有很强的说服力和感染力，是一种新颖有效的演示方法。例如泰国的旅游、珠宝业就制作了介绍旅游景点和项目，宝石采集、加工等的电影短片。

使用这一方法应注意：要根据推销洽谈的实际需要，收集、制作、整理有关的影视资料；要掌握有关音像设备的操作和维修保养技术，能熟练地演示推销资料；要辅之以广告宣传等促销手段，实施综合性的推销策略。

试用法

产品本身就是沉默的推销者，是一个最准确可靠的购买信息源，是一种最有效的刺激物，可以制造一种真实可信的推销情景。无论是工业用户还是个体用户，都可以试用产品。对于工业用户，可以组织其到生产企业所在地参观考察并试用产品。对于个体用户，可以派发试用装的产品。鼓励试用是最好的推销洽谈方法之一。

例 7-2　佰草集试用报告

例如，吉列在上海交通大学和复旦大学的校园内派送吉列锋速 3 剃须刀试用品，消费者只需要在吉列网站注册手机号码，就可以免费获得一个试用代码，凭该代码和学生证可以在校园内指定地点获取试用的剃须刀。两周后，只需用手机拍下一张自己试用锋速 3 剃须的照片，凭该手机照片和学生证可获得一瓶吉列剃须泡沫。

7.4　推销洽谈的策略

推销洽谈的方法是一种技术，很讲究艺术。它需要推销人员在推销洽谈中针对不同的推销品、不同的客户，灵活地采用不同的策略。因此，推销洽谈之前，推销人员必须准备好洽谈的策略。

不同的客户有不同的兴趣与爱好，他们的需求也就不同。但大量研究表明客户的反应要比人们想象的有规律得多，而且大部分是可以预料的。

在同客户接触的过程中，推销人员一次又一次遇到同样的抵触、同样的反对意见、同样的怀疑和同样的动机。客户对某些问题的看法是那样雷同，诸如“价格太贵了”“市场上出售的其他同类产品比这便宜”“我们晚些时候再购买吧”“总的来说不错，不过对我们不太适合”“这不是我的决定”“我们对现在的供应商感到满意”“如果现在就购买的话，我们的计划就被打乱了”“我们到时候再找推销人员吧”等等。这些问题是推销人员经常遇到的，通过调查会发现：不管在什么地方，客户的回答基本上没有多大区别。这就是客户千差万别的需求中规律性的东西。

与客户共同销售

与客户共同销售，用业绩赢取客户的充分信赖，推销人员可以将客户的激情充分地调动起来，与客户共同开发与管理市场，获取良好的市场业绩，最终成为客户的合作伙伴。

1. 帮助客户重新调研、分析与规划市场

推销人员通过全面的市场调研与数据分析，评估客户的机会、威胁、优势与劣势，制定客户现在与未来的市场发展规划，包括经营定位、发展区域、网点布局与选择标准、经营产品定位与策略、价格策略、促销政策等。

2. 与客户共同开发和培育网点

推销人员动员客户亲自或者与其业务员一起前往市场一线，根据客户发展的总体规划与要求，搜索、物色、开发和培育新的网点，不断壮大客户的分销网络。

3. 与客户共同管理市场

推销人员主动帮助客户管理市场，包括区域市场的渠道冲突控制、价格维护与控制、线下网点的管理、竞争策略的制定与调整等。推销人员除了在业务上帮助客户提升外，还应成为客户的经营管理顾问，通过培训，现场指导，传、帮、带等方式，帮助客户提高其财务管理水平、销售管理水平、人力资源管理水平。

揣度客户心理策略

客户需要什么？客户在工作方面和个人生活方面有哪些奋斗目标？哪些因素有利于客户在工作和个人奋斗方面获得成功？客户在公司起什么作用？客户对推销人员的态度如何？客户是怎样的一个人：是心胸开阔还是心胸狭窄？是墨守成规还是胆大妄为？

古人云："他人有心，予忖度之。"推销人员把自己的思路和注意力都集中在客户身上，认真揣摩一下客户的情况，这样就基本上掌握了客户的情况，做到心中有数，有准备地与客户进行洽谈。

1. 观察客户

如果推销人员只是固执地按事先制定好的计划行事（计划是很重要的），但不去关注客户的特征和反应，推销洽谈就有可能会遇到障碍。因为客观情况在变化，而计划不变就会造成难以适应计划的情况出现，如果用不变的计划去适应变化，难免会产生偏差。推销人员在洽谈时，要密切观察客户的体态语言，根据客户的反应来调整自己的推销方案，小心谨慎地进行洽谈。

2. 同情客户

如果推销人员能设身处地地为客户着想，即完全理解客户，知道客户心里在想些什

么，就可以对症下药，使推销洽谈富有成效。推销人员是否真理解别人，特别是当客户表现反常或出人意料的时候，推销人员能够想象出客户在想什么吗？这就是所说的设身处地为别人着想。在推销洽谈的过程中，推销人员要尽量多使用“您”字，尽量少使用“我”字。这样既是尊敬对方，也是设身处地为客户着想。

3. 自我发难

自我发难策略是指在洽谈中针对对方可能提出的问题，先自行提出这些问题，再加以详细解释并阐明立场的洽谈策略。

举例来说，己方的报价比其他企业同类产品高 20%，估计对方一定会对这一问题心存疑惑，并且会怀疑己方洽谈的诚意，进而影响到他们对洽谈的态度和信心。因此，在洽谈的一开始就予以介绍：与同类产品的报价相比，本企业产品的价格要高 20%，看起来似乎价格过高，但实际并不高。第一，企业采用的是进口优质原料，其成本高，质量绝对可靠，而其他企业产品则采用的是国产原料。第二，本企业的产品合格率比其他同类产品高 30%，采用的是 ISO 9000 标准，产品获得国家专利，有独特的性能。第三，在一年之内对不合格的产品一律给予退换。第四，本企业是该行业最大的供应商，货源充足，能够保证长期稳定的供应。通过这种自我发难，解释疑难，能使对方认为己方是以诚相见，从而解除疑虑，使洽谈达到目的。但是，这种策略必须建立在深入调查、知己知彼的基础上，问题必须选得恰当，理由必须令人信服。否则，不但达不到预定的目的，还会使自己处于被动的局面。

4. 肯定答复

请考虑下面的两句话：“杯子一半是满的”和“杯子一半是空的”。从逻辑上说，这两句话的意思是一样的，但从心理学的角度来看，这两句话之间存在着很大的区别：否定论点显然没有肯定论点的效力大。所以，当客户向推销人员提出某种要求，而推销人员只能满足客户的部分要求时，最好把精力集中在力所能及的方面。比如应该说：“这是我明天早晨要办的第一件事。”最好不要说：“这件事今天办不了啦。”

如果客户同意推销人员的观点，首先必须用提问式的方法开始洽谈，而不应当采用陈述的方法。其次，要很好地组织自己所涉及的问题，可以重复几遍，用这种方法创造一个机会，促使客户自然地作出肯定回答。

如果客户首先承认推销人员在一个次要问题上是正确的，那么他会承认推销人员在第二个问题上也是正确的。然后，他就会在一系列小的方面作出某些让步，小的让步又必然导致大的让步。在这个过程中，反问式提问就特别有效。例如：“您保证您的生意兴隆，是吗？”“你想阻止您的竞争对手突然跑在您的前面，对吗？”“您需要挖掘老产品的潜力，是不是？”“您已经想过使用比较便宜的材料，对不对？”

说服客户策略

要想使推销洽谈成功，仅仅了解客户是远远不够的，还必须能够影响他，使他产生购买欲望。推销人员的信心、想说服客户的愿望、流利的语言、事业成功的雄心大志、鲜明的个性特征、向客户推销产品是为客户提供某种服务的信念等，所有这一切都是通过推销人员的说服力具体表现出来的。

只有上述一切都被客户理解，都被客户接受，才说明推销人员的说服工作做到位了，才有可能使客户产生购买欲望。

1. 寻找共同点

客户需要买什么？我需要什么？怎样才能把这两种需要结合在一起呢？推销人员首先应向自己提出这些问题，然后自己回答，这样才能更好地制定出推销计划。只有制定出计划，推销人员才能一步一个脚印，有秩序地进行业务洽谈。

在业务洽谈前，如果推销人员经过深思熟虑做好充分的准备，就可以控制洽谈的进度，因势利导，使洽谈按推销人员的设想进行，而不会被客户的提问缠住，处于被动状态。

2. 次要目标

次要目标就是既不过低也并不十分理想，能使洽谈不完全落空，并且推销人员能够实现的目标。在实践中，许多推销人员常把精力和注意力全部集中在主要目标上，而这些主要目标又常常不为客户所接受。这种情况一出现，推销人员就会觉得失去奋斗目标，不知所措，随之就会作出一些令人遗憾的妥协，或者一无所获，以致葬送整个交易。因此，推销人员在进行业务洽谈准备工作时，有必要采取一些措施。例如，在推销洽谈开始之前，可以自问自答以下问题：如果达不成目标，该怎么办？还有哪些解决办法？我能想象出哪些可供选择的解决办法并把它们列入推销计划向客户提出来？还有没有次要奋斗目标？

针对上述问题，推销人员可以有所准备，确定自己的次要目标，以备应急时使用。次要目标的具体形式多种多样，例如约定好与客户的下一会谈日期、了解该类客户的心理活动特点、对客户产生吸引力等。

3. 扬长避短

指在洽谈中尽量突出己方优点和长处，避免谈及不足的策略。这种策略的目的是要以俊遮丑，弥补在洽谈中所处的不利地位。例如，本企业产品在合格率及技术先进性方面落后于同类产品，但是，价格便宜、大量供应、提供不合格产品的退换、提供零配件供应和厂家售后维修的支持等是己方的长处。因此，就可以在这些方面下功夫，突出推销品的优势，说服对方，签订合约。但扬长避短绝不意味着弄虚作假，欺骗对方，而是突出优势，弥补不足。在某些条件上己方不如别人，但在另外一些条件上己方占有一定的优势，甚至是绝对的优势，在综合考虑下，己方并不比别人差。

4. 曲线求利

在洽谈中双方都必须作出一些让步，这是正常的情况。因此，为己方谋取利益必须从整体的角度考虑，而不能只是在某些条件上坚持己见，钻牛角尖。曲线求利就是这一策略的出发点，在某些条件上己方向对方作了让步，损失了部分利益，我们可以通过在其他方面提出要求让对方让步来弥补这部分利益的损失。例如，产品降价带来的损失可以通过提高技术转让费和易损零配件的价格等来弥补；卖方坚持产品不降价，则可以要求对方提供免费人员培训、免费运货和安装等来弥补。

5. 先发制人

先发制人策略指在洽谈中由己方先提出有关条件和合同草本的策略。例如，预先提出产品价格、供应数量、各种规格产品的构成比例、付款方式等的洽谈框架。在这种情况下对方很难另起炉灶，再提出自己的一个方案，只能在已提出这一方案的基础上提出自己的意见。先发制人要求知己知彼，熟悉行情及双方的力量对比，提出的条件要适度，过高容易吓跑对方，过低则失去一定的利润。这种策略在卖方来说，多用在大企业对小买主；在买方来说，多用在供过于求，许多卖主对一个或少数几个买主的情况。先发制人并不意味着一口说死，不可改变，所以，提出方案的一方还要准备应变方案，即哪些条件是可以让步的，哪些条件是不能让步的，让步可以达到什么程度，等等。如果对方采取这种策略，己方不应为其所动，不能被对方牵着鼻子走，应该坚信，任何条件都是可以通过洽谈改变的，所以要按照己方原定的洽谈方针进行洽谈，不能被对方束缚住自己的手脚，而不敢提出自己的方案或条件。

6. 折中调和

折中调和策略指在洽谈处于僵持局面时，由一方提出折中调和方案，即双方都作出一些让步以达成协议的策略。例如，我同意降价10%，但你也得同意将订货数量增加30%；我愿意以优惠价供应给你这条生产线，但你必须再订购1 000套散件；等等。折中调和貌似公平，实际上并不一定，所以，采取这种策略必须权衡得失，要经过仔细计算，用数字说明问题。不能认为对方让步一半，我方也让步一半，这是对等的，谁也不吃亏。这种想法有时会使己方受到较大的损失，而对方得到利益。折中调和本身就意味着双方都有让步的余地，所以，坚持自己的原则立场，在关键问题上不作让步，有时是可以使对方妥协并达成交易的。

案例分析

机智的说服

在一次冰箱展销会上，某冰箱厂家的推销员向一位打算购买冰箱的顾客推荐自己厂家的冰箱，可顾客指着不远处一台冰箱说：“那种AE牌的冰箱和你们的这种冰箱属于同一类型、同一规格、同一星级吧，可是它的制冷速度要比你们快，噪声也要小一些，而且冷冻室要比你们家的大12升，看来你们家的冰箱不如AE冰箱啊！”

这个推销员听到顾客如此评价并没有慌张，而是从容、耐心地给顾客讲：“是的，您说的没错。我们家的冰箱噪声是大点儿，但仍然在国家标准允许的范围内，不会影响家人的生活与健康。我们的冰箱制冷速度慢一些，可耗电量却比AE冰箱小得多。我们家的冰箱冷冻室小但冷藏室很大，这种设计能储藏更多的食物。我们的冰箱在价格上要比AE冰箱便宜300元，保修期也要长6年，我们还承诺上门维修，保证您使用无后顾之忧。”

经一番解释说明，顾客对该厂家冰箱的特点、劣势、优势都有了清楚的认识。经过比较权衡，顾客决定购买该厂家的冰箱。

资料来源：钟立群，李彦琴．现代推销技术．北京：电子工业出版社，2013.

问题

1. 冰箱推销员是怎样机智说服顾客的？
2. 你认为说服顾客应该注意哪些问题？

重点名词

推销洽谈　提示法　演示法　试用法

测试题

1. 推销洽谈是推销人员向顾客传递信息并进行________的过程。

(1) 双向沟通　(2) 售后服务　(3) 传递信息　(4) 说服顾客

2. 推销人员将商品或劳务推销给消费者的过程，也就是推销员刺激消费者的消费需求并使之产生________的过程。

(1) 购买动机　(2) 购买计划　(3) 购买目标　(4) 购买条件

3. 推销洽谈的最终目的在于激发顾客的________，促使顾客采取购买行动。

(1) 购买欲望　(2) 计划需求　(3) 购买目标　(4) 利润目标

4. 在实际推销中，推销人员应采用各种方式增强说服的________。

(1) 作用　(2) 感染力　(3) 技巧　(4) 感动性

思考题

1. 推销洽谈的流程包括哪几步？哪一步最重要？
2. 你认为哪一种推销洽谈的方法最实用？为什么？
3. 在推销洽谈过程中，哪些策略最为有效？为什么？

第8章 客户异议处理

本章要点

- 了解客户异议的类型及成因
- 理解客户异议的价值
- 了解客户异议处理的步骤
- 掌握处理客户异议的方法

引　例

以不变应万变

晚上和几个朋友一起吃饭，我们点了一道菜海带丝，过了一会儿，服务员过来对我们点菜的女同事说，“抱歉，海带丝没有了”，同事说，“没有？太过分了，那就算了吧，退钱”（异议），然后饭店就把这道菜的钱退掉了。事实上，如果服务员（销售员）能够很好地解决这个客户的异议，完全可以不用退钱，并很满意地解决客户的异议，同时还为公司增加了产品的销售额，这不是很好的事情吗？

客户为什么要点海带？其实，是为了减肥。如果这个时候服务员能够了解该客户（我的女同事）点海带的背后动机，相信服务员就可以很好地帮助她再选择一道与海带功能类似的产品，我的这位同事也会非常开心。

所以，要想解决客户的异议，就必须了解客户购买产品的动机，这就是所谓的以不变应万变，也就是站在客户角度看问题。我们每天都能遇到很多客户的异议，大多数业务员都学习了很多有关客户异议的处理技巧，但是，却不能很好地处理客户的异议，为什么？因为这些业务员不知道客户异议产生的根本原因。只有了解了客户异议产生的根本原因，才能对症下药。

客户为什么会有异议呢？最本质的原因是，客户觉得产品或服务不是他想要的东西，也就是说，眼前的产品或服务与他心目中的产品或服务是不一样的，于是产生了异议。因此，要想解决这个异议，就必须了解他心目中的产品形象是什么样的，以及了解为什么会是这样的。这叫知其然还要知其所以然。我们可行的方法之一是产品不变，设法改变客户心目中对产品或服务的定格，以不变应万变。

资料来源：推销案例：以不变应万变. http：//www.795.com.cn/wz/51114.html.

思考：对待众多顾客的异议我们应该保持怎样的心态？

8.1　客户异议的类型及成因

客户异议（或称顾客异议）是指客户对推销品、推销人员及推销方式和交易条件发出的怀疑、抱怨，提出否定或反面意见。客户异议是成交的前奏与信号，俗话说，“嫌货人是买货人”，“褒贬是买者，喝彩是闲人”，只有真正的购买者才会注意交易的具体问题，提出异议，这无疑孕育着成交的机会。客户异议往往是出于保护自己的目的，其本质不具有攻击性，但它的后果不但可能影响一次推销的成功，有的还能形成舆论，造成对推销活动在空间、时间上扩大的不利影响。要消除异议的负面影响，首先要识别和区分客户异议的类型，然后采取相应的办法予以处理。

分辨异议的具体类型

在推销活动中，推销员面对的客户异议多种多样，既有对商品质量、规格的异议，也有针对价格、付款方式、使用方法等的异议。一般来讲，可将形形色色的客户异议归纳为以下类型。

1. 需求异议

需求异议是指客户提出的不需要推销员所推销的产品的意见。如“我不需要这产品”“我早就有了”等等。客户在需求方面提出异议的原因很多，或许是客户真的不需要，或许只是一种借口，或许是客户的偏见与成见。

2. 价格异议

价格异议是指客户认为不能接受推销员所报出的产品价格的意见。价格异议是最常见的一类异议。例如，在推销中经常可以见到的客户抱怨产品价格高，买卖双方讨价还价时所进行的激烈舌战等情况，就属于这类异议。在多数情况下，价格异议与客户的消费习惯、购买经验、广告宣传、社会公众的舆论倾向、客户自身素质和认识水平，以及价格竞争等密切相关。

3. 购买时间异议

购买时间异议是指客户有意拖延购买时间而提出的反对意见。如“让我考虑一下，尽快答复你”“等我们研究后再说”等。客户拖延、推迟购买时间，大多是由于手头资金不足，或还有存货，或对是否购买尚未酝酿成熟，或纯粹是一种推诿的借口。

4. 支付能力异议

支付能力异议是指客户以无钱购买，支付不起拟购产品的所需款项为由所提出的一种异议。如“产品是很好，但我现在确实无力购买”等。客户在支付能力上提出异议，原因复杂多样，有时确实是由于财力问题，有时可能是一种虚假的支付能力异议——借口。

5. 货源异议

货源异议是指客户对推销产品的来源所提出的异议。也就是客户对推销品来自哪家企业或哪个推销员而提出的反对意见。例如，“我不买你们的产品，我要买某家企业的”“这种产品质量不可靠，我宁可买其他厂家生产的”等。当出现推销方的企业信誉不佳、同行间竞争激烈、宣传服务跟不上、顾客对企业或产品存有成见或误解等情况时，就容易导致客户对货源方面提出反对意见。

6. 产品及服务异议

产品及服务异议是借客户对所推销的产品的质量、规格、款式、功能、包装以及销售服务等方面提出的反对意见。如“这产品的款式太差了”“包装老土”“体积太大”“你们是否真的能免费安装”等。产品异议也是一种常见的异议，当客户对产品是否能真正满足自己的需求持怀疑态度时，往往会产生某种异议。当然，由于产品自身的不足，或由于顾客的文化素质、消费习俗、认识水平等因素，也会使客户提出产品及服务异议。

7. 权力异议

权力异议是指客户表示无权做出购买决策的意见。如“这事我做不了主，要跟经理商量才行”“订货的事我无权决定”等。出现权力异议，可能是真的没有决策权，也可能是客户需要时间了解信息、调查情况，以便在谈判桌上争取更大的优势等。

8. 推销人员异议

推销人员异议是指客户针对一些特定的推销人员提出的反对意见，如受推销员的人际关系不好、信誉形象欠佳、缺乏应有的销售礼仪等推销员自身缺陷的影响，客户就会提出推销人员异议。有时也因为客户与推销员之间没有建立起信用关系，不愿从不熟悉的人那里购买而导致客户对推销人员的异议。

分析异议产生的具体原因

推销人员通过调查研究，分析出导致客户产生异议的主要原因，以便及时地将其控制和消除。一般来说，导致客户产生异议的原因主要有以下几类。

1. 客户方面的原因

由于客户方面的原因而导致购买异议的产生主要集中在客户的需要、支付能力、决策能力以及决策者经验和爱好等方面。

（1）客户的需要。

客户的需要是客户产生购买行为的根源。如果客户认为自己不需要某产品，自然就会拒绝购买，对推销人员来说，通常这种拒绝是难以改变的。

（2）客户的支付能力。

这是指客户由于没钱购买或不愿意购买而提出的反对意见，经常并不直接地表现出来，而间接地表现为质量方面的异议或进货渠道方面的异议等。

1）客户的财务状况不佳，难以购买某类单位价值较高的产品。

2）客户只是暂时存在财务问题。

3）客户已购买或订购其他产品，暂时没有多余的预算资金来购买所推销的产品。

（3）权利异议。

客户表示无权对购买行为做出决策的异议。如“这事我做不了主”“经理出差了，等他回来再说吧”等。就权力异议的性质来看，真实的权力异议是直接成交的主要障碍，说明推销员在客户资格审查时出现了差错，应予以及时纠正，重新接近有关销售对象；而对于虚假的权力异议，应看做客户拒绝推销员和推销产品的一种借口，要采取合适的转化技术予以化解。

（4）客户的自我表现。

这类客户希望借以显示自己的高见、聪明等，这时，推销员应以博大的胸怀与包容的态度对待这类客户。

（5）客户的购买经验。

客户在购买活动中积累了一定的经验，既有成功购买的经验，也有失败购买留下的教训。客户的经验不总是合理和正确的，当推销活动与客户的购买经验不符时，客户就会提出购买异议。推销人员只有在转变客户的认识与态度后，才有可能对产品进行有效的推销。

（6）影响客户购买的其他因素如表8-1所示。

表8-1 客户常用的借口

借口	真实原因
我考虑考虑再说	没钱；目前不需要；价格太贵；对产品、公司、推销员不信任
没钱	有钱但不舍得买
我要和领导（妻子）商量商量	自己拿不定主意
给我一点时间想想	没有其他人的同意，无权擅自购买
我还没有准备要买	认为别处可以买到更合算的
我们已经有了	不想更换供货厂家
价格太贵了	想到处比价
没打算要买	正忙着处理其他事情

2. 推销员方面的原因

（1）举止态度让客户产生反感。

客户心里想："看你那个神气的样子，高傲，没礼貌。"

处理方法：销售员要加强自己言行举止方面的训练，树立职业形象。

（2）做了夸大不实的陈述，以不实的话语来哄骗客户。

客户认为销售员说假话。

处理方法：销售员要诚实守信，实事求是。

（3）使用过多的专门术语和过于高深的专业知识。

客户听不懂销售员的话。

处理方法：销售员要用通俗易懂的语言进行陈述。

（4）引用不正确的调查资料。

客户想："哪里是这样？"

处理方法：销售员要使用真实的材料数据。

（5）展示失败。

客户想："不过如此。"

处理方法：与客户见面之前，反复训练，熟练掌握。

（6）姿态过高。

客户想："有什么了不起。"

处理方法：销售员要做到谦虚谨慎、和蔼可亲。

对此，销售员要加强自己的职业化训练，提升形象，提高业务水平。

8.2 正确处理客户异议

例8-1

客户：我很忙，没有时间去听课。	
注意	（不要插嘴，要等客户说完，不要反问客户。）
答复	当然了，以张总的位置，每天都要处理那么多事情，忙是很自然的！
思考	除了时间外，还有没有其他原因使张总未能来？
沟通	张总，其实以前我有很多客户都是因为太忙而没能花点时间去了解电子商务，但当他们听了我们公司的电子商务培训后，都觉得很有兴趣，而且对他们了解市场发展有很大的帮助，况且也不会占用他们太多的时间。现在他们很多都经常打电话给我，要我早点通知他们最新的培训时间表。
沟通	这样吧张总，我们下个月还有两期电子商务培训有位置，时间分别是……您现在留一些资料给我，等我先帮您预订位置，到时再打电话联系您，那么您的手机号是……

倾听客户异议

客户异议是指客户的反对意见。表面看来，客户异议不利于推销，但实际上，它具有两重性：当客户不能得到推销员的满意答复时，就不会采取购买行动；如果推销员能恰当地解决客户提出的问题，使客户对产品及其交易条件有充分的了解，就可能做出购买的决定。可见，客户异议是客户兴趣的指示器，是推销员了解客户对推销介绍说明反应的依据之一，能否正确处理异议对能否达成交易关系甚大。推销员要正确处理异议，有两个必不可少的条件：一是要让客户公开自己的异议；二是要认真地倾听客户异议。只有让客户畅所欲言，公开自己的不同意见，推销员才有可能了解客户的内心世界，以及客户的要求和问题所在，才能依据异议的深浅程度和数量的多少来判断客户购买的可能性，以选用适当的推销策略和技巧，促进交易达成。因此，对于客户异议，无论有无道理和事实依据，推销员都应仔细倾听，不要打断，表现出一种欢迎的态度，以示对客户的尊重。尊重客户，倾听客户异议，往往能让客户感到推销员是真诚、严肃地对待自己所提出的问题，将有助于转变其态度，建立双方间的理解与信任，进而促进交易。

分享客户感受

使用 3F 法分享客户的感受，所谓 3F 法即分享客户的感受、别人的感受、发觉（fell，felt，found）。例如，我理解你怎么会有这样的感受，其他人也有过这样的感受，不过经过说明后，他们发觉，这种规定是为了保证他们的安全。

分析及澄清客户异议

分享了客户异议后，推销员必须对异议进行深入的分析和考察，找出隐藏在异议背后的真正根源，从而采取相应的处理对策。然而，要了解客户异议背后的真正动机并不是件轻而易举的事情，因为在推销员面前，大多数客户都会以各种借口或不真实异议来掩盖或推托，而不会直言不讳地说出自己的真实想法。

分析探测客户异议的一种有效方法，是以提问或反问的方式重复客户异议的主要观点，如“您认为这种设备不适合您厂的流水线，是吗?”“您是说我们的产品比同类产品贵一些是吗?”等等。通过带有提问或反问的异议复述，推销员不仅可以知道自己是否真正理解了客户异议，而且可以从客户回答反问问题的情况来判断客户提出异议的依据是否充分。一般来讲，客户提出的异议越是没有依据，他就越难以回答反问的问题。当顾客回答反问或提问时，还有助于推销员从中发现异议背后的真正动机，赢得思考应变的时间，从而对症下药，较好地处理异议。

推销情景

情景一：

客户：我们研究了你们的代理合同，代理费用太高了。

唐明：对，我完全同意您的看法！代理费用实在太高了。但是，我们的产品质量很好。

客户：而且销售支持太少。

唐明：对，我完全同意您的看法！确实销售支持太少。

情景二：

客户：我们研究了你们的代理合同，代理费用太高了。

王强：我明白您的意思，您认为代理费不是一笔小数目，是吗?

客户：而且销售支持太少。

王强：我了解您的感受，您认为销售支持太少是吗?

处理客户异议——提出解决方案

1. 客户不想换合作伙伴

客户已经与竞争对手合作，经营了他们的产品，而且满意，不愿意购买新品牌。

处理方法：首先，销售员要做有心人。收集竞争对手产品方面不好的而且客户认为重要的信息，如质量、价格、服务、销售支持等，然后向客户展示。其次，分析采购、经营本品的好处。如质量更好、牌子响、配送及时、促销支持力度大、单件利润高；增加一个品牌，可减少风险、赚钱的机会多等。

2. 客户情绪处于低潮

客户情绪不高，对任何事情都不感兴趣。

处理方法：销售员在推销之前，应该对客户的心情有所了解，客户心情不好时，最好不要打扰；否则，你不但不能卖出你的产品，而且客户还可能给你脸色，讲一些难听的话。

3. 客户目前没钱

客户说："你的产品我觉得挺好，你说的也很对，但我现在资金比较紧张。"

处理方法：先不谈生意，而是谈一些别的话题，过一会儿再转回来，探询客户心中是否还有疑虑没说出来。

4. 客户强调库存过多

客户强调不是不想进货，是因为存货过多，怕积压占用资金。

处理方法：

（1）首先要搞明白，客户是不是库存量真的很大，最好争取能去客户仓库看看。

（2）如果客户库存真的很多，可以跟客户计算消化的时间，然后要求客户小批量进一点货，这样也不会积压很多。

（3）向客户强调这个时候进货，促销力度大，过段时间促销就没有了。

（4）告诉客户最近几天公司要决定本市场的经销商。如果客户犹豫不决，可能拿不到经销权，后悔就来不及了。

5. 客户强调个人没有决策权限

客户强调自己无权决定，需要与领导、同事商量。

处理方法：销售员首先要判断这是客户的借口还是他确实不能作决定；同时迅速找出核心决策人，尽快和核心决策人见面沟通。

6. 客户真的不需要

客户的意思表示是真实的，即客户现在真的不需要这种产品。

处理方法：销售员不要浪费时间，赶快离开。

例 8-2

这样的导购有什么用

黄小姐去百货商场购买某品牌的眼部修复霜，导购说那一款今天卖完了，推荐同一品牌的另外一款眼霜，可回到家中，黄小姐仔细阅读说明书后才知道这一款是用于改善眼角鱼尾纹的，不是自己需要的那一款。便拿到该商场要求退货，导购一听是退货，脸色马上阴沉下来，跟先前推销时判若两人，说："化妆品只要产品质量没有问题，消费者皮肤适用，是不予退货的。"黄小姐一听就火了，"当初自己就不想要这一款的，你说是一样的，非要推荐这个给我……"导购心不在焉地听着黄小姐的抱怨，满脸不屑，这下可把黄小姐给激怒了，强烈要求见商场部门经理以严惩这个导购。

资料来源：推销案例：如何处理顾客抱怨 . http：//www. 795. com. cn/wz/51197. html.

问题：导购应该怎样消除顾客的不满？

整理与保存各种客户异议的资料

推销员要注意将平时在推销活动中所遇到的各种异议记录下来，进行加工整理后，作为资料保存下来，供日后参考之用。整理和保存异议，不仅可作为一种推销经验的积累，还可用以增加推销员的知识和阅历，起到温故知新的作用。因此，对每一个从事推销工作的人来说，都应该重视并做好这项工作，积极收集整理和保存自己所处理的各种异议，从而更加高效地排除推销中的障碍，提高推销工作的成功率。

某空调公司营销经理王燕对购买空调的客户的每一种异议，采用间接否定法、补偿法、冷处理法等相应的异议处理方法来化解（见表8-2）。

表8-2 划分客户异议类型

客户异议	可能的原因	真假异议	异议类型
"真的节能吗？"	来自客户本身（对这一品牌不了解或是一种不想买的借口）； 来自销售人员（介绍不清楚）	真实异议	产品功能异议
"牌子不怎么有名气"	来自客户本身（对这一品牌不了解或是一种不想买的借口）； 来自产品（在空调品牌排行中靠后一些）	对品牌不了解，为真实异议； 只是借口，为虚假异议	产品品牌异议
"价格有些偏高"	来自产品（比普通空调贵）； 来自顾客（是一种不想买的借口）	接受不了这个价格，为真实异议； 只是借口，为虚假理由	价格异议
"外形看起来不够新颖"	来自顾客（是一种不想买的借口）； 来自产品（产品外形普通，顾客不喜欢）	真不喜欢，为真实异议； 只是借口，为虚假理由	产品造型异议

续表

客户异议	可能的原因	真假异议	异议类型
"听说质量不是很好，返修率比较高"	来自客户（是一种不想买的借口）	虚假异议（客户所说的明显与事实不符，所以可辨别出是虚假异议）	产品质量异议
"售后服务好像不太好"	来自客户（是一种不想买的借口）	虚假异议（客户所说的明显与事实不符，所以可辨别出是虚假异议）	服务异议

8.3 处理客户异议的方法

在推销实践中，从异议处理过程中发现异议处理活动的一些基本规律，并总结出反驳处理法、利用处理法、补偿客户异议法、询问客户异议法、不理睬客户异议法等几种异议处理法和产品异议、价格异议、财力异议等常见的异议处理问题。本节针对反驳处理法、利用处理法等几种常见的异议处理法进行具体的阐述。

反驳处理法

反驳处理法也称直接否定法，是指推销员利用事实和理由直接否定客户异议的方法。在推销活动中，推销员应该尽可能保持与客户之间已经形成的良好洽谈气氛，尽量避免与客户发生对立。但是，当洽谈中发生了这样的情况：客户提出毫无根据的事实来破坏企业形象或贬低推销产品时，客户根本不想购买推销产品而故意刁难时，客户提出的异议明显不成立时，推销员可以直接否定客户的异议。

反驳处理法的优缺点和适用范围如表 8-3 所示。

表 8-3 反驳处理法

优点	缺点	适用范围
有效道破客户的各种借口	运用得不好，容易引起客户与推销人员之间的冲突	适用于处理由于客户的误解、成见、信息不充分等导致的有明显错误、漏洞、自相矛盾的异议 不适用于处理无效异议与无关异议，也不适合处理因个性、情感等因素引起的客户异议
反馈速度快，增强客户购买的信心，提高推销效率	使客户产生心理压力和抵触情绪，甚至伤害客户的自尊心，造成紧张气氛，导致推销失败	

推销情景

情景一：

在一家鞋店，顾客挑剔地对老板说："这双鞋子后跟太高了。"老板再拿出一双递给她，她说："这种式样我不喜欢。"老板又拿出一双，她又莫名其妙地说："我的右脚比较大，很难找到合适的鞋子。"这时，老板才开口说了一声："请等一下！"便转身进到里面，拿出另外一双鞋子说："我想这双鞋子您一定会满意，请您试穿看看。"顾客半信半疑地试穿那双鞋子，果然如老板所说的那样令她非常满意，立刻高兴地说："这双鞋子好像专为我做的一样。"于是便买下了。

情景二：

一位推销员在向推销经理汇报时说了下面一席话："对客户的每一点看法，我都进行了反驳，并且把事实和数据告诉了他。我还义正词严地告诉他，这些反对意见是毫无根据的。我们大概谈了3个小时，可以说所有的论点都涉及了。直到最后阶段，客户还是认为他自己是正确的。我们几乎花费了整整1个小时来讨论防震问题，而这个问题又偏偏是个次要问题。然后我就告辞了，再拖延下去也是白白浪费时间。"推销经理听完了他的申诉，生气地说："你早就该告辞了，在业务洽谈进行到15分钟的时候，你就应该离开那里。"推销员对经理的话迷惑不解："我不能认输呀！"

利用处理法

利用处理法也叫转化法，是指推销人员把客户异议中正确的观点作为自己的观点，来说服客户排除障碍的方法。客户异议既是成交的障碍又是成交的信号，推销人员可以利用客户异议本身所固有的矛盾来处理客户异议，肯定其正确的一面，否定其错误的一面；利用其积极因素，克服消极因素，排除成交障碍，有效地促成交易。

利用处理法的优缺点和适用范围如表8-4所示。

表8-4　利用处理法

优点	缺点	适用范围
先退后进，有利于融洽气氛	可能会使客户增强坚持异议的信心，增加了推销的难度	适用于因客户成见、偏见或信息不通而产生的异议
客户感到被尊重、被理解，心理上容易接受	掌握得不好会使客户感到推销员回避矛盾、玩弄技巧，从而产生反感情绪	不适用于探索性的、疑问类型的客户异议

补偿客户异议法

补偿客户异议法是指推销人员利用客户异议以外的该产品的其他优点或长处对客户异议涉及的短处进行补偿或抵消的一种方法。补偿法适用于客户的反对意见确有道理的情况，这时推销人员采取否认的态度和反驳的策略是不明智的。在推销实践中，当客户冷静地提出一些确实存在的购买异议时，推销人员应客观地对待，通过详细的产品介绍使客户既看到产品的缺点，也清楚认识到产品的优点，并且确信优点大于缺点，该产品值得购买。用客户拒绝产品的理由来回答，用客户的观点否定客户的反对意见。当客户意识到瑕不掩瑜时，就有可能购买该产品。

例 8-3

补偿客户异议法

客户说："IBM 电脑确实不错，就是价格高了点!"这是一种客观的购买异议。推销人员不应该予以反驳和否定，而应该在肯定的基础上加以补偿。"价格确实有点贵，但质量可靠呀，10 年之内几乎不会出现故障，也不会出现因为电脑出现故障而影响您工作的情况。对您来说，最宝贵的是时间，您购买了 IBM 电脑就相当于配备了一位能干的助手，您不用再为修理电脑而花费大量精力和时间，您的工作效率肯定会提高。多花一点钱买一台放心电脑，对您来说太值了!"推销人员运用补偿法承认客户异议，并突出了诉求重点，抵消和补偿了客户异议，使客户在心理感受方面找到了平衡，有利于交易的达成。

问题：怎样让客户心理平衡?

该方法的优缺点和适用范围如表 8-5 所示。

表 8-5　补偿法

优点	缺点	适用范围
先实事求是承认缺陷，再另外提出和强调优点，有利于客户达到心理平衡	推销员肯定了客户异议，承认缺陷，削弱了客户对产品的信心	适用于客户已明确提出的异议、推销产品存在明显缺陷的异议或真实有效的异议
推销员肯定了客户异议，有利于改善客户与推销员之间的关系		

使用补偿法时应注意的问题如下：

（1）推销人员应该实事求是地承认与肯定客户异议。

（2）推销人员必须及时提出产品与成交条件有关的优点及利益，有效地补偿客户异议。

（3）推销人员应进一步针对客户主要购买动机进行补偿，淡化异议，强化利益。

询问客户异议法

询问法也叫提问处理法、追问处理法，是指推销员通过对客户异议提出疑问来处理客户异议的一种方法。在实际推销活动中，客户异议具有不确定性，令推销员很难分析、判断异议的性质与真实原因，为排除推销障碍增加了困难。

该方法的优缺点和适用范围如表8-6所示。

表8-6 询问法

优点	缺点	适用范围
通过询问，推销员可以掌握更多的信息，为进一步推销创造条件	可能引起客户的反感。若提问的方式和内容不当，则可能引发新的异议，或造成推销时间浪费，反而错过推销的有利时机	主要适用于处理各种不确定性的客户异议 不适合处理各种无关异议
在询问的同时，为推销员赢得了思考和制定下一步推销策略的时间		

推销情景

情景一：

客户："我希望您价格再降10%。"

推销员："王经理，我相信您一定希望我们给您百分之百的服务，难道您希望我们给您的服务也打折吗？"

情景二：

客户："我希望您能提供更多的颜色让客户选择。"

推销员："杨经理，我们已经选择了五种最容易为客户接受的颜色，难道您希望有更多颜色的产品，增加您的库存负担吗？"

不理睬客户异议法

这是推销人员有意不理睬客户某些异议的一种处理方法。客户异议是多种多样的，其中许多属于无效、无关异议，甚至是虚假异议，对此，推销人员在不影响最终成交的前提下可不予理会。

该方法的优缺点和适用范围如表8-7所示。

表8-7 不理睬法

优点	缺点	适用范围
避免节外生枝，浪费时间	可能会使客户觉得他没有受到应有的重视	适用于无效异议、虚假异议以及与推销无关的异议
使推销员避免了与客户在一些与成交关系不大的问题上发生不必要的争执和冲突		

在应用不理睬处理时应注意的问题有以下几点：

（1）不理睬处理只适用于处理无关的、虚假的异议。

（2）推销人员应专心、认真听取客户提出的所有异议。

（3）推销人员对于偏激、不近情理的异议应保持清醒的头脑和宽大的胸怀，不与客户斤斤计较，不去辩论是非曲直，有效控制自己的心理活动并保持良好的推销气氛。

例 8-4

失败的处置

客户："是某某公司吧？我姓李，我有个问题需要你们处理一下。"

售后业务员："您好！李先生，有什么问题请说。"

客户："我购买你们的笔记本电脑快一年了，最近我发现显示器的边框裂开了。我知道贵公司的电脑保修期是三年，所以想请你们帮助解决一下。"

售后业务员："您是说显示器的边框裂开了？"

客户："是的"。

售后业务员："您磕碰过还是摔坏的？"

客户："我的电脑没摔过也没碰过，是自己裂开的。"

售后业务员："那不可能！我们的电脑都是经过严格质量检测的。"

客户："但它确实是自己裂开的，你怎么能这样说？"

售后业务员："那对不起，显示器不在我们三年保修范围之内，这一点在协议书上写得很清楚。"

客户："这种情况你们就不管啦?!"

售后业务员："很抱歉！我帮不了你，请问还有什么问题吗？"

客户："我要投诉你！"

售后业务员："你想投诉就投诉呗！"

…………

资料来源：岳贤平．推销：案例、技能与训练．北京：中国人民大学出版社，2018.

问题：这是发生在某电脑销售公司售后服务部的事情，你觉得售后业务员在处置客户异议上存在什么问题？你觉得应该怎样妥善处置？

处理产品异议的方法

1. 现场示范

一位经营木炭制品生意的老板为了让客户相信她的木炭有净化空气的保健作用，就在店前进行现场示范。这种方法看似老套，效果却不错。不过推销员在做示范前一定要做好充分的准备，甚至要进行多次演练。

2. 现身说法

很多推销员在销售产品时，采用举证法劝说客户，但最好的办法还是现身说法。如果能够很详细地告诉客户使用的感受，会更有感染力和说服力。

3. 邀请考察

如果条件允许，推销员可尝试把客户邀请到公司或产品生产线，让他亲眼看到公司生产的产品是放心产品，用身临其境的办法让客户“流连忘返”。例如，青岛啤酒厂允许其主要客户群——大学生到其公司参观生产线并免费品尝，参观完的效果是在这些大学生心里就只有“青岛啤酒”了。

4. 鼓励试用

如果推销的产品质量好、效果比较明显，试用的成本并不高，就可鼓励客户放下包袱试用产品，这比现场示范和现身说法更直观。

处理客户价格异议的技巧

1. 先谈价值，后谈价格

推销人员可以从产品的使用寿命、使用成本、性能、维修、收益等方面进行对比分析，说明产品在价格与性能、价格与价值、推销品价格与竞争品价格等一方面或几方面的优势，让客户充分认识到推销品的价值，认识到购买能带给他的利益和方便。

提出价格问题的最好时机是在会谈的末尾阶段，即在推销人员充分说明了推销品的好处，客户已对此产生了浓厚的兴趣和购买欲望之后，再谈及价格问题。除非是客户急切地问到价格问题，不及时回答就会引起客户猜疑，阻碍洽谈顺利进行。

（1）加法处理。加法处理就是告诉客户，购买的产品不仅能享受到一般产品的基本功能，还能得到更多的附加价值，重点谈购买产品能给对方带来的增值。

例8-5

加法处理异议

一位保险推销员对客户说：“您是一位很有经济头脑的人，您肯定知道理财四等分法，就是存款、股票、债券、保险各1/4。存款无风险，但危难时，一分钱只能做一分钱用；股票回报率高，但风险大；债券较妥当，可不一定好买。现在我向你推荐一种更好的理财方法，就是投保我公司推出的‘××保险’，它集保险保障与投资理财于一身，方便家庭经济生活规划……”

问题：这个方法告诉了客户什么？

（2）减法处理。如果客户有意购买又总在讨价还价，就不妨用减法处理去试试。例如，一位汽车推销员无奈地对客户说：“我可以按你说的低价卖给你，但是我需要把其中的音响设备给拆下来，否则我就对不起它的设计者对它的精心打造了。”

（3）除法处理。如果一次给客户报产品的总价格，客户很难马上接受，那可以用除法处理将价格分解。

◆ 例 8－6

除法处理异议

保险推销员对张先生说："这份保障很高，有 20 万元，而保费却很低，一天只有 7 元多，您想，一天存 7 元，40 年后，您取回××万元，正好老夫妻到全国周游一番，这之前还有 20 万元的保障……"

问题：作为客户，你会有什么感觉？

（4）对比处理。如果推销的产品有价格优势，就可以自信地利用对比方法，告诉客户购买的产品与同类产品相比非常优惠。

2. 让步策略

在推销洽谈中，双方的讨价还价是免不了的。在遇到价格异议时，推销人员首先要注意不可动摇对自己的企业及产品的信心，坚持报价，不轻易让步。推销员应当掌握的让步原则是：不要作无意义的让步，应体现出己方的原则和立场，在让步的同时提出某些附加条件；作出的让步要恰到好处，一次让步幅度不能过大，让步频率也不宜太快，要让对方感到得到让步不容易，并由此产生满足心理，以免刺激对方得寸进尺提出进一步要求；小问题可考虑主动让步，大问题则力争让对方让步。有时为预防客户杀价可提高报价，以便客户提出降价要求时有较大回旋余地。

3. 心理策略

在向客户介绍产品价格时，可先发制人地首先说明报价是出厂价或最优惠的价格，暗示客户这已经是价格底限，不可能再讨价还价，以打消客户的杀价念头。推销员还可使用尽可能小的计量单位报价，以减少高额价格对客户的心理冲击，如在可能的情况下，改吨为千克，改千克为克，改千米为米，改米为厘米，改大包装单位为小包装单位。这样，顾客会感觉小计量单位产品的价格较低。

处理客户财力异议的技巧

有的客户在推销洽谈中会说："你的产品确实不错，可惜我兜里没钱"，"我非常喜欢你的产品，但公司预算已经用完了"，"非常抱歉，公司预算中没有购买该产品的计划"，等等。或许客户认为告诉推销人员自己没钱，就可以摆脱推销员的纠缠了。

1. 确定"兜里没钱"的客户的类型

在推销洽谈中，以下几个问题可以帮助推销员确定提出财力异议的客户的类型。

问题 1：询问客户"最近，您有没有打算向其他供应商订购同类产品？"如果客户的回答是肯定的，那么就与"兜里没钱"无关了。客户只不过是没有钱购买你的产品，但却有钱购买竞争对手的产品。接下来，推销人员就要运用一定的策略和技巧说服客户，使他将购买竞争产品的预算转购自己的产品。

问题2：询问客户“您认为我应该怎样做，您才能给我一次机会?”如果客户动了恻隐之心，对推销员说：“好吧，给你一次机会，你先报个价。”接下来的问题与“兜里没钱”关系就不大了。在这种情况下，客户声称没钱购买只是一种讨价还价的策略，其目的是要求推销员给予一定幅度的让价。

问题3：询问客户“在未来一段时间内，您打算购买本产品吗?”或者“今后您会购买此类产品吗?”如果客户没有考虑到公司业务将来的发展趋势，他也就不清楚推销的产品所能带来的效用。这与“兜里没钱”完全没有关系，客户只是以此为借口。

2. 突出推销的产品价格低廉的特点

(1) 如果所推销的产品是高效能的，推销员可以帮助客户计算一下，在特定情况下，产品的高效能意味着公司少投入多少资金。

(2) 如果所推销的产品经久耐用，质量上乘，推销员可以帮客户算一下，产品使用寿命延长将意味着在设备更新方面节省多少资金。

(3) 如果所推销的产品的技术工艺水平先进，能够适应科技的不断发展，推销员就可以询问客户，将公司的有关设备更新一次需要多少投入。

(4) 如果所推销的产品能够为客户带来潜在的效用，那也可以帮客户计算一下，这些潜在效用的市场价值是多少。

3. 确定新的预算资金何时到位

如果顾客“兜里没钱”是由于资金暂时不足，或者下一年度的预算资金还没有到位，推销人员可以询问顾客：“贵公司下一计划年度的预算资金何时才能到位?”一旦得知客户预算资金的到位时间，推销人员就应该早做准备。顾客的预算资金一旦到位，他就会有很大的选择余地。

4. 请客户试购推销的产品

如果客户下一年度的预算资金6个月以后才能到位，推销人员可以这样说：“我对贵公司暂时的资金困难十分理解，您确实需要我的产品，贵公司能否先试购少量推销的产品或者先付一部分货款，这样既解决您的应急之需，也解决了资金不足的问题。等预算资金到位时，您再补齐货款，您看这样行吗?”如果客户接受了推销员的建议，那么在以后的一段时间内，他就可以全面了解产品的卓越品质，他的公司也将享受产品带来的效用，这笔交易就算是达成了。

5. 帮助客户发掘潜在资金

当客户提出财力异议时，推销员可以通过提出以下问题来化解客户的购买异议，如问顾客：“能否将原定于购买其他同类产品的资金用来购买我的产品?”或者“是否可从其他项目上节余部分开支，用于购买我的产品?”如果由于时间关系，客户所在公司本财务年度行将结束，致使生意无法成交，那么推销员就可以建议客户在下一年度的财务预算到位之前先行订购自己的产品。还可以问客户："您是否愿意以分期付款或延期付款的方式购买我的产品?"

案例分析

真假异议

茜茜是一家服装店的销售员。一天，一位女士走进服装店，在裙装区转了几圈，后将目光停在了一件连衣裙上。茜茜迎了上去：

女士："这条裙子多少钱?"

茜茜："原价 499 元，打折后价格是 299 元。"

女士："299 元? 那么贵。就这种款式和图案没有什么特别之处，还是去年流行过的，哪里值那么多钱。你们这里就没有今年新流行的款式吗?"

茜茜："女士，橱窗里展示的都是今年的新款，但对您来讲不太适合。还是这款裙装比较适合您。"

女士："是吗? 可是这个款式太旧了，能便宜点吗?"

茜茜："女士，不好意思，不能便宜了。其实您的皮肤比较白，这款裙装颜色很适合您。如果您喜欢流行款，那边也有很多，您可以看一下。"

女士："这些吗? 我不太喜欢……"

客户异议有真有假，像上面情景中的客户提出的就是假异议。客户借口衣服图案太旧，期望用更低的价钱买下看中的衣服。为了达到某种目的，在购买产品时，常有一些客户会利用类似的假异议。如果销售员不能分辨出这种假异议，就会掉进客户制造的陷阱，或是陷入被动。针对以上情景，销售员可以这样做：

女士："299 元? 那么贵。就这种款式和图案没有什么特别之处，还是去年流行过的，哪里值那么多钱。你们这里就没有今年新流行的款式吗?"

茜茜："女士，橱窗里展示的都是今年的新款。但是对您来讲不太适合，还是这款裙装比较适合您。"

女士："是吗? 可是这个款式太陈旧了，能便宜点吗?"

茜茜："女士，这已经是非常优惠的价格了。看您的穿着，我想您应该是穿衣服很有风格的人，也很会搭配衣服。如果有适合自己的服装您肯定是不愿放过的。这款裙装就特别能凸显您的气质。您可以来亲自感受一下，这里有试衣间。"

客户开始试穿衣服。

茜茜："穿上这条裙子您的气质更好了。如果再配上一条项链，出席宴会或者参加私人聚会时会成为焦点。"

客户听了会心一笑，和开始时的态度截然相反。

资料来源：客户异议处理案例．(2016 - 11 - 12). http://www.qinxue365.com/kczx/168417.html.

问题

1. 如何分辨客户异议是真是假？

2. 怎样对待真异议和假异议？

重点名词

客户异议　补偿客户异议法　利用处理法

测试题

1. 客户说："这种冰箱还可以，但坏了没有地方修。"这种异议是________。

（1）价格异议　（2）服务异议　（3）质量异议　（4）物流异议

2. 客户说："我从来不用化妆品。"这种异议属于________。

（1）对商品实体的异议　（2）需求方面的异议　（3）利益方面的异议　（4）公平方面的异议

3. 客户说："这种盘子太轻了！"推销员说："这种盘子的优点就是轻便，这正是根据女性的特点设计的，用起来很方便。"这种异议处理方法称为________。

（1）利用处理法　（2）反驳处理法　（3）补偿处理法　（4）询问客户异议法

思考题

1. 如何客观辩证地看待客户异议？

2. 常用的处理客户异议的方法有哪些？

3. 处理客户异议中"是的，但是……"为何会引起潜在客户的防御行为？

实训练习

在课堂上设计一次可以互换角色的推销情景表演，重点演练怎样处理目标客户提出的异议，包括价格异议、款式异议、功能异议、口味异议、配送异议、支付异议等。首先预备一款（或多款）特色产品或服务，然后在教室摆放桌椅营造一个推销环境（办公室、公园等），选择（或自愿）一个学生扮演老板，一个学生扮演推销员，模拟推销的全过程，包括接近、礼仪、介绍、演示、提出异议、处理异议等，重点演练如何正确处理客户提出的异议。学生可以互换角色重复演练，教师观察并加以点评，学生也可参与点评。这样既能让学生切身领会客户异议处理的要点，也能加强学生间交流，活跃课堂气氛。

第 9 章

促成业务交易

本章要点

■ 熟悉成交的信号

■ 了解促成交易的步骤

■ 掌握促成交易的方法和技巧

引　例

"反对"透露成交信号

有时，客户会以反对意见的形式表达他们的成交意向，比如他们对产品的性能提出质疑，对产品的销售量提出反对意见，对产品的某些细节问题表达不满等。当然，客户有时候提出某些反对意见可能是因为他们真的在某些方面存在不满和疑虑，销售人员需要准确识别成交信号和真实反对意见之间的区别。如果一时无法准确识别，那么不妨在及时应对客户反对意见的同时，对客户进行一些试探性的询问以确定客户的真实意图。

例如，我有个客户叫三晖信息，我有一次就一个点击付费项目在他们那里谈了两三个小时，在查关键词搜索付费价格的时候，问他们做的 CE 认证项目这个词被点击一次公司最高要付多少钱，大家猜猜看？19 元多，当时他们魏总就问："在百度点击付费怎么这么贵，要 19 元钱？"

一般我们认为被点击一次付 4～5 元就很高了。19 元，确实很贵。我是这么说的："那真是太好了，恭喜你呀，魏总，价格高说明效果特别好啊！"然后我笑着问：“魏总，你们这个行业是不是做一笔单子利润挺高的啊？”当时魏总也笑了。原来他们做一笔单子几万元到几十万元不等，毛利率在 30%左右，这时候点击价格就不是问题了。经过这么一调侃，将反对意见转化为客户能够接受的理由，项目就做成了。

思考：如何有效把握成交信号和捕捉成交机会？

在推销过程中，促成交易是一个特殊的阶段，它是整个推销工作的最终目标，其他阶段只是达到推销目标的手段。如果推销没有成交，那么推销人员所做的一切努力都将白费。虽然成交的环境条件各不相同，成交的原因也各有特点，但是达成交易仍有一些共性特征，推销人员掌握和熟悉这些特征后，对提高促销成交率将有很大的帮助。

9.1 成交的信号

成交就是推销员帮助顾客提出使买卖双方都能接受的交易条件的活动过程。推销员可以直接请求顾客购买来推动和帮助顾客做出购买决定。实际上，任何一个成功的推销员都清楚，在推销成交活动中，压根就不存在神奇无比的推销技巧，也没有感染力十分强烈的语言技巧。成交是洽谈所取得的最终成果，是洽谈的延续。如果在洽谈中解决了所有的顾客异议，则达成交易是顺其自然的事，成交只不过是整个推销过程中的一个环节而已。

成交信号是指顾客在语言、表情、行为等方面所表露出来的打算购买推销品的一切暗示或提示。在实际推销工作中，顾客为了保证实现自己所提出的交易条件，取得交易谈判的主动权，一般不会首先提出成交，更不愿主动、明确地提出成交，但是顾客的购买意向总会通过各种方式表现出来。对于推销人员而言，必须善于观察顾客的言行，捕捉各种成交信号，及时促成交易。

顾客表现出来的成交信号主要有表情信号、语言信号、行为信号、事态信号等。

表情信号

这是从顾客的面部表情和体态中所表现出来的一种成交信号，如在洽谈中面带微笑、下意识地点头表示同意你的意见、对产品不足表现出包容和理解的神情、对推销的商品表示兴趣和关注等。

例如，一位保险推销员在给顾客讲述一个充满感情的、很有说服力的第三者因为购买保险而从灾难中得到补偿的故事时，竟让对方忍不住双目含泪。这个信号非常清晰地告诉推销人员，顾客非常有同情心并且关心自己的家庭成员。这个信号为推销员销售保险产品提供了宝贵的线索和方向。

顾客的语言、行为、表情等表明了顾客的想法。推销人员可以据此识别顾客的购买意向，及时发现、理解、利用顾客所表现出来的成交信号促成交易。把握成交时机，要求推销人员具备一定的直觉判断与职业敏感。一般而言，下列几种情况可视为促成交易的较好时机：

（1）当顾客表示对产品非常有兴趣时；

（2）顾客神态轻松，态度友好；

（3）当推销员对顾客的问题做了解释说明之后；

（4）在推销人员向顾客介绍了推销品的主要优点之后；

（5）在推销人员恰当地处理顾客异议之后；

（6）顾客对某一推销要点表示赞许之后；

（7）在顾客仔细研究产品、产品说明书、报价单、合同等情况下。

语言信号

语言信号指顾客通过询问使用方法、价格、保养方法、使用注意事项、售后服务、交货期、交货手续、支付方式、新旧产品比较、竞争对手的产品及交货条件、市场评价、说出“喜欢”和“的确能解决我这个困扰”等表露出来的成交信号。以下几种情况都属于成交的语言信号。

1. 顾客对商品给予一定的肯定或称赞

推销员：“您看这件衣服的样式如何？”

准客户：“不错，我很喜欢这种样式。”

2. 客户询问关于价格的问题或是和我们商谈价格

那么，这个需要多少钱？

有没有折扣？

可不可以便宜一点？

这比我想象中的价格要高出好多，我其实没有那么多的预算，这真的很划算吗？

3. 询问我们对商品使用的意见

你觉得我把沙发放在这个方位怎么样？

你觉得绿色和红色哪一个好看？

4. 询问付款方式

可以刷卡吗？

你们有分期付款吗？利息如何？是不是比一般的分期付款低？你们有哪些付款方式可以选择？

5. 询问现货或送货方式与时间的问题

那你们现在有现货或是库存吗？

你们什么时候会进下一批新货？

假如我要的话，要提前多久通知你们？

你们什么时候可以派人送过来？

6. 询问产品的使用方法或是细节

可不可以再把使用方法跟我说一遍？

我回去看说明书就会操作了吗？

7. 询问关于售后服务、保证期或保证事项的问题

它的保证期是多久？假如出故障，你们公司会派人来修吗？要多长时间？

我以前用的那个牌子服务好差，每次出问题催了好几次都没有人来，你们会不会也是这样？

哪些部分是在保证范围内，哪些部分如果出现故障是要自行付费的？

8. 询问有哪些人或团队购买

这款机型的销售情况怎么样，用的人多吗？

你们这个产品已经销售多少年了？

目前有哪些公司或企业采用这个系统？反映怎么样？

9. 客户要求再看一次或是再示范一次

可不可以让我再看一下？

刚才的整个操作过程，可不可以再示范一次？

10. 客户要求再确认或保证

这个产品真的有你说的那么好用吗？

价钱能不能再优惠一点？

假如我照着使用说明书上的指示，真的能在这么短的时间内有明显的效果吗？

例9-1

有效的成交信号

一个卖中文电子记事本的女孩去拜访一位公司经理，她向经理推荐并介绍了她的产品，还拿出产品做了演示。经理接过她的产品在手上摆弄了半天，很喜欢。过了一会儿，经理说："我有几本名片簿，要把这些名片信息输进电子记事本中，需要多长时间？"请问经理说这句话的含义是什么？

这句话是客户通过语言表达出来的购买信号。因为它牵涉到一个产品的使用问题，如果客户不想购买的话，他怎么会问一个产品的使用问题呢？试想，如果这位经理同意女孩把名片簿带回家去替他输入电子记事本，不就意味着成交了吗！

问题：成交信号在哪里？

行为信号

行为信号是指推销人员在向准客户推销的过程中，从准客户的某些细微行为中所表现出来的购买信号。由于人的行为习惯，经常会有意无意地从动作行为上透露一些对成交比较有价值的信息，当有以下信号发生的时候，推销人员要立即抓住良机，勇敢、果断地去试探、引导客户签单。我们以举例的形式来表述准客户购买行为的信号表现。

1. 准客户认真阅读推销资料

在华为手机专柜前，准客户认真地阅读着华为 P30 Pro 的宣传海报。

推销员："您好，有什么可以帮您的吗？"

准客户："请你拿海报上的样机给我看一下。"

2. 反复查看样品、说明书

推销员将华为 P30 Pro 的样机拿给了准客户。

准客户仔细看了一下样机，问推销员一些使用方面的问题后说：

"您能帮我拿一部新机子吗？"

推销员："好的，您稍等。"

推销员拿出了一部新的手机，准客户打开包装后反复查看样品及说明书，并不断向推销员询问有关问题。

3. 亲自试用商品

在某大商场的化妆品柜台前，一位女士将很多支口红的样品在手背上画着，以至于她的手背上涂满了口红颜色。

小资料

具体的行为信号

◇ 进门比较急，并且主动要求介绍产品；

◇ 仔细阅读宣传材料，并主动询问；

◇ 注意力从产品开始转向导购员，开始提意见，比如外观、价格等方面；

◇ 开始仔细查看产品、检查产品，比如注意一些细节方面——铆钉、焊接口等问题；

◇ 开始征求他人意见，比如夫妻开始商量、打电话咨询朋友等；

◇ 在店里转来转去，犹豫不定；

◇ 来过多次，又来咨询一些细节方面的问题；

◇ 听完介绍后走了很快又回来。

例9-2

在皮衣专柜，虽然是大热天，一位女士仍穿着皮衣在试衣镜前足足折腾了一刻钟。她走来走去好像是在做时装表演；脱下皮衣时，两手忍不住又去摸皮毛，双眼放光。从该例我们可看出，这位女士的行为属于强烈的成交信号。

问题：女士和男士行为信号一样吗？

事态信号

事态信号是指推销人员在推销过程中，随着接触过程的发展、变化而由客户所体现出的一种成交信号。我们以举例的形式来表述准客户购买行为的事态信号表现。

1. 态度转变

客户开始对推销品表现得十分冷淡，但经过推销员介绍后，客户面部表情“由阴转晴”，面带笑意，态度好转。这说明该客户已开始对商品产生兴趣，并产生了购买意向。

情景：某超市鲜奶促销柜台前

推销员：“您好，请您品尝一下，这是我们公司新上市的鲜羊奶。”

准客户摇了摇头：“谢谢，不用了，我们习惯喝牛奶。”

推销员：“现在不买没关系，您可以尝一下，如果觉得好的话可以以后再买。”（随手递过一杯放到准客户手中）

准客户品尝后，脸上露出一丝笑容：“很不错。”

推销员：“一杯羊奶的营养价值等于四杯牛奶。现在买两袋赠一袋，挺合算的。您可以先买两袋给家人尝尝。”

准客户笑了笑：“好吧，帮我拿两袋吧。”

2. 客户接受重复约见

若客户乐于接受推销人员的重复约见或主动提出下次会面时间的话，就表明该客户已有成交意向。

推销员：“您好！我是大通地板公司的销售经理。听说贵公司最近有重新装修的打算，我们公司的地板采用环保材料……”

准客户：“我曾经看过贵公司的产品介绍单，但一会儿我还有个会，您明天上午8点半过来，我们再谈。”

推销员：“好的，谢谢您！”

3. 客户把推销人员引见给自己所在企业的其他人员

推销员：“您好，王总！我是三苑公司的销售人员。这是我们公司新研制的打印机，打印速度快，而且节省油墨，非常环保。”

总经理：“我们这正好又新增了几个部门，应该用得上。这样吧，我帮你联系一下我们的采购经理，具体事宜你跟他谈吧。”

推销员：“谢谢您！”

4. 客户主动提出更换洽谈场所

推销员：“不知道您看了我们的计划书后，考虑得怎么样了？我们公司的装修队伍可是全国数一数二的。”

准客户：“这个我们知道。我们已经开会研究过你们的装修方案了，里面还有一些细节问题。这样吧，吃饭的时间到了，不如我们边吃边谈……”

正因为通过顾客的行为我们可以发现许多顾客发出的成交信号，所以作为一位推销人员应尽力使顾客成为参与者，而不是旁观者。在这种情况下，通过细心观察，推销人员很容易发现成交信号。比如，当顾客在商品前流连忘返，或者来回看过几次的时候，就说明顾客对该产品有很大的兴趣，只要及时解决顾客的疑问，成交也就顺理成章了。

小资料

以下成交信号不能放过

(1) 当推销员介绍完商品和交易条件后顾客神情认真；

(2) 关注产品价格并以种种理由要求降低价格；

(3) 主动热情地将推销员介绍给单位负责人或其他主管；

(4) 要求详细介绍使用方法、注意事项等售后服务内容；

(5) 主动出示有关这种产品的情报和资料；

(6) 对目前正在使用的其他厂家的相关产品表示不满；

(7) 对推销员的态度明显好转，接待档次提高；

(8) 顾客出现一些不自然的甚至是反常的行为举动。

9.2 促成交易的步骤

推销员在接触顾客的过程中，首先总结顾客关心的利益，并通过引导性的语言引导顾客达成一致观点。针对有争议的问题搁置，暂不讨论，基于双方的责任和义务约定下一步合作计划，最后按照合同约定签订协议（见图9-1）。

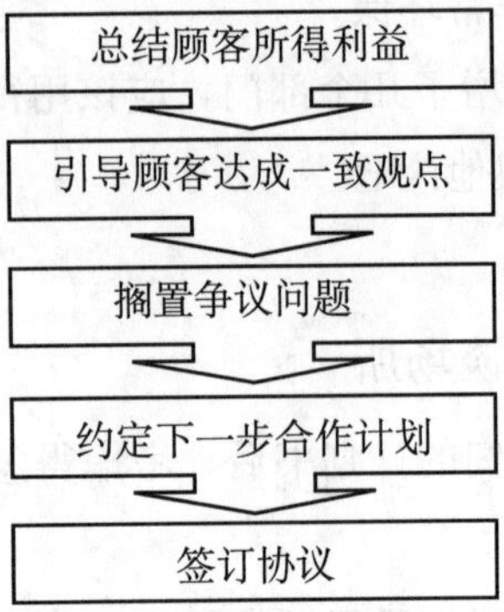

图9-1 促成交易的基本步骤

总结顾客所得利益

吸尘器推销员运用总结顾客所得利益向顾客进行推销：“前面已经讨论过这种配备高速电机的吸尘器（特征）比一般吸尘器转速快两倍（优点），可以使清扫时间减少15～30分钟（利益），工作起来更轻松，使您免去推动笨重吸尘器身心上的痛苦（更多的利益），是这样吧（试探成交）?”

推销人员将顾客关注的产品的主要特色、优点和利益，在成交中以一种积极的方式成功地加以概括总结，以得到顾客的认同并最终获取订单。该步骤分为三个基本步骤，如图9-2所示。

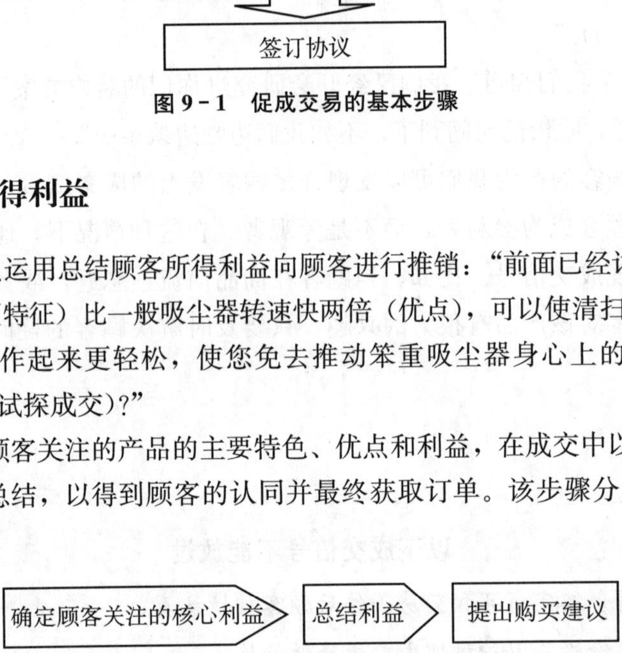

图9-2 总结利益成交步骤

总结利益成交能够使顾客全面了解商品的优点，便于激发顾客的购买兴趣，最大限度地吸引顾客的注意力，使顾客在明确自己既得利益的基础上迅速作出决策。但是采用此法，推销人员必须把握住顾客确实的内在需求，有针对性地汇总阐述产品的优点，不要“眉毛胡子一把抓”，更不能将顾客提出异议的方面作为优点加以阐述，以免遭到顾客的再次反对，使总结利益的劝说达不到效果。

引导顾客达成一致观点

1. 促使双方对重大原则问题作出决定

在高级别洽谈中，最好把重要的原则问题与细小的枝节问题区别开来。一些辅助事项以及确切的说明和精确的计算等，应当由下面的人进行讨论，高级人员则洽谈那些简短、实际、集中的原则问题。如果整个商务推销的内容较为复杂，推销员最好分两步走。

例9-3 利益成交法的运用

2. 突出利益损失

强调对方如果不尽早购入他们所需的产品，会错过这一时期的所得利益，采取这种方法旨在消除对方的迟疑。例如："你们在犹豫或等待期间，将会失掉产品所带给生产的一切增值利益。你知道，将来你们会随时需要这种产品，如果现在就买，并享受过渡期中那些利益，不是很好吗？""当你们在等待时，其他厂家将比你们提前采用这种新技术，你们将失去现在的优势。现在犹豫不决，就等于放弃了你们目前和长远的利益。"

3. 强调产品好处

在业务洽谈时，要把所有的有利因素醒目地写在双方都可以看到的一张大纸上。在推销过程中，他们随时都可以看见这些条件，会收到较好的效果。

4. 满足对方特殊要求

有些时候对方可能用提出希望或者反对意见的方式来表达他们的特殊要求。向对方提出问题才是发现一些原因的最好办法，才能诱导对方暴露出埋藏在内心的反对意见。推销到了最后阶段，对方常常会说："我还要再想一想。"你可以回答："您可以再想一想，您还有不明白的问题吗？"这样的提问是最后阶段洽谈的关键，到了这时候，对方不得不说出原因。对方的回答可能有下述几种：

（1）"嗯，我真不知道说什么好，这是一桩非常重要的买卖，我们确实需要时间考虑。"

这说明对方犹豫不决，他们还没有产生强烈的愿望。遇到这种情况时，推销人员有必要重复一下洽谈的要点。

（2）"可以肯定，你们的产品还是不错的，不过我们还可以等一等再看。"

在这种情况下，推销人员不仅要刺激对方的购买欲望，而且要讲出购买原因，使对方认识到马上购买是明智的，长时间的等待是一种失策的行为。

（3）"嗯，我还是认为价格偏高了点，这同我想象的大不一样，我不太喜欢这种装配方法。""这种东西看上去很美观，但恐怕不耐用吧？""很好，不过还有一些毛病……"

所有这一切都说明推销人员还没有成功地消除一些有事实根据的反对意见。在某些情况下，由于工作没有做到位，推销工作只好从头做起。

（4）"我想同领导讨论一下再说，我自己还不能决定。"

遇到这种情况，可能是有下述几种原因：对方无权决定；对方对产品有怀疑；对方拿不准，不能下决心。一旦发现问题的关键所在，推销员必须当机立断，马上决定是进一步打动对方，还是用直接或间接的方式同幕后决策人打交道。

（5）"没有，我想不出有什么具体问题。"

如果对方这样回答，或者用同样的腔调，或用不肯定的口气回答，只要你再进一步加以引导，对方可能很快就作出决定。另外，推销人员还应该记

例9-4　让顾客作最后的决定

住，对方对你的问题可能会作出某种推诿的解释，他不愿作出决定可能有多种原因。在某些情况下，你可以用下面这种方法加以解决。继续回答以后，你可以再追问一个问题："哦，我明白了，你现在不能作出决定就是因为这个问题吗？"对方往往有下面的几种回答："是的。""不，不仅如此，我想价格太高了。""我不知道，现在还不太清楚。"第一种回答直接承认你是对的；第二种回答或者是种借口，或者还有其他原因；第三种回答表明对方自己也不知道是什么原因。不管哪种情况，推销员应很好地检查一下回答的原因，在此之后，是在白白地浪费时间，还是解决对方的问题，就不言自明了。

搁置争议问题

面对双方具有争议性的问题，暂时搁置不予讨论。异议经由争议会增加成交的距离，经由处理和搁置则会缩短成交的距离。如果推销内容被分解开进行的话（特别是对产品的介绍），对方就不会马上做出是否购买的决定。如果顾客对推销人员的某一要点做出了否定的回答，这对推销人员并没有什么危险，因为它只是否定了产品与操作者个人愿望不合的部分。尽管推销双方之间有分歧，但只要这种分歧仅涉及某个具体问题，那它就不会对达成交易产生危害。因此基于双方争议性的问题，不会涉及交易的最后的关键结果，不要强求是非，可以搁置。

约定下一步合作计划

推销人员和顾客约定下一步合作计划时，可以先说明销售方承担的责任和义务，然后委婉地提出要求顾客承担的责任和义务（见表9-1）。

表9-1 下一步骤合作内容

	要求顾客做到的	销售方主动承担的
在销售可望达成时	订货	迅速发货
在销售进行中	签订合同	遵守执行合同
	重读建议书	撰写建议书
	参观示范	安排/作示范
	安排由你作一次产品推荐演说	推荐演说
	安排你与决策人士会面	与决策人士会面
	安排由你作需要分析	作需要分析
	和你再会面	再次会面

签订协议

推销员知道顾客有成交意向后，应及时把双方成交意愿以书面的形式确定下来，并签字认可。只要双方没有最后签字，洽谈结果就可能付诸东流。

1. 书面协议（书面合同）

买卖合同是出卖人将标的物的所有权转移给买受人，是买受人支付价款的书面协议。买卖合同的内容由推销员与顾客共同商定，一般包括以下条款：

（1）当事人的单位名称或者姓名及住所。

（2）标的。买卖合同的标的是指买卖双方当事人的权利和义务共同指向的对象。

（3）数量。供方的交货数量，是衡量标的物和当事人权利义务大小的尺度。当事人计算标的数量，要采用国家规定的计量单位和计量方法。

（4）质量。质量是标的物的内在素质和外观形式优劣的标志，买卖合同中应做出明确的规定。对于标的物的质量，国家规定有技术标准的，双方当事人应在合同中写明标的物的技术标准及标准编号和代号；国家没有规定技术标准的，由双方当事人通过商定，在合同中明确约定。

（5）价款。价款是合同一方当事人交付产品后，另一方当事人支付的款项。价款的确定，要符合国家的价格政策和价格管理法规；价款的支付，除法律另有规定外，必须用人民币支付；价款的结算，除国家规定允许使用现金者外，必须通过银行办理转账或票据结算。

（6）履行的期限、地点和方式。履行的期限，是指双方当事人履行义务的时间范围；履行的地点，是指当事人完成所承担义务的具体地方，应根据标的物的法律特征或法律规定和当事人的约定而确定；履行的方式，是指采用什么样的方法来履行合同规定的义务，如是一次履行还是分次履行，是汽车送达还是火车送达等。

（7）违约责任。违约责任是指合同当事人由于自己的过错，没有履行或没有完全履行应承担的义务，按照法律和合同的规定应该承担的法律责任。违约责任的具体条款，当事人可以依据合同法在合同中进一步约定。

（8）解决争议的方法。合同法规定，解决合同争议有和解、调解、仲裁和诉讼四种方法，当事人应在合同中约定解决合同争议的方法。

此外，合同中还包括包装方式、检验标准和方法等条款。

2. 合同公证

销售协议签字后，推销员还不能高枕无忧，应该让协议具有法律效力。合同公证是指国家公证机关根据当事人的申请，依法对推销合同进行审查，确定其真实性和合法性并予以证明的一项法律制度。推销合同经公证后，一旦有一方违背了协议的规定，经交涉无效，可对簿公堂，通过法律手段寻求解决，以保证合同生效执行。

3. 预交定金

定金是指推销合同的一方当事人在合同规定应当交付的数额内预先交付给对方一定数额的货币，它是证明推销合同已经成立，并保证推销合同履行的一种担保形式。定金有以下作用。

（1）定金可以证明合同成立。

推销合同当事人一方在与对方订立合同时，之所以要给付定金，主要是担心和防止违约，用定金证明和维护合同关系，增强合同的法律约束力。所以给付定金和收受定金的事实，就能够证明当事人之间的合同成立。

（2）定金是为了担保推销合同的履行而设立的。

这种担保作用是通过定金的罚责体现出来的。交付定金后，如果交付定金的一方违约而不履行合同时，无权请求返还定金；如果接受定金的一方违约而不履行合同时，应当双倍返还定金。法律这样规定，既可以促使当事人履行合同，又可以在当事人不履行合同时，使权利人以定金来补偿损失。

（3）定金可以起到预付款的作用。

定金是在合同履行前发生的，这种预先支付实质上具有预付款的性质。如果合同按期履行，预付部分的定金可以同预付款一样，充抵应付价款或酬金的一部分。但是，定金又不同于预付款。单纯的预付款是预先交付合同规定的部分价款，是推销合同义务的一种履行方式，不是推销合同的担保形式。因此，当违约方不履行合同时，预付款不能产生定金的法律效果。推销人员在订立合同时，应明确预先交付的货币是定金还是预付款，以免产生纠纷。

9.3 促成交易的方法和技巧

所谓成交方法，是指推销人员用来促成顾客作出购买决定，最终促使顾客采取购买行动的方法和技巧。它是成交活动的规律与经验的总结，常用的成交方法主要有以下几种。

请求成交法

1. 请求成交法的概念及适用范围

请求成交法又叫直接成交法或直接请求成交法，是指推销人员直接建议或要求客户购买推销商品的一种成交方法。该方法直接、简单，是推销人员最常用的基本成交方法。那么，在什么情况下采用请求成交法效果最佳呢？请求成交法的适用范围如表9-2所示。

表9-2 请求成交法的适用范围

适用范围	示例
面对老客户	推销员："老王，最近我们生产了几种新口味的糖果，您进些货，很好销的！" 老客户："好的，那你先给我送……"

续表

适用范围	示例
客户发出购买信号时	准客户：“这件大衣还不错。” 推销员：“这件大衣您穿着很合适，质量很好，您就买下吧！” 准客户：“那开单吧。”
解决客户所提出的重大问题后	推销员：“您已经知道这种冰箱并没有您提到的问题，而且它的冷藏冷冻性能好，您不妨就买这一型号的。我替您挑一台，好吗？” 准客户：“好吧。”
客户没有提出异议且没有作出明确的购买反应	推销员：“看来您已经清楚了，既然东西好而不贵，您看您需要什么时间送货？” 准客户：“你们明天就送来吧。”

2. 请求成交法应注意的几个问题

（1）要求推销人员具备较强的观察能力。

因为请求成交法要求推销人员主动提出成交要求，所以推销人员必须尽量引导顾客，使洽谈局面朝着成交的结果发展。推销人员应时刻观察顾客，适时开口提出成交要求。

（2）把握好成交的时机。

在成交的过程中，成交时机是推销人员最不易把握的因素。选择适当的时机要求成交，会令顾客自然、顺利地接受。反之，在时机不成熟时要求成交，则会导致顾客的回避甚至反感而错过机会。如何把握成交时机，是推销人员应该认真琢磨和思考的问题。

假定成交法

1. 假定成交法的含义及步骤

假定成交法又称假设成交法，是指推销人员在假定顾客已经接受推销建议，同意购买的基础上，通过提出一些具体的成交问题直接要求顾客购买推销品的一种方法。其步骤如图 9-3 所示。

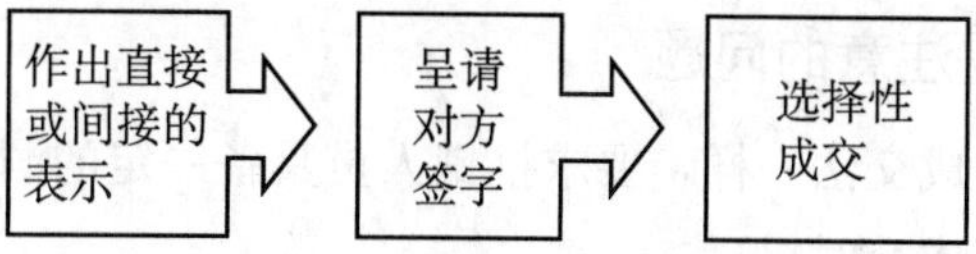

图 9-3　假定成交法步骤

（1）作出直接或间接的表示。

可以拿出合同或订单，一面填写一面问对方：“请不要错过这次机会，现在订货，我们就能在本月交货。你们一年需要多少……”或者“不管怎么说，你们的房屋需要保险，只要现在投保，房屋马上就可以得到保护。房子及房内的东西总共值多少钱？”或者“今年的春天来得早，现在真够暖和的，对吗？如果你们今天就作出决定，我们可在

5月1日以前把冷藏设备安装好。你们的冷库有多大面积?”等等。在这段时间，推销员必须忙着填写合同或订单。如果对方没有制止你，那么推销马上就要结束了。

(2) 呈请对方签字。

这种办法是将自己拟定的合同或是双方研究过的合同要点与条款，逐一地向对方解释一遍，然后将合同和笔一并交给对方，请其签字。

(3) 选择性成交。

它与前两种方式有所不同的是给对方提供一种可以选择的机会，向对方提供两种可供选择的对象，使其在二者之中择其一，而不是让其有可能作出第三种选择——什么也不买。一家饮料厂的代表向经销商说；“你们现在需要5车汽水还是8车汽水?”其实，这个代表估计对方可能只订购3车，但他发现运用这种办法往往会多售出一些。例如，“我们给你们送5车，好吗?”选择成交法的特点是：不让对方过多地考虑“我应不应该买”这样的问题，而是把对方的思路引导到另一个问题上：“我应该选择A还是选择B?”向对方提供两种或三种选择会减少遭到拒绝的危险。只要是产品的推销，就可以采用选择方法去诱使对方做出决定。可以向对方提供选择的方面很多，如数量、质量、型号、颜色、交付条件和精细加工等。

2. 假定成交法的优缺点

假定成交法的优点是节省推销时间，效率高。它可以将推销提示转化为购买提示，适当减轻顾客的成交压力，促成交易。

假定成交法也有一定的局限性。这种方法以推销人员的主观假定为基础，不利于顾客做出自由选择，甚至会令其产生反感情绪，破坏成交气氛，不利于成交。所以，在使用这种方法时，要注意下列几点：

(1) 应适时地使用假定成交法。一般只有在发现成交信号、确信顾客有购买意向时才使用这种方法，否则会弄巧成拙。

(2) 应有针对性地使用假定成交法。使用这种方法时，推销人员要善于分析顾客。一般来说，依赖性强、性格比较随和的顾客以及老顾客，可以采用这种方法。对那些自我意识强、过于自信的顾客，则不应使用这种方法。

3. 假定成交法应注意的问题

假定成交法和请求成交法一样，要求推销人员具备一定的洞察力和决策能力，密切注意成交信号，把握好成交时机。

此外，还要尽量避免向客户施加过大的成交压力。适当的成交压力是成交的动力，成交压力过大或过小都会导致成交出现障碍。推销人员要认真分析客户的特点，创造有利于成交的氛围，尽量避免出现成交压力过大或压力不足导致的成交失败。

选择成交法

选择成交法是指推销人员向顾客提供两种或两种以上购买选择范围，并促使顾客在有效成交范围内进行成交方案选择的一种成交方法。它是假定成交法的应用和发展，仍然以假定成交理论作为理论依据，即推销人员在假定成交的基础上向顾客提出成交决策的比较方案，先假定成交，后选择成交。顾客不是在买与不买之间选择，而是在推销品不同的数量、规格、颜色、包装、样式、交货日期等方面作出选择，使顾客无论作出何种选择，结果都是成交。

事实上，如例 9－5 所示，如果客户给你例中的答复，的确就表示他已告诉你他要购买的商品了；如果他迟疑片刻后向你表示他尚未作最后的决定时，那你也没有半点损失，仍然可以继续提出新的方式进行你的推销工作。

例 9－5　选择成交案例

选择成交法在实际推销工作中经常使用，有明显的效果。推销人员把选择权交给顾客，把顾客限定在目标范围内，无论顾客作出什么样的选择，都在目标范围以内，都可以达到推销的目的。

选择成交法的优点就在于既调动了顾客决策的积极性，又控制了顾客决策的范围。选择成交法的要点是使顾客避开"要还是不要"的问题，让顾客回答"要 A 还是要 B"的问题。

这种方法能否成功，关键在于推销人员能否正确地分析和确定顾客的真正需要，提出适当的选择方案。提出与顾客需要相符的选择方案，有助于顾客购买，有利于顺利成交。选择方案不宜过多，否则会使顾客拿不定主意。

从众成交法

从众成交法是推销人员利用人们的从众心理来促成准顾客购买推销品的成交方法。譬如一位服装店的销售人员在销售服装时说："您看这件衣服式样新颖美观，是今年最流行的款式，颜色也合适，您穿上一定很漂亮，我们昨天刚进了四套，今天就剩下两套了。"

采用从众成交法，可以用一部分顾客去吸引另一部分顾客，从而有利于推销人员提高销售效率。在日常生活中，人们或多或少都有一定的从众心理，顾客在购买商品时，不仅要依据自身的需求、爱好、价值观选购商品，而且要考虑全社会的行为规范和审美观念，甚至在某些时候不得不屈从于社会的压力而放弃自身的爱好，以符合大多数人的消费行为。由于产品已取得一些顾客的认同，销售人员的说辞更有说服力，有利于顾客消除疑虑，增强购买信心。

但是，有些顾客喜欢标新立异，与众不同。若销售人员对这些顾客错误地使用了从众成交法，反而会引起顾客的逆反心理，拒绝购买。如果推销人员所列举的"众"不恰当，非但无法说服顾客，反而会制造新的成交障碍，失去成交的机会。

小点成交法

1. 小点成交法的内涵

小点成交法又称次要问题成交法或避重就轻成交法，是推销人员通过次要问题的解决来促成交易的一种成交法。小点是指次要的、较小的成交问题。

小点成交法是利用了顾客的成交心理活动规律。从顾客购买心理的角度来看，购买者对重大的购买决策往往心理压力较大，较为慎重，担心有风险而造成重大损失，导致难以决断，特别是成交金额较大的交易。而顾客在进行较小的成交决策时，心理压力较小，会较为轻松地接受推销员的引荐，相比进行较大的交易决策要容易。小点成交法正是利用了顾客这一心理活动规律，避免直接提出重大的、顾客比较敏感的成交问题。在推销过程中，先让准顾客作出对推销品有关“小点”方面的决策，再就“大点”方面达成协议，从而促成交易实现。

2. 小点成交法的优点

（1）可以创造良好的成交气氛，减轻顾客的心理压力；

（2）为推销人员提供与顾客周旋的余地；

（3）一个小点不能成交，可以换其他的小点，直至达成交易；

（4）有利于推销人员合理利用各种成交信号，有效地促成交易。

例9-6　办公用品的小点成交

3. 运用小点成交法应注意的几个问题

（1）应针对顾客的购买动机，选择适当的成交小点；

（2）应避免直接提示顾客比较敏感的重大决策问题；

（3）必须认真处理顾客的异议，不能故意回避顾客所提出的有关购买的重大问题。

因此，在实际推销过程中，推销人员应审时度势，根据顾客特点，合理运用小点成交法。

最后机会成交法

所谓最后机会成交法，也叫压力成交法，是指推销人员直接向顾客提示最后成交机会而促使顾客立即购买的一种成交方法。这一成交方法要求推销人员运用购买机会原理，向顾客提示“机不可失，时不再来”，给顾客施加一定的成交压力，使顾客感到应该珍惜时机，尽快采取购买行为。譬如，汽车推销员说：“这种车型的汽车非常好卖，这一辆卖出去以后，我们也很难再进到同样的车子。”或“由于原材料需要进口，这批货卖完后，可能要很长时间才有货。”

最后机会成交法的关键在于把握住有利的时机，若使用得当，往往具有很强的说服力，产生立竿见影的效果，并能节省销售时间，提高销售效率。采用最后机会成交法最忌讳的是欺骗顾客。比如有些卖水果的小贩往往采取这种伎俩，对顾客说：“就剩下这点儿了，5 块钱卖给你。”等顾客买完离开后，又拿出一些来欺骗下一个顾客。这种做法一旦被发现，会令其丧失信誉，失去顾客的信任。

例 9-7

创造时间压力促成交易

一家广告公司业务员小刘与客户马经理已经联系过多次，但马经理顾虑重重，始终作不了决定是否拿下这个广告位。小刘作了一番准备后又致电马经理。

小刘：“马经理您好！我是××广告公司的小刘。”

马经理：“哦，是小刘啊。你上次说的广告牌的事我们还没有想好。”

小刘：“马经理，您看还有什么问题吗?”

马经理：“最近两天，又有一家广告公司给我们发来信息，它的广告牌位置十分好，处于交通要道，我想宣传效果可能会好一些。另外，价钱也比较合适，我们正在考虑。”

小刘：“马经理，您的产品的市场范围我们是做过一番调查的，而且从您的产品性质来讲，我们的广告牌所处的地段是再好不过的了。据我所知，您所说的那家广告公司的广告位并不适合您的产品，而且价格还比我们高不少。不瞒您说，您看中的我公司这块广告牌，今天又有两家客户来看过，他们也有意向，看在老朋友份上先告知您，如果这两天您不能做出决定我们就不能再等了。”

马经理：“你说的有一定道理。”（沉默了一会）“嗯，这样吧，明天早上我过去，咱们谈谈具体的细节。”

资料来源：岳贤平．推销：案例、技能与训练．北京：中国人民大学出版社，2018.

问题：小刘如何促成交易？

优惠成交法

优惠成交法是推销人员通过提供优惠的交易条件来促成交易的方法。它利用顾客在购买商品时希望获得更大利益的心理，实行让利销售，促成交易。譬如商业推广中经常使用的“买二送一”“买大家电送小家电”等。

正确地使用优惠成交法，利用顾客的求利心理，可以吸引并招揽顾客，有利于创造良好的成交气氛。而且利用批量成交优惠条件，可以促成大批量交易，提高成交的效率。该方法尤其适用于销售某些滞销品，减轻库存压力，加快存货周转速度。但是，采取优惠成交法，通过给顾客让利来促成交易，必将导致销售成本上升。若没有把握好让利的尺度，还会减少销售收益。此外，采用优惠成交法，有时会让顾客误以为优惠产品是次货而不信任，从而丧失购买的信心，不利于促成交易。

保证成交法

保证成交法是推销人员通过向顾客提供某种保证来促成交易的成交方法。保证成交法即推销人员针对顾客的主要购买动机，向顾客提供一定的成交保证，消除顾客的成交心理障碍，降低顾客的购物风险，从而增强顾客的成交信心，促使尽快成交。保证成交法是一种大点成交法，直接提供成交保证，直至促成交易。例如："我们的汽车保证您能够无故障行驶20万公里，还可以为您提供长达8年的售后服务保证，一旦遇到什么问题，我们公司的服务人员会随时上门为您提供服务。"又如："您放心，我这儿绝对是全市最低价，如果您发现别家的货比我的货便宜，我可以立即给您退货。"

保证成交法通过提供保证使顾客没有了后顾之忧，增强了购买信心，从而可以放心购买产品。另外，该方法在说服顾客、处理顾客异议方面也有不同寻常的效果。保证成交法的保证内容一般包括商品质量、价格、交货时间、售后服务等。这种保证直击顾客的成交心理障碍，极大地改善成交气氛，有利于促成交易。使用保证成交法时，一定要做到言而有信。不能为一时的利益而信口承诺，结果又无法实现，必将丧失销售信用，不利于与顾客发展长久的关系。

案例分析

姜是老的辣

推销员老黄带着小张前去拜访省委的一位郑处长，推销中英文电子记事本，小张开始向郑处长介绍商品，并拿出样品作了一番演示，郑处长接过电子记事本摆弄一番说："这东西很不错。这样，我现在还有一点事情，过几天我给你打电话。"

很显然，这是顾客在委婉地拒绝。小张只好抱着万分之一的希望对处长说："那我等您的电话吧。"

老黄在旁边仔细地观察着这一幕，这时他站起来，走到郑处长的办公桌前，问道："郑处长，使用电子记事本很方便，您说对吗？"

郑处长点点头说："是很方便，但我今天有点事情，改天再谈吧。"

老黄接着说："省计委的几位处长都买了这种记事本，他们都说使用起来方便。"

郑处长马上问："是吗？"

老黄接着说："是的，而且这种产品目前是在试销，价格是优惠的，试销期以后价格就会上涨10%，这么好的产品，您为什么不马上就考虑呢？"

郑处长默默地看着老黄，终于点点头说："好吧，我买一台。"

回到公司后，老黄对小张说："推销工作是一项以业绩定输赢、以成败论英雄的工作，推销员应该熟练地运用推销技巧，促使顾客下定购买的决心。"

问题

1. 小张的行为说明了什么？

2. 老黄在推销活动中使用了什么促成交易技巧?

重点名词

成交 假定成交法 小点成交法

测试题

1. 下列现象中，属于成交信号的有________。

(1) 顾客询问新旧产品的比价 (2) 顾客用铅笔轻轻敲击桌子 (3) 客户打哈欠 (4) 客户皱眉 (5) 客户询问能否试用商品

2. “这种酒有两种包装，您要精装的还是简装的?”推销员使用的这种成交方法是________。

(1) 请求成交法 (2) 选择成交法 (3) 假定成交法 (4) 机会成交法

3. 推销员对比较各种口红的客户说：“你手上这支很适合您的肤色和年龄。来，我替您装好。”这种成交方法是________。

(1) 保证成交法 (2) 假定成交法 (3) 小点成交法 (4) 请求成交法

思考题

1. 什么是成交信号?

2. 成交信号有哪些表现形式?

3. 推销活动中有哪些促成交易的方法?

第10章 推销服务

本章要点

- 树立推销服务的理念
- 熟悉推销服务的内容
- 掌握顾客投诉的处理方法
- 掌握大客户管理要领
- 掌握客户关系管理

引　例

乔·吉拉德的秘密武器

乔·吉拉德是世界知名的推销大王。乔·吉拉德在销售成功之后要做的事情就是将那位客户及其与买车有关的一切资料全部记在卡片上。另外，他会给买过车的人寄出一张感谢卡。他认为这是理所当然的事，但是很多推销员并没有这样做。乔·吉拉德特别注重寄送感谢卡，买主对感谢卡感到十分新奇，以至于印象特别深刻。不仅如此，乔·吉拉德在成交后依然站在客户一边，他说："一旦新车出了严重的问题，客户找上门来要求修理，修理部门的工作人员如果知道这辆车子是我卖的，他们就应该立刻通知我。我会马上赶到，设法安抚客户，让他先消消气。我会告诉他，我一定让人把修理工作做好，他一定会对车子的每一个小地方都特别满意，这也是我的工作。没有成功的维修服务，也就没有成功的销售。如果客户仍觉得有严重的问题，我的责任就是要和客户站在一边，确保他的车子能够正常行驶。我会帮助客户要求进一步的维护和修理，我会同他共同战斗，一起去对付那些汽车修理技工，一起去对付汽车经销商，一起去对付汽车制造商。无论何时何地，我总是要和我的客户站在一起，与他们同呼吸、共命运。”所以，乔·吉拉德手中有一本书那么厚的客户名单与每年固定的几百份客户订单，这些都是与他成交的客户提供的。

思考：你认为服务对推销大王的推销工作有什么意义？

10.1 推销服务的内涵

根据产品的整体概念原理，消费者越来越注重对“附加产品”的需求，即越来越重视服务的价值，企业也越来越重视服务的提供，并且把增加产品销售的服务价值作为一种竞争手段，提到了议事日程。可以说，在竞争日趋同质化的今天，唯一可以让你的顾客将你与其他推销员区分开来的办法，就是提供与众不同的更好的服务。因此，如何以真诚的人性化服务打动客户、维系客户和发展顾客，就成为推销员的一项重要工作。

服务与推销服务

服务是指以无形的方式在顾客与推销员、服务系统之间发生的可以解决客户问题、满足客户需要的一种或一系列经营行为。服务可以分为两个大类：一类指的是服务产品，它是用于交换、满足顾客核心需求的无形产品，如咨询公司提供的咨询服务、教育培训机构提供的知识服务、快递公司提供的货物快速递送等；另一类指的是客户服务，或者叫做售后服务，它是企业为促进其核心产品交换（销售）而提供的支持活动，属于附加产品。

推销服务即属于客户服务，它是指由推销员向顾客提供的额外的利益或帮助，目的是促进推销的成功、客户的维系或销售业绩的持续增长。

1. 为什么要开展推销服务

推销的目的是让客户放心和乐意使用我们的产品，达到企业的销售目标。但推销工作不能是“一锤子买卖”，企业需要想办法让顾客在购买和使用过程中感到满意，然后持续购买、持续消费，成为忠诚顾客，这才是企业最好的推销目标。要达到这个目标，只有在推销服务环节下功夫，努力增加顾客的附加价值，才能培养顾客忠诚。所以，在各行各业竞争激烈的今天，企业通过生产技术或工艺制造获得的差异性越来越少，越来越多的企业通过提供独特、优质的服务获取竞争优势，推销服务对于企业销售业绩的提升也显示出越来越重要的意义，并且成为企业推销成功的关键。

（1）推销服务能够帮助实现顾客满意。

推销服务的目标是使目标顾客的需要和欲望得到很好的满足，达到顾客满意和顾客忠诚的效果。其中，顾客满意是指顾客购买产品以后的一种很满足的心理状态。顾客是否满意取决于两个要素，一是期望值，一是产品价值。如果顾客购买产品以后感觉获得的产品价值超过期望值，就会感到满意，反之，则不满意。顾客忠诚是指顾客对该产品产生依赖并重复购买的消费行为。企业只有努力提高产品价值，才可能让更多的顾客满意，培养顾客忠诚，而提高产品价值的主要方式就是提高推销服务的质量和水平。

（2）推销服务有助于提高企业销售业绩。

良好的服务不仅能有效地创造差异化优势，提高顾客的满意度，使成交率提高，还可以赢得顾客的信任，从而建立长期的互信互助关系。一个得到满意服务的顾客，更容易成为你的忠诚顾客，不仅会再次向你购买，而且还能做你的义务宣传员，帮助你拓展潜在顾客群，可以大大节省你的推销成本，还可能使你的业绩稳步提升。

（3）推销服务有利于树立企业良好形象。

现代市场竞争激烈，消费者的要求也越来越高，能打动顾客的不再只是产品本身，在很大程度上是推销员所表现出来的服务热情和能提供的服务内容与服务质量。在销售过程中，推销员代表着公司的形象，推销员对客户关怀备至的服务，代表了公司的服务精神、服务气质。这种精神能在顾客心中留下深刻的印象，使企业在社会大众中形成良好的口碑，从而为拓展市场、扩大销售带来机会。

（4）推销服务有助于提升市场竞争能力。

由于信息技术的发展，社会经济、技术的交流变得便捷、频繁，全球日益成为“地球村”，表现在企业竞争中，就是企业在产品技术、工艺方面的改进很难形成持续的竞争优势，技术壁垒越来越脆弱，因此，很多企业转向通过提供高质量、高水平、差异化的服务来打造竞争优势，形成竞争力。在我国企业中，海尔就是一个例子，海尔通过提供“五星级服务”赢得市场先机。所以，企业是可以通过推销服务提升竞争力的。

2. 推销服务的基本原则

推销服务是为满足顾客需求和期望而开展的一系列经营活动，它包括售前、售中、售后的服务，主要是售后的跟进、关怀和投诉处理、客户关系管理等。但要做好推销服务也不是一件容易的事情，推销员应该遵循如下一些基本原则。

（1）顾客导向原则。

营销的目标是满足消费者的需求，所以，推销首先要坚持顾客导向的原则，即要求推销员处处以顾客为中心，以顾客需求为依据，尽力了解顾客的需要，按照顾客希望的时间、地点、方式、内容和要求提供优质的服务，反对违背顾客意志的强行推销行为。

（2）及时有效原则。

现代生活节奏加快，对于顾客而言，时间就是金钱，所以时间也是推销员要考虑的成本因素。及时有效原则要求推销员能够与顾客进行及时有效的沟通，及早发现顾客的各项需求并迅速作出回应，帮助顾客及时解决问题，不浪费顾客时间，要急顾客之所急。

（3）个性差异原则。

服务具有易变性和异质性特点，不同顾客对服务的感知和要求是不同的，这就要求推销员具有较强的灵活性，能够根据不同顾客的需求特点，根据顾客的服务偏好量身定制不同的服务方案。为顾客提供独特性、差异化的服务，有助于留住老顾客和吸引更多的新顾客。

（4）换位思考原则。

推销是一种站在厂家的立场说服顾客购买的销售行为，从本质上讲，推销是企业导向的。但推销也是一种人际销售行为，讲究感情的交流和平等利益。现代推销要求兼顾顾客利益，不妨站在顾客的角度考虑，为顾客设计切实有效的购买方案，实现双赢。

（5）长期坚持原则。

推销是一项长期的工作，需要推销员真情投入。在推销服务过程中，推销员需要通过服务打动顾客，对顾客体贴入微，而且要长期坚持、始终如一。企业要把服务作为一种经营战略来抓，通过长期细微周到的服务，树立服务品牌形象，才能赢得忠诚的顾客。

3. 推销服务评价的标准

服务是无形的，顾客对服务质量的感知不仅包括他们在服务过程中所得到的东西，而且包括他们是如何得到这些东西的，是主观感受和客观效果的结合。经服务营销专家研究，顾客对服务质量的评价按相对重要性由高到低，主要有以下五个方面。

（1）可靠性。

可靠性是指可靠、准确地履行服务承诺的能力，是客户寻求的基本利益。它通常包括三个方面的内容：一是信息的真实可靠性。在正常情况下，客户会认为他们与推销员关系接近，期望这样的关系给他们带来真实可信的信息。二是服务的准确无误性。顾客期望服务能以相同的方式、无差错地准时完成，增加价值。三是人的可靠性。顾客期望与一个真诚的、可信赖的推销员打交道。

（2）响应性。

响应性也就是及时性，是指帮助顾客并迅速提供服务，这需要推销员具有很强的责任感。服务效率是客户经常提出的问题，客户希望能够便捷地在合理的时间内与推销员取得联系，推销员能迅速及时地解决客户遇到的问题。

（3）保证性。

保证性是指推销员所具有的知识、礼节以及表达出的自信与可信的能力，能够保证为顾客提供高质量的产品、正确而优质的服务。保证性包括如下特征：完成服务的能力、对顾客的礼貌和尊敬、将顾客最关心的事放在心上的态度、与顾客有效沟通的能力等。

（4）移情性。

移情性是指推销员能够设身处地地为顾客着想并对顾客给予特别关注和照顾的特点。移情性有下列表征：具有与顾客接近的热情，能够用顾客喜欢和听得懂的语言向顾客传达信息，具有情感敏感性，能有效地理解顾客的需求并及时作出回应等。

（5）有形性。

有形性是指服务提供者通过有形的人员形象和沟通材料等达成服务提供的目的。无形的服务经常需要有形的东西来帮助展现，比如推销员得体的仪表、着装，产品样品的展示以及精美的推销资料都能给客户留下良好印象，有助于推销的达成。

推销服务的内容

很多推销员都认为成交是销售的终端，以为成交就等于画上了一个圆满的句号，就万事大吉了，其实不然，这是一个认识误区。世界知名的推销员都不会把成交看成销售的终点站，乔·吉拉德认为成交之后才是销售的开始。没有售后服务的推销，在客户的眼里，是没有信用的推销；没有售后服务的产品，是一种最没有保障的产品；而不能提供售后服务的推销员，也不可能是优秀的推销员。所以，售后服务是推销的一部分，是推销工作的延续，也是新的推销的开始。因为推销服务不但可以提高顾客满意度，还可以发现、挖掘新的顾客需求。有远见的推销员，对于产品的售后服务，绝不会掉以轻心。

推销服务应该包括顾客购买产品过程中的售前、售中、售后服务。其中售前、售中的服务内容已经融合在之前各章当中，这里重点讨论产品的售后服务内容。

1. 产品售后服务

产品售后服务是指企业和推销员在产品到达客户手里后继续提供的各项服务内容。开展售后服务是企业参与市场竞争的利器，对于推销人员而言，良好的售后服务不仅可以巩固已开拓的老客户，促使他们更多消费和继续购买，还可以通过这些老客户的宣传，争取到更多新客户，开拓新市场。可以说，售后服务也是一种有效的销售手段。

产品售后服务一般包括：

（1）包装服务。根据客户的要求，推销员为其提供各种形式的打包服务，以满足客户的需要。

（2）送货服务。对大件产品、大批量的产品，顾客自行运输不便，需要提供送货，尤其是有特殊困难的客户，更要提供送货上门服务。

（3）安装服务。有些产品由推销员上门提供免费安装，有些产品更是需要专业技术人员上门免费安装和指导，当场调试，保证客户放心，它是售后服务的一项主要内容。

（4）维护服务。它是指售出产品的售后维护、保养等环节。有的产品需要维护，如空调、机器设备等。维护服务方便客户，让顾客使用过程中放心，有利于树立企业的声誉。

（5）技术培训。有的产品具有较高的技术要求，或者需要掌握比较复杂的操作程序，如电脑、机械设备等，这就需要企业派专门技术人员进行技术操作培训，帮助顾客更好地使用。

（6）信用支持。有的大件产品或昂贵的产品，顾客在购买时不能一次付清货款，或需要保险等其他金融方面的帮助时，企业应该为客户提供信用等金融支持。

售后服务的形式、内容还有很多，在此不一一列举。要注意的是，售后服务是企业的销售工作，并不都是由推销员个人来完成的，是需要企业各个部门协同才能做好的。但推销员有责任也有义务不断向企业提供客户对售后服务的反馈和要求，同时需要加倍努力帮助客户获得各种售后服务的满足。

有人说，售后服务是产品的一面镜子，它可以反射出优点和不足。也就是说这会反映出很多产品的问题，可以通过售后服务发现产品存在的问题，为企业产品的改进与创新提供信息依据，同时，售后服务还能折射出企业的形象以及推销员本身的能力，为企业形象的改进和推销员能力的提升提供参考。

小知识

售后服务黏住顾客

为顾客提供售后服务时，重要的是使顾客真正享受到产品带来的利益和满足感。销售人员促成第一笔生意之时，就是售后服务的开始。第一次成交，也许在于产品的魅力；第二次成交，可能更多依靠服务的魅力。应向顾客提供尽可能多的售后服务，提升顾客价值。除了产品本身的售后服务外，还可以提供顾客需要的其他各种服务。实际上，销售人员能够为顾客做一些有益的事情，就是客户需要的最好的售后服务。比如：

（1）定期或不定期向顾客提供一些介绍行业新产品、新技术的资料。

（2）向顾客传达公司战略规划或最新促销信息。

（3）告诉顾客买到新产品、获取新技术的途径。

（4）组织或邀请顾客参加一些文娱、体育活动。

（5）帮助顾客办理一些私人的事情，与顾客成为朋友。

…………

2. 其他后续服务

推销服务除了一般产品售后服务内容外，还包括与所销售产品有连带关系且有益于购买者的其他服务，也称为产品的推销后续服务，包括经营信誉维护和相关资料提供等。

（1）推销产品的经营信誉维护。

售后服务最主要的目的是通过提供服务价值让顾客满意以维护产品的经营信誉。一件品质优良的产品，在销售时总是强调售后服务的，在类似或相同产品推销的竞争条件中，售后服务也常常成为客户取舍的重要因素。因此，产品的售后服务的好坏也就代表着企业的信誉。一般产品信誉的维护工作包括：

1）保证产品品质。推销员在出售产品之后，为了使客户充分获得购买产品的核心利益，他必须常常做些跟进保障产品品质的售后服务工作，这不仅是对客户道义上的责任，也是维护本身信誉的必要行动。譬如电信器材推销员出售了一部电话交换机，为了使这部交换机发挥应有的功能，就应该定期进行检查、保养，确保正常运行。

2）履行服务承诺。推销员在说服客户购买时，都会作出一些与产品有关的服务承诺，这些服务承诺对交易能否达成影响极大，切实地履行推销员所作的承诺则更为重要。有些推销员往往在推销洽谈中随意地向客户作出某种服务承诺，后来却忽略了，由此很容易与客户发生误会或不愉快。如果这种情形发生，就会导致客户不满甚至放弃，可能以前的努力都因此白费了。如有的推销员在与客户进行推销洽谈时，提出不少优惠条件，承诺客户买了推销产品以后，就可以成为该产品客户联谊会的永久会员，享受一些永久性的特别服务，但实际情况却不尽然。如此的生意只是“一锤子买卖”，还会留个招摇撞骗的恶名。这种做法不仅损害了推销员个人的信誉，而且有损公司形象。

（2）推销产品的相关资料提供。

让客户了解产品的最新变动情况，是推销员的一种义务。在说服一位客户以前，推销员通常须将有关产品的简介、使用说明及各项文件资料递交给客户参考，而在客户购买之后，却常疏于提供最新资料，这样是不妥的。推销员必须认识到：发展一位新客户远不如维系一位老客户合算，前者的投入成本远远大于后者，而后者带来的收益远远大于前者。发展新客户在功能上属于“治标”，维系老客户才算“治本”。维系老客户的方法，除了通过建立客情关系使客户对推销员以及公司产品产生信赖之外，推销员能继续提供客户有关公司产品的最新资料，也是一种有效的服务方式，顾客会感觉受重视，增强信任感。

相关产品的资料包括以下两种：

1）产品商情报道资料。有的产品销售资料常以媒体报道性的文件记载，推销员用它作为联络感情的工具，是最好不过的了。譬如销售钢琴的企业，每个月有一份音乐及乐器简讯按时寄给客户，一方面可以给客户参考，一方面借以报道商情。这样的做法可以使客户对产品产生持续的好感，在连续产品资料的影响下，由于间接宣传的效果，老客户又往往会引导更多新客户购买。如宜家家居、DHC化妆品都是这么做的。

2）有关推销产品的资料。当推销产品销售出去以后，客户基于某些需要，常常希望了解产品本身的动态资料。例如药品的推销，推销员将同样企业生产的抗生素送交西药房后，抗生素在成分、规格、等级等有任何变动时，这些资料都应该立刻提供给西药房，特别是有新产品推出信息时，更应该及时提供。

（3）制定推销产品的赔偿制度。

产品在销售过程中，不仅要发生商流、资金流，还要发生物流，即产品的转移。产品在转移过程中发生损坏是难以避免的，但由于生产者与消费者之间的利益矛盾以及产品质量和物流过程等方面的原因，必然会产生退货现象，对此，企业应该建立合理的理赔认定和赔偿制度，推销员也要积极妥善处理退赔事宜以帮助顾客树立消费信心。

3. 服务跟踪与维系

前面讲过，推销员与顾客签约成交后，并不意味着销售活动的结束。成交后，推销员必须及时履行成交协议中规定的各项义务及承诺，及时处理各种问题，收集客户的反馈意见等，这就意味着，成交后推销员还需要与客户保持紧密的联系，时刻关注顾客的满意程度、需求的变化趋势以及新需求的产生，这就是成交后的客户跟踪维系阶段。

（1）服务跟踪。

服务跟踪是现代销售理论的一个新发展，要求主动跟踪。客户跟踪的内容虽然包括售后服务，但也不全是售后服务，而应该是售后服务的延伸、发展，也就是与客户保持良好的关系和建立持久的联系。推销员在将产品销售出去后，还须继续保持与客户的联系，以利于做好成交善后工作，提高企业的信誉，增进客情，同时结识更多新客户。对于推销员而言，重要的是对于每一位客户，都保留一份详尽的记录，以保持同他们的联系，从而加深感情。销售成交后，能否有效跟进并保持和客户的关系，是销售活动能否持续的关键。

第一，我们要明白与客户保持联系的益处。推销员是企业与客户之间联系的纽带，销售成交后，还经常保持与客户联系有如下好处：

1）有利于做好成交后的善后处理工作。做好销售的善后处理工作，可以使客户感觉到推销员及其所代表的企业为他们提供服务的诚意。和客户达成交易，不可能每个环节都是完美的，成交后常常会出现客户对产品的抱怨、对推销员及企业的批评甚至出现退货索赔等情况。保持与客户的联系，便于解决这些问题，从而提高推销员及企业的经营信誉。

2）有利于在激烈的竞争中维系老客户和发展新客户。成交以后还经常访问客户，了解产品的使用情况，为客户提供售后服务，与之建立并保持良好的关系，可以使客户连续地、更多地购买和消费公司产品，可以防止竞争者抢走老客户。同时，老客户还可能介绍和发展更多新客户，这种方式因值得信赖而有效。有些推销员致力于新客户的开发，却忽视与老客户的联络，这是一个错误。

第二，我们要知道与客户保持关系的方法。明白与做是两码事，因为真正的价值在于实现，我们更应该知道怎样与客户保持良好的关系。

1）登门拜访。推销员可以借各种理由去访问正在使用其推销产品的客户，以了解产品使用情况或客户意见等。面对面的访问可以实现充分交流，有利于增进客情，建立私人的感情关系。推销员可以制定一个专门的访问计划，保持与客户的见面频率。

2）电话联系。由于业务繁忙不能亲自登门拜访老客户时，可采用电话联系的方式。节假日打个电话问候，或者电话咨询或通报一些信息。可打电话先向客户致谢，然后询问产品的使用情况，最后请客户多提意见，并表达经常保持联系的愿望。

3）信息联系。有些客户居住地较远，登门拜访有困难，推销员可采用写信或发信息的方式，加强与客户的联系。可在节日向客户寄一张贺卡或祝福卡，或发一条祝福信息；也可以在客户收到产品后写一封感谢信，或征求客户的意见等。

4）电子邮件。随着网络的日益普及和网上销售的开展，很多企业都实行了网上下单与网上售后服务，尤其是信息化的产品与服务。所以，你最好有一个简单明了的网站或邮件用户名，因为电子邮箱中垃圾邮件过多，你的问候也许会被直接删除。电子信息可以大量、快捷地传送，在网络时代，这种方式也许会成为联系方式的第一选择。

5）赠送小礼品。推销员在某些有意义的时间送给客户一些小礼物，价格不高，但有纪念意义，可以起到联络感情的作用。如印有本企业名称的台历或精美的宣传册等。

6）提供上门服务。有些大件产品需要定期维护，或者出现故障以后需要上门维修，推销员要充分利用这些机会与客户沟通交流，抓住机会加强与客户的联系，变被动为主动。

总之，现代销售活动中，服务跟踪不仅有着丰富的内容，更有着广泛的未被开发的领域。推销员以及他所代表的企业都在以前所未有的热情和精力，探索成交后跟踪的新内容。在未来的销售活动中，服务跟踪会显示出它独特的魅力。

（2）客情维系。

客情维系是指推销人员通过一定的途径与其顾客之间建立并保持良好的关系。客情维系包括双方利益关系的维系和感情关系的维系，它是售后服务追求的目标。推销员开展售后服务工作，本质上就是为了维系良好客情，稳定客户。售后服务是否圆满，客情关系的维系是关键。推销员要维系良好的客情关系，可从以下几方面入手：

1）重视客情关怀。客情关怀指的是销售人员从生活上、感情上对客户的关心和爱护。做生意首先是做人的生意，人与人之间感情上的交流最重要，所以，客情关怀是销售工作不可忽视的方面。由交易而产生的人际关系，是一种自然融洽的关系，售后服务的大部分工作实际上就是联络客户的感情。人们常常因为买东西而与卖方交上朋友，推销员及其推销机构同样因为与客户的交易促成了深厚的友谊，客户不但成为产品的购买者、使用者，而且会变成企业、品牌的拥护者，成为推销员的好朋友。

客情关怀是通过一点一滴的事情做到的。比如，不时去拜访一下客户，询问一下产品使用情况，有没有什么问题，聊聊天，让客户觉得推销员关心他，也愿意对所推销的产品负责；节假日发个信息、打个电话或者发封邮件，表示一下问候，都会让客户感觉很温暖；企业或行业有什么信息及时告诉客户，有什么活动或聚会通知客户参加，平时有什么礼品别忘了给客户送上，有什么新产品计划请客户参与讨论，听听他们的意见，客户家里遇到什么困难主动出面帮助解决等，都可以增进客情。

例 10－1

成交之后的客情维护

乔·吉拉德有一句经典名言：“我相信推销活动真正的开始在成交之后。”推销是一个连续的过程而不是一锤子买卖，成交既是本次推销活动的结束，也是下次推销活动的开始。推销员在成交之后继续关心客户，将会赢得老客户且吸引新客户，使客户越来越多、生意越做越大。乔·吉拉德把成交看作新一轮推销的开始，继续关心老客户并用他的方式表达这份关心，如平时打电话沟通、及时通报公司新产品信息和促销活动信息、节日寄贺卡、没事儿就登门拜访、有时寄送一些样品或有意义的纪念品、找机会请喝咖啡等等，总之时刻惦记着顾客，特别是好的潜力顾客，把“客情”当事业来做，结果是加深了老客户的感情，增强了老客户的信任，老客户满意了，自然又会介绍新客户，产生“滚雪球效应”，如此一来，乔·吉拉德客源不断、生意兴隆。

资料来源：岳贤平．推销：案例、技能与训练．北京：中国人民大学出版社，2018.

问题：如何做好客户维护？

2）妥善处理顾客投诉。顾客投诉往往是因为产品本身有什么问题或某个服务环节不能让顾客满意。顾客不满意有两种处理方式：一种是不满但不投诉，心里不高兴，不再购买，还会把不满告诉亲戚朋友；另一种是不满立即投诉，要求企业给个说法甚至索赔。客观来讲，前者更可怕，顾客流失了企业还不知道怎么回事，而后者对于企业反而是好事，让企业知道问题出在哪里，以便作出改进。因此，我们要善待顾客投诉，妥善处理顾客投诉。

顾客投诉的处理有两种情况：一是如果处理不好，顾客更加不满意，相当于雪上加霜，结果更可怕；另一种情况是处理得很恰当，顾客谅解了，甚至被企业的诚意感动，反过来对企业更信任、更认可。可见，对顾客投诉的处理结果如何，关系到客情维系的成败。当然，妥善处理顾客投诉，并不是一味满足顾客的要求，我们应该站在客观公正的立场摆事实、讲道理，如果是我们的问题，绝不推卸责任，要诚意给顾客赔不是，弥补损失，还要表明改进的决心。要学会换位思考，站在对方角度考虑问题，为客户排忧解难，赢得客户尊重，即使是客户误解了也要为客户留面子，不要与客户争吵，更不要指责客户。

所以，推销人员一定要注意倾听客户的声音，学会妥善处理销售过程中的投诉，维护企业声誉的同时，尽量弥补和挽回给顾客带来的损失，以真诚赢得客户的信赖，为不断巩固老客户、吸引新客户而努力。总之，你如何对待别人，别人就会如何对待你。

3）实施客户关系管理。客户关系管理（customer relationship management，CRM）首先是一种技术解决方案，它通过一系列的过程和系统来支持企业的总体战略，以建立与特定客户之间长期的、有利可图的关系；CRM 还是一种管理理念、营销理念，其核心思想是将企业的客户作为最重要的企业资源，通过全面的客户认识、完善的客户服务和深入的客户分析来满足客户需要，培养客户忠诚，实现客户价值的最大化。客户关系管理以客户数据库为基础进行。

售后服务的另一目的是收集情报和进行数据挖掘，以便于决策。推销员可以利用各种售后服务增加与客户接触的机会，实现情报收集的目的。推销员应该把握每一次售后服务的时机，尽量去发掘有价值的客户，收集有益于产品推销的情报。在与客户联系感情时，无论何种场合，不论是在拜访之中、电话洽谈之中，还是在其他场合，推销员都可以巧妙地通过询问和观察，了解客户的背景情况，包括客户的家庭、职业、受教育程度、经济收入、宗教信仰、个人偏好等。对客户的背景了解越多，就越能把握客户、挖掘客户。因此，推销员应该花力气去整理、研究客户的背景资料，建立客户数据库，进行客户关系管理，以提高销售业绩。

4）开展交叉销售。交叉销售（cross selling）是借助 CRM 以发现现有顾客的多种需求，并为满足其需求而销售多种产品或服务的一种新兴营销方式，可以增加顾客使用同一公司产品或服务的数量。交叉销售不仅是一种营销方式，更是一种营销哲学，即充分利用一切可能的资源来开展营销、服务市场、赢得顾客、与合作伙伴共享市场。

推销员可以开展交叉销售，因为一位以真诚、热情打动客户的推销员，碰到一些热心助人的客户，许多事情的沟通都会很顺利地进行。老客户可以成为推销员的义务“通信员”，推销员可以请客户连锁介绍更多的目标客户，也可以促使老客户购买更多的公司产品。但企业在实施交叉销售时应该意识到，交叉销售的核心在于数据库的应用和良好的客情关系，关键是与特定顾客高效率的沟通，其最终目的是为企业创造更多的利润。

10.2 顾客投诉处理

任何企业的产品都不是十全十美的，任何企业的服务都不可能完美无缺，所以，希望没有顾客投诉那是不可能的，常言道：“智者千虑，必有一失。”既然出现顾客投诉是正常的事情，那关键就在于如何看待顾客投诉，如何正确处理顾客投诉。

正确认识顾客投诉

一个成功的企业必然会以积极的心态看待顾客投诉问题，尊重顾客意见，帮助顾客解决问题，尽量减少顾客的不满，甚至通过处理顾客投诉赢得顾客信任。

1. 有顾客投诉是企业的幸运

当顾客向你投诉时，不要把它看成问题，而应当把它看作市场信息来源，看作企业改进的机会。当那些顾客抽出宝贵的时间，带着他们的抱怨与你接触时，也是免费向你提供了应当如何改进业务的信息。虽然顾客投诉的语言往往难听，投诉的态度似乎让人难以接受，但你一定要加以理解和支持，因为他们会确切地告诉你如何来满足他们现在和将来的需求，这对企业来讲是件好事。因为很多顾客产生不满会默默地离你而去，顾客来投诉是企业的幸运，企业可以因此找到问题之所在，知道未来改进的方向。如果顾客有不满但不投诉，那么企业就“瞎了”。所以，应该感谢来投诉的顾客。

2. 把顾客投诉当作信息的来源

顾客投诉是企业澄清顾客的真正需求、尽可能消除差异、贴近市场的机会。将顾客当朋友对待，那些肯花时间去投诉的顾客才是你真正的支持者。因为他们对你的产品和服务的期望值甚高，足够信任你，所以才会坦言对你们的失望。倾听他们的抱怨，询问更多的信息，必要时甚至祈求他们的宝贵意见，直到你确信真正找到了顾客想要的东西，再把他们真正想要的东西提供给他们。

同时，一切新产品的开发、新服务的举措，无一不是对消费者需求的一种满足，而这些潜在的需求往往表现在顾客的购买意愿和消费感觉上。企业要通过对顾客的牢骚、投诉、退货等不满意举动的分析，来发现新的需求，并以此为源头，开发新产品。

处理顾客投诉是顾客管理的重要内容，若处理不好，将直接影响推销员的销售业绩和企业的利润。所以我们要加强与顾客的联系，倾听他们的不满，挽回给顾客带来的损失，维护企业声誉，提高产品形象，不断巩固老顾客，吸引新顾客。

3. 挖掘顾客投诉的服务价值

投诉可以揭示企业的缺点，投诉为企业与顾客的沟通提供了机会，投诉为企业提供了继续为顾客服务的机会，投诉可以使顾客成为公司的忠诚顾客，投诉可以使公司产品更好地改进，投诉可以提高投诉处理人员的工作能力。顾客投诉给企业带来了无限商机，对于现在竞争激烈的市场而言，不论顾客投诉有多么“无理”，妥善处理顾客投诉已成为企业竞相争夺顾客的常胜法宝，企业纷纷通过投诉管理挖掘顾客投诉价值。

4. 变消极的投诉为积极的引导

顾客的抱怨是顾客不满意的一种表现，妥善处理顾客投诉可以消除顾客的不满意，甚至可以将其转化为顾客满意，因为积极地处理顾客投诉是企业负责任的表现。其实，顾客关系的维护是最重要的一个环节，其中最主要的表现就是企业对顾客投诉的重视，只有这样才能使顾客满意，才能为企业创造更多的顾客价值贡献。顾客是企业生存之本、利润之源，他们表现出不满给了企业与顾客深入沟通、建立顾客关系的机会。

调查发现，服务不能令顾客满意，会造成 90%的顾客离去，顾客问题得不到解决会造成 89%的顾客流失，而一个不满意顾客往往至少会向 8～12 个人叙述不愉快的购物经历。处理好顾客投诉非常重要，顾客投诉处理好了，不但能够消除顾客的不满，还能够带来顾客满意，有助于形成正向口碑，有助于形成顾客忠诚。

顾客投诉的性质和种类

1. 顾客投诉的性质

对于来自顾客的投诉，企业既要重视，又不能听之任之，要迅速找出引起顾客投诉的真正原因，以辨识善意的投诉与恶意的投诉，并根据实际情况进行妥善处理。如果是善意的投诉，必须迅速给予回复，给顾客一个满意的答案；如果是恶意的投诉，必须加以说服和引导，必要时拿起法律武器维护企业的权益。

（1）善意的投诉。一般来讲，大多数顾客投诉都是没有恶意的，当企业产品的规格、质量等不符合协议要求，或企业在向顾客提供服务的过程中某些环节没有完全履行承诺时，顾客不满意才会投诉。企业在接受诸如此类的投诉时，应该首先从自身找原因，若能态度诚恳，处理方式积极，对顾客加以及时安抚，比如，给予一定的补偿或赠送礼物等，就可以及时消除不满，化解危机；反之，则会影响顾客与企业的关系，甚至影响企业形象。

（2）恶意的投诉。面对竞争激烈的市场，有些企业不顾商业道德，恶意投诉竞争对手，或者利用顾客投诉事件夸大事实，借助媒体传播，致使竞争对手陷于困境，从而一举战胜竞争对手。还有小部分顾客以投诉为名，受金钱利益驱使而恶意欺诈企业，要求企业赔偿。企业在面对顾客的恶意投诉时，一定要缩小扩散面，拿出可行应对措施，必要时借助法律来维权。

例 10-2

某海鲜批发市场的张老板和李老板都主要面向餐饮行业批发海产品，由于下游市场基本一样，在经营中产生了利益冲突，逐渐产生了矛盾。为了在该市场取得主导地位，张老板动了歪脑筋，准备搞垮李老板，于是买通了某采购部周经理。周经理某日到李老板那里订了一大批海鲜产品，产品拉回去后和张老板一起做了一些手脚，很快又拉回市场投诉，说产品有问题，要求李老板退货。李老板不从，于是周经理带一群人到市场大吵大闹，甚至把李老板的档口砸了。李老板迫于压力不得不退货扔掉，损失惨重，在该市场名声也坏了，不得不走人。

问题：怎样评价此类竞争行为？

2. 顾客投诉的种类

在销售中出现的顾客投诉多种多样，但主要表现在以下几个方面：

（1）产品质量方面的投诉。顾客对产品质量的投诉主要包括产品在质量上有缺陷，如产品规格不符、产品技术规格超过误差标准、产品故障、产品品牌不符、产品式样差异、花色品种不对、产品包装不符以及是假冒伪劣品等内容。

（2）买卖合同方面的投诉。买卖合同投诉主要包括购买产品在数量、等级、规格、交货时间、交货地点、交易条件、结算方式、价格等方面与原买卖合同的有关条款不符。

（3）产品运输方面的投诉。产品运输投诉主要包括产品在运输过程中发生超规定的损坏、丢失和变质或因包装、装卸不当而造成的损失以及时间延误等。

（4）服务方面的投诉。销售服务有着丰富的内容，既有业务技术方面的服务，也有满足顾客心理需要的服务，顾客在这些服务项目上都可能产生认知偏差，进而产生不满而投诉。对销售服务的投诉具体包括对质量保证的投诉，对安装、调试及检修等现场服务的投诉，对产品供应服务的投诉，对技术培训服务的投诉，以及对售后维护的投诉等。

处理顾客投诉的方法、流程

商场如战场，在今天企业竞争激烈的环境下，企业面临着各种各样的生存危机，对顾客投诉的处理是一个挑战，也是企业顾客关系管理的核心内容。通过对顾客投诉的妥善处理，可以为公司节约成本，留住老顾客；通过对顾客投诉的分析挖掘，可以寻找商机，开发创新，增加服务价值，使投诉成为企业利润的“引擎”。所以，企业预防投诉、受理投诉、处理投诉，都必须遵循一定的方法、流程，目的是形成顾客投诉处理的科学解决方案。图 10－1 为顾客投诉处理方法、流程图。

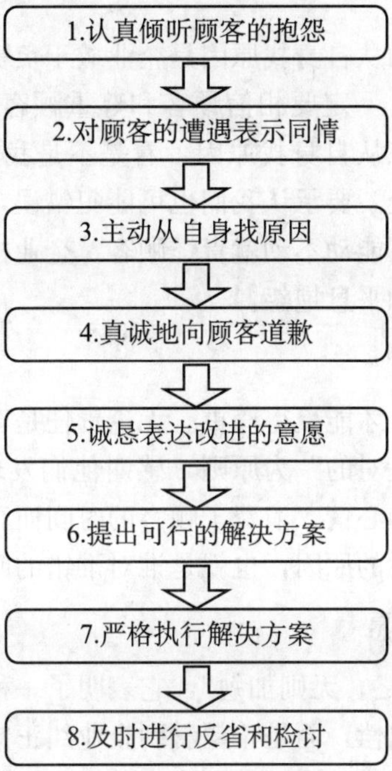

图 10－1　顾客投诉处理方法、流程图

1. 认真倾听顾客的抱怨

妥善处理顾客投诉的首要方法是学会倾听。当顾客对企业产生抱怨或投诉时，情绪一般都比较激动或态度恶劣，这时接待人员一定要冷静，一定要很好地控制自己的情绪，不要有任何不满的情绪表露出来。要认真地倾听顾客的不满，先不要作任何解释，要让顾客将抱怨彻底发泄出来，待顾客的心情平静下来，再询问具体细节问题，确认问题的原因。在倾听时，要善于运用一些肢体语言以表达自己对顾客的关注与同情，比如目光平视顾客、表情严肃地点头等，千万不要就其中的问题与对方争论。不要随意打断，因为打断顾客的陈述是不礼貌的表现，可能会激起顾客的反感。专注倾听，仔细分析，正确理解顾客投诉的意图，避免投诉受理与处理的偏误。

2. 对顾客的遭遇表示同情

顾客进行投诉，本身就是因为所购买的产品或服务与其期待价值有一定差距；顾客遇到不顺意，特别需要得到心理的认同和关怀。在认真倾听顾客的抱怨以后，要学会站在顾客的立场来看待、处理问题，设身处地表达理解和同情，让顾客感受到被重视、被关心，逐渐把推销人员看成同一战线的人。尽量争取时间，缓和气氛，安抚顾客情绪，使顾客意识到推销人员或企业非常重视自己，企业管理层将全力以赴解决问题。对有关原因的了解，语言要尽量婉转和客观，不要带有先入为主的意见，不要使顾客产生被审问、被怀疑的感觉，否则不利于问题解决。比如："非常抱歉，我对事情的整个过程不了解，您能详细说一下吗？""对不起，有一个细节我想问一下。"

3. 主动从自身找原因

当发生顾客投诉时，主动从自身找原因是企业敢于负责任的表现。推销人员应该坚持从顾客的角度来考虑问题，一定要相信顾客和尊重顾客，相信"无风不起浪"，在思维方式和具体做法上首先应该从自身找原因，看是不是我们的产品的确存在什么缺陷，看服务环节是不是哪里不周全。要承认我们也可能犯错误，不能盲目自大，不能简单推卸责任，不能敷衍搪塞，更不能动不动就责怪顾客。企业推销人员如果勇于承认自身的不足，反而有利于化解纠纷和平息抱怨。

4. 真诚地向顾客道歉

出现错误敢于承认错误，才能赢得尊重。无论责任是否在企业，一旦发生投诉，推销人员都应该以"顾客永远是对的"为原则，感谢他们发现了企业经营中存在的不足，对因为这件事情影响了顾客的心情、浪费了顾客的时间而真诚地表示歉意，以平息顾客怒气，然后才去探讨事情背后的原因，也就是谁对谁错的问题。

5. 诚恳表达改进的意愿

中国有句古话："有则改之，无则加勉"，它表明了一种诚恳和谦虚的态度。顾客投诉有时并不是希望得到多少赔偿，而是希望看到企业纠正错误的态度，这时，坦率地承认自身的不足，诚恳地表达改进的意愿，顾客也就满意了，问题也就解决了。当然，如果顾客投诉是因为顾客的误解，解释清楚就好了，以后想办法加以避免；如果顾客投诉的确是企业方面的原因，一定要勇于承认不足，勇于承担责任，并表达改进意愿。

6. 提出可行的解决方案

前面所讲都表明了我们处理顾客投诉的明确的态度，即尊重顾客，维护顾客利益，想顾客所想，急顾客所急，但问题的最后解决还需要了解顾客投诉的原委，洞察顾客抱怨与投诉的动机，提出可行的解决方案。在确定解决方案时，需要注意以下几点：

（1）分析投诉问题的严重性。

通过倾听了解掌握问题的关键所在，判断问题的严重性，并了解顾客对企业的处理期望。例如，对购买某企业不新鲜或变质的食品所导致的顾客投诉，就必须了解顾客是否已经食用，若已食用，食用的数量有多少，时间有多久，给顾客造成的危害程度多大，顾客希望企业怎样解决，赔偿金额大概多少等。

（2）确定问题责任的归属。

出现顾客投诉，企业就要主动向顾客表示歉意，但问题的真正责任在谁还是需要加以明确，看是因为顾客误解还是厂家在产品或服务方面的问题。有时造成顾客投诉的责任不一定在生产厂家，也可能是顾客自己的缘故。例如，顾客没有看清楚包装上的说明而将产品生食，造成肠胃不适，误以为是产品有质量问题等。如果责任在厂家，销售人员要积极解决，应该在合理的范围内给顾客一个满意的答复；如果责任在顾客，企业要有使顾客信服的解释，以澄清误解。

（3）按照企业既定的政策处理。

在产品销售过程中，发生顾客投诉与抱怨的情况是难免的，企业一般都会提前制定相关危机处理办法与尺度。事件发生后，对于常规性的抱怨，可以按照既定的办法处理，如退换产品、慰问、适当赔偿等；如有例外事件发生，则在遵照既定原则的情况下，根据一定的弹性法则处理，使双方都能够满意，严防例外事件使负面影响增大，严防危机事件被媒体曝光。

（4）明确划分处理权限。

企业内部要视顾客投诉或抱怨的影响程度（或危害程度）来划分处理的权限，如产品退换问题，推销人员就可以处理，对顾客的赔偿问题则必须由销售管理人员或其他管理人员来处理。顾客投诉和抱怨一旦发生，应根据其影响程度的大小来确定相关的处理责任人，目的是使投诉问题得到迅速妥善的解决，赢得主动。

（5）与顾客协商处理方案。

通常情况下，发生顾客投诉时顾客情绪都比较激动，顾客的要求与企业的原则及承受能力之间往往会有一定的差距，这时厂家一厢情愿的一些想法或处理方案都可能火上浇油，不利于问题解决，这就需要对顾客做耐心的说服工作，使顾客能够冷静地坐下来，双方共同协商解决问题，制定大家都能接受的方案。

7. 严格执行解决方案

解决方案一经双方协商同意，就要尽快严格执行，否则会影响顾客满意。比如，首先要拟定有关协议，企业与顾客各一份，必要时中间人一份。顾客方面的签字者必须是当事人或者当事人委托的代表；企业方面的签字人必须是法人代表或者法人代表委托的有关责任人员。协议一旦签订，就具有法律效力，受法律保护。责任方必须积极有效地落实解决方案，任何拖延或懈怠都会令顾客不满，给企业形象造成损失。

8. 及时进行反省和检讨

前面讲过，顾客的投诉是市场信息的重要来源，是企业进行产品革新和服务改进的动力源泉，所以，企业应该珍惜顾客的投诉，应该从顾客投诉的反省和检讨中吸取营养，获得进步。具体来讲，对顾客的每一次投诉，企业都应该指派专人登记备案，并分析、检查产生问题的原因，对典型的投诉应该在一定范围内展开讨论，引以为戒。如果责任在产品推销人员，应追究其责任，并制定有关规定，以杜绝此类事件的再度发生；如果是意外事件，应制定和完善危机处理的原则和方案，以便以后有章可循。

总之，整个顾客投诉处理，都要以“投诉”带动企业管理的完善，只有正确处理顾客投诉，才能减少企业危机问题的发生，维护企业形象；只有正确处理顾客投诉，才能为企业留住老顾客，降低经营成本，同时又吸引更多新顾客；只有正确处理顾客投诉，才能变消极的顾客投诉为积极的顾客推动，从而增强企业的顾客吸引力。

与不满的顾客结成伙伴关系

例 10-3　丰田汽车召回事件

我们知道，不满的顾客总会将他们的糟糕经历告诉其他人。一个不满意的顾客常常会向 8～12 人讲述他的遭遇。当顾客停止购买我们的产品，并劝说其他人也不要购买时，我们就会遭受双重损失。一旦出现顾客抱怨或投诉，我们应该把它视为一次加强合作、建立伙伴关系的机会。我们也知道，顾客的不满往往不都是以口头或者书面的方式来表达的，这意味着顾客投诉问题可能不会引起销售人员或公司内其他人员的注意。其实，真正投诉的顾客是企业的好顾客，可以理解为对企业比较关心的顾客，因此，我们需要尊重他们，甚至还要争取他们的认同，与他们建立伙伴关系，这是顾客投诉管理的未来方向。

为了实现这个目标，可以遵循以下建议。

1. 给顾客一切机会表达他们的感受

很多以卓越的顾客服务闻名的公司在很大程度上依赖于它们的电话系统，如用免费热线电话确保与顾客便捷地联系。很多中外知名企业都有经过特别培训的客服人员负责接听电话，并为顾客提供帮助。当顾客通过电话或者亲自来抱怨时，鼓励他们说出心中的全部愤怒和不满，不要打断他们，也不要自我辩解。在你听完顾客所经历的所有事情之前，不要作任何评论。如果顾客不再说了，试着让他再多说一些。

2. 以体谅的心态对待顾客的投诉

顾客来投诉，要么是我们与顾客之间产生了误解，要么是我们的产品出现了问题或服务不周，总之，投诉是需要勇气的，我们要体谅顾客的投诉，因为绝大多数投诉都是善意的。当顾客说话时，要认真仔细倾听，避免主观情绪。必要时简要重复一下他的话，以表明你一直在认真倾听，表示理解和尊重。记住，不论抱怨、投诉的是真实情况，还是顾客的个人感觉，这些并不是问题的关键。如果顾客不开心，我们应该很有礼貌并体谅他们。不要试图说“这事实上没什么问题”“这实际上不是我们的事”，记住，当顾客感觉问题存在时，它就存在，顾客心里的疙瘩需要解开。

3. 不要与顾客争论，也不要辩解

销售人员一定要控制自己的情绪，千万不要生气，在顾客投诉的时候要采用“冷处理”的策略，千万不要卷入任何争论之中，更不能推卸责任和辩解，因为任何争论都不利于解决问题，只能是火上浇油，任何辩解只能让顾客更生气，增加顾客的不信任。特

别要避免试图把责任推给运输部门、安装部门或者其他任何相关人员，永远不要拆你公司的台。问题出在你的身上，你就应该主动承担责任。“踢皮球”只会让顾客感到无助，只会增加顾客的不满。特别提醒：当你处理重要的或者较小的顾客服务问题并需要道歉时，不要采用电子邮件。当出现较小的问题时，亲自给顾客打电话，不要把这个任务让组织内的其他人代为履行。如果你需要为一个重要问题道歉，尽快安排会面的日期，最好亲自会见顾客。

总之，顾客投诉处理要掌握两个原则：一是不要人为地给客户下判断，客户是因为信赖你，觉得你可以为他解决问题才向你求助的；二是换位思考，学会站在客户的立场上看问题。顾客抱怨的价值也体现在两个方面：第一，抱怨可以成为一种重要信息的来源，这些信息通过其他方式很难获得；第二，顾客抱怨为公司提供了与顾客沟通的机会，提供了改进服务承诺的机会。如果我们很好地解决了顾客的问题，就会减少顾客的不满，增加顾客满意，并有助于与顾客建立伙伴关系，培育顾客忠诚。

10.3　大客户管理

当前，“大客户管理”对我们来说已不再是个陌生的名词了，越来越多的企业开始谈论大客户管理，并且尝试推行大客户管理。根据经济学的 80/20 法则，对于一个销售公司而言，往往 20%的客户为公司贡献 80%的销量，其中 20%的生意又为公司带来 80%的利润，所以，管理好这 20%的客户和生意对于公司的生存与发展就显得至关重要，这就是本节关于大客户管理的根本目的。我们将讨论什么是大客户，大客户管理的优缺点，影响大客户管理的关键因素，如何甄别、选择大客户，探讨大客户管理的方法策略等。

小知识　80/20 法则：锁定最能创造价值的重要客户

大客户认知

1. 什么是大客户

所谓大客户，也称重点客户、关键客户，或称 KA（key account）、VIP（very important person），一般是指市场上卖方认为对自己很重要或具有战略意义的客户。大客户一般规模大或者实力强，在行业里、在目标市场上具有很强的影响力，对于卖方企业具有举足轻重的作用，其或者能够给卖方带来巨大的销量，或者能够给卖方带来可观的利润，或者能够帮助企业提高品牌知名度和影响力。企业的大客户可能是大零售商，可能是大经销商，可能是某个大的机团客户，也可能是某个大供应商。比如，对于一个家电制造商而言，苏宁、国美无疑是其大客户，某重要地区的经销商也是大客户，部队、医院用户也可能是大客户。

大客户是公司销量和利润的主要来源。大客户管理是卖方采用的一种有效的分类管理方法，目的是通过持续地为大客户量身定做产品或服务，满足大客户的特定需要，从而得到重要生意，并培养出忠诚的大客户，为企业生意的持续发展提供保障。大客户管理体现了管理学“重点管理”的原则，体现了“牵牛鼻子”的管理思想，实践证明，这种分类管理的思想能够帮助企业大大提高管理效率和效益，因此为许多企业所采用。现代很多大企业、成功企业都纷纷成立大客户服务部或 KA 管理部，对公司的重点客户进行一对一的重点经营。

2. 大客户的甄别

例 10－4　中国移动的 ABC 分类法

企业客户很多，可将公司客户分为大客户、小客户与一般客户。那么什么是大客户？什么是一般客户？什么是小客户？以什么标准来划分呢？大客户主要是指对企业而言产品销量、客户利润贡献高，忠诚度较高的核心客户；小客户则指那些产品销量、客户利润贡献低甚至可能为负利润的客户；一般客户则是情况介于两者之间的客户。对于企业而言，往往 80%的利润来源于 20%的大客户，这些大客户在一定意义上讲支撑着企业的运营，代表着企业的未来，而另外 80%的客户带给企业的可能只是 20%的销量或利润（如图 10－2 所示），所以，管理理应向那 20%的大客户倾斜。

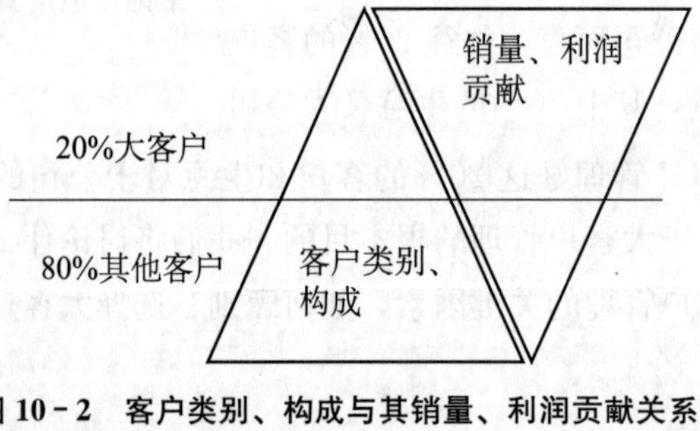

图 10－2　客户类别、构成与其销量、利润贡献关系图

我们之所以要将客户进行甄别并进行分类管理，是因为企业在人力和物力有限的情况下采取差异化的客户管理政策，抓住主要客户的主要业务，突出重点，抓大放小，才能保证企业的经营业绩和经营利润。客户的甄别同时也能帮助企业节约成本，帮助企业识别客户与筛选好客户，达到节省费用、提高效率的目的。但值得注意的是，事物不是一成不变的，无论是大客户，还是小客户，他们都有可能会相互转化，要以动态的、发展的眼光看问题。

在甄别客户的过程中，要注意不能仅以一次的消费量大小来作为衡量其“大”“小”或“好”“坏”的标准，要考虑客户的持续性、发展性，考虑其能为企业带来高销量、高利润和大影响的贡献能力。一句话，甄别客户要有前瞻性，要考虑其成长性。对于企业而言，大客户是需要严肃、认真认定的，因为大客户意味着公司的发展期望，意味着享受公司的特殊政策和公司更大的投入。确定大客户应考虑的是：需求量大且重复消费的客户，能够帮助企业降低成本，与企业合作过程中能够带来高销量、高利润的回报。

3. 大客户选择的标准

对于企业来说，大客户的甄别与选择是一件重要的事情，它是大客户管理的基础。传统意义上的“大客户”一般是指具有大宗购买能力和大量销售能力的客户，如果一个分销机构向其供应商（厂家）一次购买或多次购买相当数量的产品，它就会因为贡献了较大的销量或利润享受到供应商的特殊待遇，供应商会自发提供额外的资源，帮助该分销机构发展生意。大客户的选择必须建立一套可行的标准，才能使客户分类管理落到实处。总的来讲，客户的规模、销售贡献、利润贡献、影响力都是选择大客户的主要指标，具体来说体现在以下多个方面：

（1）凭借其在现有市场突出的销售业绩和市场份额而具有良好成长前景的客户。

（2）凭借其在小的或中等规模的扩张性市场占据主导地位而具有良好成长前景的客户。

（3）凭借其在现有市场的销售业绩和利润率而帮助企业取得良好经营效益的客户。

（4）通过与供应商共同开发新产品而成为市场创新伙伴的顾客，以及允许并配合供应商在其市场试销、推广新产品的客户。

（5）属于企业新产品的早期采用者并帮助企业的系列产品在市场上实现扩散的客户。

（6）帮助实现有效信息收集、市场开发和渠道管理并与企业建立良好关系的客户。

（7）帮助提升供应商的形象和声誉，在当地分销渠道中享有很高声誉的客户。

（8）对于企业竞争至关重要、直接竞争对手所服务的客户也属于争取对象。

大客户管理

1. 什么是大客户管理

大客户管理（key account management）就是供应商（厂家）瞄准潜在重要客户在市场营销、管理和服务等各方面的综合性需求并侧重满足他们的需求的策略。按照地理上分布的广泛程度可以将大客户分为全球性的大客户（IKA）、全国性的大客户（NKA）、某地区（城市）的大客户（CKA）。

大客户的第一个特点是规模效应，要想获得大客户身份，客户必须有很大的销售潜力。大客户的第二个特点是采购和销售行为的多样性，他们不但采购大量各种各样的产品，而且通过复杂多样的渠道和方式将产品销售出去。所以，大客户身份更多的会给那些需要维持长期联盟或合作关系以求共同发展的客户。这种客户关系一旦确立，购买方就可以获得来自供应商的包括稳定供应、优惠价格、信用支持、问题快速处理、更好的沟通和更到位的服务等诸多方面的收益。

大客户管理具有以下三个特征：

（1）差异性。

大客户管理包括对重要客户的特殊待遇，而其他客户不会享有，这可能包括在产品供应、价格、服务、分销和信息共享等方面的特惠待遇，可能以产品定制化、特殊价格、特殊服务的提供、服务定制化、分销和操作流程的倾力协调、信息共享和商业项目的联合开发以及新产品优先销售等形式体现出来。

（2）专门化。

大企业（供应商）在企业内部专门设置大客户管理机构，它们以专门服务一些大客户为特征。它们可能被安置在供应商的总部、大客户所在地区的销售机构，主要职责是帮助大客户发展生意、管理市场。

（3）协同性。

大客户管理要经由多个职能部门的协同努力才能完成，其中除了销售部门以外，制造、营销、财务、人力资源、信息技术、研发和物流等部门也要通力合作。

大客户管理需要供应商提供一些超出常规销售队伍所能提供的特别的政策和关注。大客户经理的主要职责在于规划发展与大客户公司内部各种人员的关系，并动员公司内部的人力、物力及各种关系帮助大客户发展，协调并激励公司销售队伍快速响应大客户公司不同部门、不同市场及相关人员的各种需求，帮助大客户发展生意的同时也发展自己企业的生意。有专家研究提出，要保证大客户管理的成功，必须做好以下几个方面的工作：

- 高层管理者对大客户有充分的理解和认识；
- 把大客户管理作为公司整体销售管理的重点；
- 建立对大客户进行清晰定义和识别的标准；
- 确立内外部明确的销售目标和管理任务；
- 构建销售服务机构之间有效的信息沟通方式；
- 确保销售管理和销售队伍之间工作关系和谐；
- 确保供应商与重要客户之间客情关系的融洽。

但这里需要说明的是，推销管理向20%的大客户倾斜，并不意味着我们可以忽视另外80%的一般客户、小客户。根据长尾理论，现阶段由于产品的丰富化、多样化，企业产品链条中重点的品类越来越少，企业客户结构中绝对大的客户也越来越少，而更多的小品类产品和更多的中小客户在企业业务活动中扮演重要的角色，产品或客户的“长尾”不可忽视。我们在重视大产品、大客户的同时，也应该兼顾小产品、小客户。

2. 大客户管理的利弊

大客户管理对于供应商的有利之处如下：

（1）优化厂商沟通和协作关系。

大客户知道有一名专门的厂家（供应商）销售人员或者专门的销售队伍是为其服务的，因此在业务过程中可以方便联系，提高效率。

（2）更紧密地与客户合作。

销售人员通过大客户管理能够了解客户决策者是谁、使用者是谁，以及在决策过程中对决策者有影响的是哪些人，以便有针对性地进行沟通和交流，促进业务开展和良好合作。

（3）实现更高的销售额。

大多数采用大客户管理模式的企业实践都表明，对大客户量身定做销售政策，提供一对一的销售服务和营销策划，其销售额都会明显上升。

（4）提供更好的销售跟进和服务。

一项关键销售任务完成以后，投入大客户的额外资源就意味着有更多的时间跟进并提供服务，使服务更到位，增进顾客满意。

（5）更深入接触客户决策机构。

厂家（供应商）销售人员可以有更多时间与大客户决策机构建立联系。销售人员可以从用户、决策者、影响者和购买者入手影响销售决策，而不是硬性地推动销售进程。

（6）更有利于公司销售人员职业生涯的发展。

在销售队伍的分级系统中，大客户推销管理处在顶层，这就为希望在销售队伍内晋升的销售人员提供了升迁机会，通过大客户管理还能够提高销售人员的管理水平。

（7）通过推行大客户管理可以优化生产、交货日程和需求预测等，降低成本。

（8）可以实现在新产品研发上的合作和联合，可以通过联合促销提高渠道管理效益。

然而，大客户管理对于供应商也有不利之处：

第一，当公司资源倾向少数大客户时，供应商要冒着过于依赖少数客户的风险。

第二，如果企业滥用大客户政策，有可能得罪更多一般的客户而面临客户减少的危险。

第三，大客户一旦了解到其处于优势地位，就会不断提高对服务水平及关注度的要求。

第四，过分关注大客户会导致对一些较小客户的忽略，不利于培养具有潜力的小客户。

大客户管理的关键要素

大客户管理对于企业（供应商）来讲是一项重要的工作，也是一项复杂的工作，它需要销售人员有出色的管理能力，更需要企业各个部门之间的通力合作。根据成功企业的管理经验，大客户管理要想取得成功，必须注重以下几个方面的关键要素：

- 大客户管理者的称职程度；
- 对大客户经营状况的深入了解；
- 对合作关系的有效承诺；
- 建立相互信任；
- 传递服务价值；

- 正确地理解和执行大客户管理计划；
- 建立和维护与大客户的伙伴关系。

其中，与大客户管理者是否称职相关的重要因素包括管理者的正直程度、人际关系能力、个性特征、综合素质和与大客户企业文化、经营理念一致的能力。对大客户经营状况的全面深入的了解被确定为第二个关键要素，因为只有知己知彼，才能百战不殆，而深入了解客户最根本的目的是预测他们未来的需求，以便更好地满足客户的需求。第三个要素是对大客户发展计划的承诺，这包括给予充分的时间和资源来建立关系、为大客户管理者提供必要的培训，以及在销售政策、市场推广方面的支持等。

相互信任也是一个关键要素，彼此信任需要通过长期信守承诺的合作关系而建立。供应商将信任看成是伙伴间机密信息的共享，而大客户认为信任意味着任何一方都不违背协议。另外，供应商也应该建立一个有效的系统，评估大客户计划的核心能力，并通过向顾客提供优质服务和传递服务价值的方式让顾客满意。为了达到这个目的，供应商需要认真细致地了解大客户的服务需求，建立跨职能项目团队有助于双方在贡献和价值传递上达成共识。

正确地了解和执行大客户管理计划也被认为是一个关键要素。执行计划不仅要求大客户管理者而且要求其他部门人员对该客户业务有全面深入的了解，诸如运营、物流、采购和营销这类职能人员需要了解大客户管理计划制定的缘由和意义。此外，需要对大客户进行关于大客户管理计划的培训，特别是应当让大客户了解供应商通过制定大客户管理计划而期望达成的目标，以便更好地配合，达成理解和执行的一致性。

建立和维护与大客户的伙伴关系非常重要，它关系到供应商生意的持续发展，其主要措施包括：

（1）建立个人信任，目的在于建立信任，使顾客放心，其方法有：

- 保证承诺一定兑现；
- 对疑问、问题及抱怨要快速回应；
- 与大客户保持密切的沟通；
- 安排访问工厂、工地并座谈；
- 对于可能出现的问题和风险给予提示；
- 支持、参加客户举行的各种社会活动等。

（2）提供技术支持，目的在于为大客户提供新技术并提高生产力，其方法有：

- 开展专业技术培训指导；
- 开展合作研究、开发；
- 提供售前售后服务；
- 提供销售队伍的培训；
- 供应商主动帮助大客户推销等。

（3）提供资源支持，目的在于减少大客户的财务负担，降低风险，其方法有：

- 提供信用、赊销政策；

- 提供低息贷款；
- 提供渠道费用补贴；
- 共同促销以降低成本；
- 支持大客户开展对销贸易等。

（4）帮助提高服务水平，目的在于帮助大客户改善服务，提高业绩，其方法有：

- 可靠的产品质量；
- 交货快速、及时、准确；
- 安装计算机信息系统；
- 报价快速、准确；
- 减少交易过程的错误等。

（5）帮助降低经营风险，目的在于降低大客户的产品和服务的不确定性，其方法有：

- 开展免费展销；
- 提供免费、低成本试用期；
- 产品保证；
- 交货保证；
- 预防性维护合约；
- 优先的售后跟进等。

大客户管理的主要方法

大客户是企业的重要客户、关键客户，大客户管理成功与否，对企业的经营业绩及利润具有决定性的作用。大客户管理是一项复杂的系统工程，它有着非常严密的工作流程，涉及企业许多部门的合作与协调，目的是满足大客户的特殊需求。大客户管理需要调动企业的一切资源，深入细致地做好管理工作，紧抓大客户，扩大市场占有率，增强市场竞争力。大客户管理需要掌握特定的策略与方法。在进行大客户管理时，推销人员可从以下几个方面做好大客户工作。

1. 充分调动大客户的销售力量

调动大客户中一切与销售相关的力量，帮助提高大客户的销售能力。许多推销人员往往认为，只要处理好与客户中高层的关系，就意味着处理好了与客户的关系，产品销售就畅通无阻了。客户的中高层主管掌握着产品进货与否、货款的支付等大权，处理好与他们的关系固然重要，但产品是否能够顺利销售到消费者的手中，却与基层工作人员的工作积极性和效率有关，如业务员、营业员、仓库保管员等，特别是一些技术性强、使用复杂的大件产品的销售，更加依靠基层业务人员的努力，因此不能忽视他们。

2. 优先保证向大客户供货

大客户的采购量大，对公司的销量贡献大，因此，优先满足大客户对产品数量及系列化的要求，是大客户管理的首要任务。尤其是在销售上存在淡旺季的产品，要随时了解大客户的销售与库存情况，及时与大客户就市场发展趋势、合理的库存量及其在销售旺季的需货量进行磋商，在销售旺季到来之前，协调好生产及运输等部门的关系，做好备货工作，保证大客户的货源需求，避免因货源断档导致客户不满。

3. 向大客户及时提供新产品

在某一产品有了良好的销售业绩之后，大客户在其所在地区市场对该品牌产品的销售也就有了较强的渠道影响力，新产品的试销理当以大客户为先导。而新产品在大客户中进行试销，对于收集客户及消费者对新产品的意见和建议，具有较强的代表性和良好的时效性。同时，新产品又具有较好的利润空间，当然要优先提供给大客户。大客户管理部门应该提前做好与大客户的前期协调和准备工作，以保证新产品的试销能够在大客户所在市场顺利进行，并给大客户带来更大的市场影响和经营利润。

4. 充分关注大客户的社会活动

关注大客户的一切经营活动和社会活动，是搞好与大客户的客情关系的重要工作，其中包括大客户的社会公关活动、促销活动、渠道开拓、商业动态等。供应商应及时给予大客户经济支援或精神支持，协助大客户开展相关的商业社会活动，以提升其渠道影响力和市场销售力。总之，其一举一动都应给予密切关注，力所能及进行支持协助，利用一切机会加强与大客户之间的感情交流，如参加大客户的开业庆典、项目签字仪式等。

5. 经常征求大客户对销售工作的意见

销售人员是企业的代表，其工作的好坏是决定企业与客户关系的一个至关重要的因素。要保证渠道畅通，需要经常征求大客户对销售工作的意见，以获得大客户的帮助和支持。大客户管理部门对负责处理大客户业务的销售人员的工作，不仅要协助，而且要监督和考核。对于工作不力的人员要上报上级主管，以便及时安排合适人选。

6. 与大客户一起设计营销管理方案

每个客户因区域、经营策略等不同，所呈现出的经营环境具有差异性。销售人员应该根据各个大客户的不同情况，与大客户共商市场开拓与管理的大计，一起设计营销管理方案，提高管理的有效性并增进客情。大客户管理部门应该协调营销人员及相关部门与客户共同设计营销解决方案，使客户感到他被高度重视，是企业营销渠道的重要分子。

7. 保证与大客户的信息传递及时准确

大客户的销售状况事实上是公司产品在目标市场营销的“晴雨表”，大客户管理很重要的一项工作就是将销售状况及时准确地统计、汇总、分析，上报上级主管部门，以便针对市场变化及时调整生产和营销计划。同时，企业也有责任将行业信息、公司产品信息和经营信息及时传递给大客户，以增强信息透明度，促进沟通的有效性。

8. 对大客户制定适当的优先奖励政策

大客户是企业的重要客户、关键客户，在企业的市场份额及经营利润方面起到举足轻重的作用，因此应该享受优于其他一般客户的政策，体现大客户的价值，发挥他们的主导作用。所以，供应商应该对大客户采取适当的优先激励措施，如优惠折扣、销售竞赛、梯级返利、市场推广支持、渠道费用支持、优先信用政策等，以有效地刺激大客户的销售积极性和主动性，激发他们的市场潜力。

9. 安排高层主管对大客户的拜访

高层主管对大客户的访问是企业重视大客户的一种表现，也显示出对大客户的尊重。一个有着良好营销业绩的公司的营销主管每年大约有 1/3 的时间是在拜访客户中度过的，而大客户正是他们拜访的主要对象。大客户管理部门的一个重要任务就是为营销主管提供准确的信息，协助安排访问日程，以便营销主管有目的、有计划地拜访大客户，给客户以足够的重视，从精神层面激励大客户。

10. 组织每年一度的大客户与企业之间的座谈会或联谊会

每年组织一次企业高层主管与大客户之间的座谈会或联谊会，听取客户对企业在生产、服务、营销、产品研发等方面的意见和建议，是企业客户关系管理的有效举措。通过座谈交流总结经验，吸取教训，对企业的新产品计划和下一步市场推广计划进行研讨，对未来市场发展趋势进行预测，以共同制定企业未来的发展规划。这样的会议是对大客户的一种参与性激励，不仅对企业的经营决策有利，而且可以加深与大客户之间的情谊，提高大客户的忠诚度，有助于厂商之间伙伴关系的建立。

10.4 客户关系管理

根据服务营销领域的研究，开发一个新顾客所花费的货币、时间、精力成本是保持一个老顾客的 5～6 倍，甚至 8～10 倍。可见，建立客户关系、搞好客户关系管理是企业保持和提高经营业绩的有效途径，也是企业持续发展的需要。企业可以通过开发客户资源（比如消费者、分销商、合作伙伴的需求等）获得经营价值，以强化其市场地位。可以说，客户关系的维持与发展是现代企业最为核心的管理内容，也是保证企业竞争优势的关键要素之一。

认识客户关系管理

1. 客户关系的界定

客户关系（customer relationship）是指企业和自己的分销商、服务商、供应商以及消费者之间因为业务往来而形成的交互关系，或者说是指供应商与其顾客之间的交易关系，它既包括业务的关系，也包括情感的关系。在企业通常叫“客情关系”，书面用语通常称为“客户关系”。

客户关系≠庸俗关系。在企业实践中，老板或经理通常会要求推销员“搞好客户关系”，于是，推销员就去与分销商套近乎，请吃请喝请玩，其结果是业绩没有提升上去，生意没有多少进展，推销员还花了不少精力和钱财。为什么会出现这种得不偿失、枉费心机的情况呢？原因在于推销员错误地理解了客户关系的内涵，以为搞好客户关系就是请吃请喝，就是吹吹拍拍，就是结交酒肉朋友，陷入建立“庸俗关系”的误区。当然，这跟我们的社会风气有关，社会上流行哥们儿义气，对商业文化也产生了影响。

我们认为，客户关系需要建立在一定的沟通和交流的基础之上，需要投入一定的感情，但是客户关系并不简单地等同于感情关系；客户关系是厂商之间的业务关系，它首先表现为一种业务员与客户之间的人际关系，但并不简单等同于人际关系，而是体现为一种厂商之间的交易关系和利益关系。

2. 客户关系管理的内涵

客户关系管理（customer relationship management，CRM）是把企业的客户作为一种企业资源进行管理的经营思想和管理技术，旨在挖掘客户资源的价值。客户关系管理可以帮助企业提高顾客的满意度和忠诚度，帮助企业提升经营业绩。有专家研究认为，客户关系管理具有如下三个层次的内涵：

（1）从思维方式的层面来看，CRM 是一种营销理念、一种管理哲学。其核心思想是将企业的顾客作为企业最重要的资源，通过全面的顾客认识、深入的顾客分析、完善的顾客服务来满足顾客的需要，培养顾客忠诚，最大限度地发展顾客与本企业的关系，实现顾客价值的最大化。

（2）从广义的和战略的角度来看，CRM 是全面的顾客关系管理，是一种战略、策略，应用于企业的市场营销、销售、服务与技术支持等与顾客相关的领域，通过向企业的销售、市场和顾客服务的专业人员提供全面、个性化的顾客资料，并强化跟踪服务、信息分析的能力，使他们能够协同建立和维护一系列与顾客之间卓有成效的“一对一关系”。

（3）从狭义的和战术的角度来看，CRM 是一种技术解决方案。CRM 通过一系列的过程和系统来支持企业的总体战略，以建立与特定顾客之间长期的互利双赢的关系。企业必须有效采用先进的数据库和决策支持工具，有效收集、分析顾客数据，并将顾客数据转化成顾客知识，以便更好地理解和管理顾客行为。

例 10－5　巧妙利用客户“杠杆”

3. 客户关系管理的分类

（1）按客户规模分类。

1）大企业 CRM：其在业务方面分工明确，并在各个地区设立自己的机构。大型企业在业务运作方面信息交错而庞杂，也就是说大企业 CRM 操作复杂。

2）中小企业 CRM：相对大企业而言，中小企业 CRM 内容简单，操作简易、灵活。

（2）按应用性质分类。

1）销售管理 CRM：以专业销售人员为主，使得与客户能够完全一对一或渠道对渠道等进行销售业务，应完全考虑到对 CRM 的功能扩展性与共享性的开发。

2）服务支持 CRM：这涉及整个客户群体的培养与维护以及强化客户资源，必须使服务与支持同步进行。

3）综合应用 CRM：对于企业而言，其关系到客户管理的运作是否通畅，不仅关系着企业 CRM 的完整性，而且对于企业的财务、物流、信息、ERP、营销等多方面应用都起着集成性作用。

（3）按系统功能分类。

1）操作型 CRM：主要是按照业务流程采用销售自动化、营销自动化、客服自动化等 CRM 软件工具，提高企业及员工在销售、营销和服务领域的实施效率。

2）协同型 CRM：指整合企业内部、企业与客户之间的互动渠道，包括客服管理中心、企业网站、电子邮件、通信工具等，其目标是提升企业内部、企业与客户的沟通协同能力，并强化客户关系管理。

3）分析型 CRM：利用 ERP、SCM 等系统，对从不同渠道收集或生成的各种与客户相关的数据资料进行分析，以帮助企业全面地了解客户的心理、行为、需求和偏好等，据此拟定即时的经营决策。

客户关系管理的原则

1. 动态管理原则

客户是多层次、多类型的，客户同时又是变化的。因此，客户档案建立后，就应当及时维护和更新。要对客户的资料加以调整，针对客户情况的不断变化，剔除过时的或已经变化的资料，及时补充新的资料，对客户的变化进行跟踪，使客户管理保持动态性。此外，要注意对新客户的筛选，全力留住大客户，淘汰无利润、无发展潜力的客户。

2. 重点管理原则

一是要加强对重点客户的管理以突出重点。推销人员要通过客户资料找出重点客户，重点客户不仅包括现有客户，还应包括未来客户或潜在客户。二是应建立不同的客户档案。客户购买企业产品后有两种情况：再销售盈利和自己直接使用。因此要对客户建立两种资料卡加以管理，即针对销售店的“经销资料卡”和针对使用者的“用户资料卡”，以免主次不分，造成管理缺陷而降低管理绩效。三是对不同类型的客户应采用不同的销售策略和管理办法。因为企业的资源有限，应将有限的资源用于最有效益的客户。

3. 灵活运用原则

收集管理客户资料，目的是在销售过程中加以运用。所以，在建立客户资料卡或客户管理卡后，应以灵活的方式及时全面地提供给销售人员及其他有关人员，使他们能进行更详细的分析，提高客户管理的效率。推销人员在开展客户关系管理工作时应分析每次预订、每次销售的情况，注重改进销售质量，更好地为客户服务，以使与客户的长期交易关系更为稳固和可靠。要灵活运用客户管理资料就要做到以下几点：

（1）专人负责。由于许多客户资料是不宜流出企业的，只能供内部使用，所以客户管理应确定具体的规定和办法，由专人负责管理，严格客户情报资料的利用和借阅。

（2）总结经验。从每次的销售评估活动中，推销人员都应认真总结自己的行为模式，找出自己被隐藏的优势或者是被忽视的缺点。能够时常总结销售经验的推销人员通常会比较成功，而不善于总结的推销人员通常工作没有什么起色。

（3）评估交易。交易完成后，推销人员应评估整个销售过程，分析优势行为，找出不足的地方，适时改进，提高客户管理水平。

（4）提高业绩。推销人员要将自己的经验用于实践，同时建立起一套有效的销售工作程序，不断追求销售业绩的进步与提高。

4. 保持距离感原则

厂商之间作为相互独立的经济主体，必然存在各自不同的利益和立场，也就是说，厂商关系有合作的一面，也有对立的一面，因此，生产企业（供应商）在进行客户关系管理时与客户适度保持距离感是非常必要的。有鉴于此，厂商关系的创建者、维护者必须站稳自己的立场，在政策允许的范围内为对方谋利益，绝对不能以出卖公司利益为代价获取个人利益，这是原则问题。俗话说得好：距离产生美。所以，必要时还需保持一定的距离，以使厂商关系更纯洁、更持久。

有的厂家派驻的销售代表由于经不起分销商的利诱，容易丧失立场，置公司利益于不顾，与分销商勾结，谋取私利，小则出卖个人尊严和价值，影响了厂商之间客情关系的良性发展，大则造成公司重大经济损失，破坏公司形象，重则身败名裂。所以，厂商之间、厂商人员之间保持一定的距离是必需的，坚定自己的原则立场是必要的。换句话说，只有适度保持距离感，才能使厂商客户关系朝着健康的方向发展。

例 10－6

如此客情关系

李经理为人豪爽仗义，喜欢交往，还喜欢看球、喝酒和唱歌，在公司人缘很好，领导和同事都很喜欢他。李经理是公司驻杭州的地区经理，他在浙江地区发展了十几个经销商。李经理善于交朋友，和他的经销商个人关系都很好，甚至亲密无间。每次去拜访经销商，经销商都热情款待，请吃饭请唱歌，甚至提前买好整箱李经理喜欢的白酒放在办公室里。经销商来杭州，李经理也是非常大方地接待，大家合作很好。但后来问题出现了，经销商在旺季推说资金紧张，要求李经理在超信用额度的情况下发货，旺季后付款，李经理冒险答应了。之后李经理去拜访客户催收账款，经销商更加热情地款待，请吃饭请唱歌请洗桑拿，第二天催款时经销商说最近几天资金紧张，过两周再打款。如此方式一拖再拖，李经理所辖地区经销商的应收账款数目越来越大，公司发现不对不再发货，市场陷入停顿状态，李经理的业绩也直线下滑，不久辞职黯然离开。

问题：怎样看待如此客情关系的危害？

顾客数据库的建立与管理

要使客户关系管理富有成效，首先需要建立顾客数据库，获得顾客全面的信息，以便跟踪管理客户和挖掘客户资源。而顾客数据库，其实就是企业所拥有的客户的情况档案资料，反映企业与客户之间有关联的商业流程和信息的集合。

1. 收集有关客户的详细资料

顾客数据库包括客户与公司联系的所有信息资料，如客户的基本情况、市场潜力、经营发展前景、财务信用情况、经营方向、企业规模、客户信用及资产状况、业务拓展等有关客户的方方面面信息。

（1）基本原始资料：主要包括客户的名称、年龄、性别，专业、学历，性格、兴趣、爱好，地址、电话、负责人、联系人，其与企业交易的方式、金额、内容，企业组织形式、经营状况、资产、业种、付款方式等。

（2）客户特征资料：主要包括市场区域、业务范围、经营规模、代理产品、服务区域、销售能力、发展潜力、市场观念、经营方向、经营特点、经营政策、法人代表、主管等。

（3）业务状况资料：主要包括客户与企业间业务关系、销售业绩以及与客户的经营管理者和业务人员的合作情况、客户在市场上的竞争力和地位、和其他竞争者相比较的数据、每一笔交易业务的历史记录等。

（4）交易历史资料：主要包括客户与企业间的业务交易往来的规模、信誉状况、对客户未来销售的估算、交易条件、销售动态等。

2. 收集客户资料的方法

销售人员对于自己的客户要留心观察，随时记录客户的个人资料，以便综合整理。同时还要留意各种媒体发布的行业信息和客户信息，以便提高客户管理水平。正所谓处处留心皆学问。收集客户详细信息的主要方法有以下几种：

（1）细心观察、记录。

对客户购买要有意识地仔细观察，包括客户挑选产品的过程、购买时间、次数等。结束后，要对这些信息进行记录，分析客户的购买偏好、频次、数量等方面有规律性的信息。

（2）主动询问客户。

对于比较熟悉又热情开朗的客户，推销员可以采取主动询问的方式收集信息，询问他们最近有何购买打算，有什么特别需求，对公司的产品有什么意见等。询问时要表现出对客户的关怀和尊重。主动询问时一定要注意对象，态度要真诚，不能引起客户的反感。

（3）与客户聊天交流。

在客户购买产品的时候，针对客户的年龄和职业特征，抛出一个话题，引起客户的兴趣后顺势和客户交流看法，以了解客户的观点。聊天可以让客户感到亲切、自然、友好，在不经意间透露自己各方面的信息。

（4）让客户自己动手填写资料卡。

设计一些有关客户个人资料的卡片，以加入公司会员俱乐部等名义，在客户购买产品时请客户填写一份详细的个人资料卡。但一定要让客户清楚，填写卡片的目的是更好地开展个性化服务，争取客户的自愿和理解。

（5）主管整理客户资料卡入库。

业务主管应关注顾客数据库的建档管理，注意督促推销员重视、利用客户资料卡，并及时将资料卡信息输入数据库进行电脑化信息管理。业务主管应将客户资料卡的收集、整理作为业绩考核的一项内容贯穿业务活动的过程，及时整理、分析客户资料卡，从中获得有用信息，用于指导业务活动的开展。同时主管应安排专人将客户资料卡内容输入数据库，并进行及时更新，实现客户数据库的动态管理。

3. 客户数据库的分类整理

客户信息是动态的，每天都有新的情况发生，所以，客户数据库需要不断地补充增加新资料、新内容。但客户数据库内容庞杂，需要根据一定的脉络或主题进行分类整理，才能满足客户管理的需要，以提高信息分析的准确度和有效性。根据企业客户数据库资料的内容与其营销运作程序，可以把客户数据库资料分成五大类予以管理：客户基本资料、合同订单资料、欠款还款资料、交易状况资料以及退赔折价资料等（如图10-3所示）。

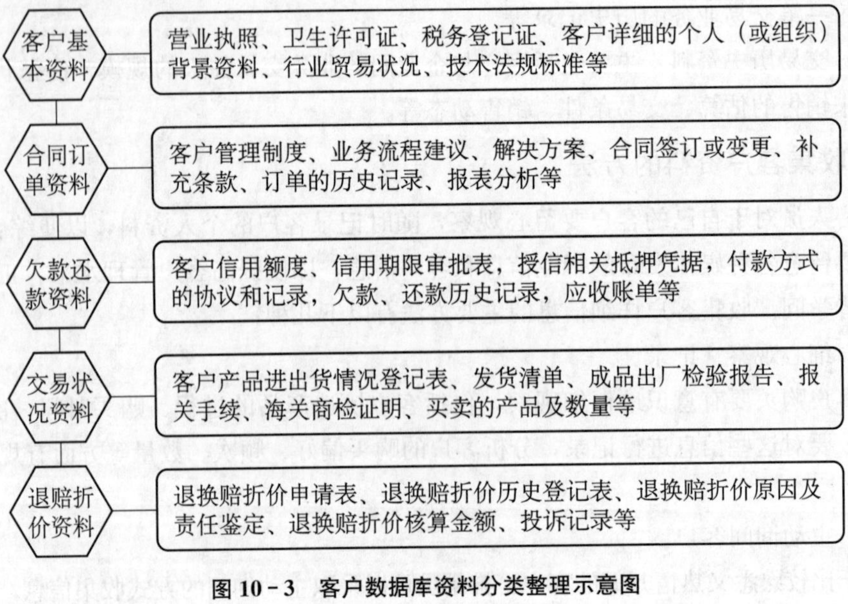

图10-3　客户数据库资料分类整理示意图

4. 客户数据库的利用

企业进行顾客数据库管理，仅仅对客户资料加以收集、分类、整理是不够的，对客户数据库信息的挖掘和利用才是客户管理的真正目的。要把客户数据库作为企业信息资产加以管理和利用，只有通过对客户数据库的整理、统计、分析、挖掘，才可以提高大客户、中小客户和潜在客户管理的有效性，为企业的经营决策提供有价值的参考信息。

（1）利用客户数据库信息，为不同类别的客户量身定做合适的促销政策。企业通过对客户数据库的整理、分析，对客户进行有效分类。首先根据客户原始基本资料、客户特征资料、客户业务状况资料、客户交易历史资料等方面细分客户类别，对每一类客户的信息再细分，如所在地区位置、购买能力、购买行为、消费趋势、对产品的服务期望值、产品价格等，从而细分出不同客户类型，以便有针对性地制定差异化的营销组合策略。

（2）不断收集和研究客户需求的变化，针对客户数据库中的客户需求开展营销，并使之反馈到企业产品和推销策略中去，提高已有客户的满意度和忠诚度，吸引新客户。

（3）根据客户数据库资料，锁定大客户，并采取针对性措施，挖掘大客户价值。可以根据客户数据库分类级别，针对不同级别客户制定差异性的客户管理维护计划，参考已实现的交易历史、合同订单记录，采取积极主动的营销策略提升大客户对企业的价值贡献。

同时，企业对客户数据库的挖掘和利用需要注意以下三个方面，才能在有效利用过程中不断补充、完善客户数据库资料系统。

（1）利用客户数据库中各类客户的资料信息分析市场，把握和预测企业扩展市场或开发新市场的可行性及风险性，为寻找、培养新客户、新市场提供有效的参考信息。企业建立客户数据库，在收集客户背景材料的同时，要充分了解客户的销售区域和区域贸易相关法律法规；在利用客户数据库时要整体评价客户的市场占有率和市场份额，以及产品销售的流向，以便制定企业生产和经营战略的整体方向与布局决策。

（2）利用客户数据库中交易状况的资料，加强企业自身管理的适应性和把握市场定位，降低生产成本和经营成本，实现企业资源整合。如从订单的附加值高低、批量大小测算生产成本、设备利用率和销售费用，从订单的退赔及折价情况，分析企业内部管理和原料供应、质量控制的能力，以便企业科学合理地设计管理流程，确保流程的有效性与持续性。

（3）利用客户数据库的交易付款信息和客户背景材料，把握企业销售业务中赊销情况的合理性，同时正确评估客户信用状况，重视应收账款管理与催收工作，减少交易风险。例如，在判定和纳入公司重要客户时，不仅要看其订单量、订单附加值，更要评价其真正的货款支付能力。因此，需要强化信用管理职能，并将信用管理风险的权责合理地分配到公司相关的业务部门，落实到从开发客户到货款回收工作的全过程，以解决增加销售额和回收货款的矛盾问题。

另外，由于客户数据库信息量很大，管理难度大，在数据库利用中涉及企业的生产调度、技术管理、原料供应、财务管理等诸多方面的内容，数据处理的重复性、频繁性大，靠人工方式无法有效进行，因此，企业要积极导入客户关系管理技术系统，如ERP系统软件，通过信息技术的手段帮助企业有效地开展客户关系管理。

运用CRM提升客户忠诚度

小知识　印刻效应

客户忠诚指的是客户对公司及其产品极为信任和依赖，并不断消费和重复购买的行为。客户满意、客户忠诚是企业追求的服务目标，只有客户满意才可能形成客户忠诚，而只有培养出一大批忠诚的顾客，企业才可能持续发展。CRM是一种经营管理技术，企业可以通过运用CRM技术提高客户忠诚度，提高企业效益。

1. 运用CRM提升客户忠诚度的步骤

运用CRM提升客户忠诚度的步骤如图10-4所示。

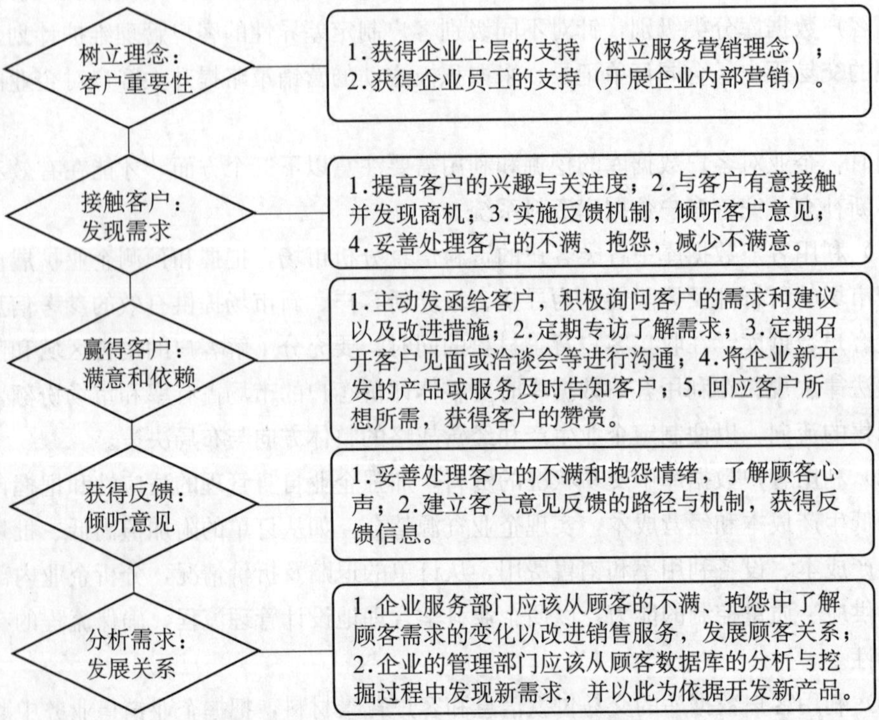

图10-4　运用CRM提升客户忠诚度步骤示意图

2. 运用CRM提升客户忠诚度的方法

（1）加强员工的服务意识。

顾客的满意和忠诚来自企业高质量的产品与全体员工真诚周到的服务，可以说，企业第一线的员工就是现场推销人员和服务人员，他们会直接与客户接触，他们是企业的门面和窗口。为此，企业高层要树立服务营销理念，企业要开展内部营销，树立员工的服务意识，主动开展客户关系管理，这是提高客户忠诚度的保证。

（2）积极帮助客户解决问题。

推销人员应利用 CRM 了解客户的困难，尽可能地帮助客户解决实际问题。如果不能直接帮助他们，也可以向他们推荐别人或其他公司，这样容易获得客户的好感，增进客情。他们生活中碰到的一些困难，只要是你知道又能解决的，就一定要帮助他们。这样，你与客户就不仅仅是合作关系了，更多的是朋友关系，从而获得销售产品的先机。

（3）满足客户的急切需求。

企业实施 CRM，需要进行客户档案和信息管理，将其整理加工，然后进行客户细分，利用各种市场与客户的信息来预测未来客户的需求动向，想客户之所想，帮助企业制定更准确的市场策略，开展有的放矢的推销。要真正实现想客户之所想，就必须借助顾客数据库进行数据挖掘，满足客户的迫切需求，实现客户的潜在价值。

（4）为客户提供新的方案。

推销员应与客户随时保持接触，利用 CRM 发现他们的新需求，及时帮助客户提出解决方案，成为顾问型销售人员。比如，与零售商打交道的推销员有很多机会向他们提供促进零售经营的信息，为他们带来新的思想，可以向零售商提出新的产品组合和定价策略、特殊通道的拓展、体验服务方式等建议，帮助零售商改善经营。

（5）为客户提供个性化的服务。

推销员应该用心为客户设想，利用 CRM 掌握客户需求的特点和个性偏好，做到知己知彼，努力提供个性化的服务让客户满意。推销员也应该注重发挥个人魅力吸引客户，可以用网络或手机经常与客户联系，让客户从你的思想中感知你的知识和智慧，选购时主动征求你的意见，信任你并经常购买你的产品。

（6）培育客户关系管理文化。

企业开展 CRM，就应该在企业内部培育重视顾客服务的文化氛围，提倡“顾客至上”的文化。培育客户关系管理文化，就是要在经营过程中推行顾客导向，外部营销与内部营销相结合，做到对客户和员工最好，培育顾客忠诚、员工忠诚。培育客户关系管理文化，还有利于形成客户和员工的团队精神，有利于发展伙伴型关系。

案例分析

乔·吉拉德这样搞客情

乔·吉拉德是世界上最有名的推销专家，被吉尼斯世界纪录誉为“世界上最伟大的推销员”。在商业推销史上，他独创了一些巧妙的方法，被世人广为传颂。

吉拉德创造出了一种有节奏、有频率的客户关系管理法。他认为所有已经认识的人都是自己潜在的客户，对这些潜在的客户，他每年每人大约要寄上 12 封广告信函，每次均以不同的色彩和形式投递，并且在信封上尽量避免使用与他的行业相关的名称。

1月，他的信函是一幅精美的喜庆气氛图案，同时配以几个大字“恭贺新禧”，下面是一个简单的署名：“雪佛兰轿车，乔·吉拉德上”。此外再无多余的话。即使大拍卖期间，也绝口不提买卖。

2月，信函上写的是：“请你享受快乐的情人节。”下面仍是简短的签名。

3月，信中写的是：“祝你圣巴特利库节快乐！”圣巴特利库节是爱尔兰人的节日。也许你是波兰人，或是捷克人，但这无关紧要，关键的是他不忘向你表示祝愿。

然后是4月、5月、6月……

不要小看这几张印刷品，它们所起的作用并不小。不少客户一到节日，往往会问家人：“过节有没有人来信？”

“乔·吉拉德又寄来一张卡片！”

这样一来，每年中就有12次机会，使乔·吉拉德的名字在愉悦的气氛中来到这个家庭。

乔·吉拉德没说一句“请你们买我的汽车吧！”但这种“不说之语”，不讲推销的客情维护方法，反而给顾客留下了最深刻、最难忘的印象，等到他们打算买汽车的时候，往往第一个想到的就是乔·吉拉德。

分析：商业与人情味始终保持着必要的张力，商业排斥人情味，但又需要人情味。“王婆卖瓜”式的销售不高明，消费者更喜欢“润物细无声”的销售方式。

问题

以上案例给我们什么启示？这种方式今天仍然有效吗？

重点名词

大客户管理　客户关系　客户忠诚

测试题

1. 根据服务营销专家的研究，对企业服务质量的评价可以从________、响应性、保证性、移情性、有形性五个方面进行判断。

(1) 可靠性　(2) 公平性　(3) 长期性　(4) 差异性

2. 客户关系管理既是一种营销管理理念，也是一种技术解决方案，它是以________为基础进行的。

(1) 互联网　(2) 客户数据库　(3) 区域市场　(4) 市场份额

3. 商品的________一般包括：包装服务、送货服务、安装服务、维护服务、技术培训、信用支持等。

(1) 售前服务　(2) 售后服务　(3) 售中服务　(4) 销售管理

4. 客户关系是指企业和自己的分销商、服务商、供应商以及消费者之间因为业务往来而形成的交互关系，它既包括业务关系，也包括________。

（1）金钱关系　（2）情感关系　（3）市场关系　（4）合作关系

5. 企业可以通过运用顾客数据库，实施________以提升客户忠诚度。

（1）SCM　（2）CRM　（3）ERP　（4）HR

思考题

1. 企业开展推销服务有什么现实意义？
2. 顾客投诉对于企业经营有什么价值？
3. 企业应该怎样平衡大客户与一般客户的管理？
4. 运用CRM提升客户忠诚度的方法有哪些？

第11章 推销管理

本章要点

- 了解和掌握推销业务管理的基本内容和方法
- 了解推销组织设计的原则和典型推销组织模式
- 掌握销售队伍管理与激励的策略和方法
- 掌握推销过程应收账款控制与催收的有效方法

引 例

销售明星是怎样炼成的

小陈曾做过推销工作，我们将他的自我管理经验拿出来和大家分享。刚开始时，他对推销工作充满了好奇心，干劲十足，每天都制定拜访计划，并按计划去拜访客户，所以他的销售业绩很不错。后来随着他对推销工作的熟悉，好奇心没有了，他也不再制定每天的工作计划，认为反正自己有足够的推销经验，肯定能使顾客购买自己的产品。他每天出去拜访客户的时间越来越少，拜访的客户也越来越少，可想而知，他的销售业绩绝对不可能增加，相反，还不断下滑，因为不管他的销售经验多么丰富，顾客是不会自己找上门来的。后来，他们公司又来了一个新推销员，那个新推销员每天都很勤奋地工作，业绩也不错。在新推销员身上，他又看到了自己以前的影子，于是他醒悟到自己今天的懒惰与消沉，决定重新奋起。于是，他每天都制定详细工作计划，研究每次拜访的方案，加上越来越丰富的销售经验，他的业绩不断上升，重新成为公司的明星业务员，赢得了领导和同事的尊敬，也获得了丰厚的回报。

思考：小陈的成长经历对于推销管理有什么启示？

11.1　推销业务管理

根据过程管理理论，企业管理活动是一个过程，它由很多管理环节构成，只要每个管理环节都处理好了，取得好的结果是顺理成章的事情。换句话说，要有好的结果，必须先有一个好的过程。粗放的管理只重结果，科学的管理注重过程。公司管理层及推销人员要对推销的工作过程进行有效管理，才能不断提高业务水平，提升公司经营业绩，并使公司推销工作程序化、规范化、系统化和科学化。推销业务管理一般包括日常推销业务管理、客户资源管理、推销组织设计、销售队伍管理、信用与账款管理等诸多方面，其中日常推销业务管理是整体推销过程管理的基础环节，也是企业推销工作走向规范和高效的基础环节。

小资料　走动管理与现场管理

日常推销业务管理

1. 填写推销日报表

（1）推销日报表的内容。

推销日报表的内容一般包括：1）拜访活动栏。主要填写日期、推销员姓名、组别、天气状况、当日销售目标、工作时段及内容安排。2）客户栏。主要填写客户姓名、地址、电话、联系人、拜访时间、拜访事由、主要事项。3）工作情况及业绩栏。主要内容为推销性质（开拓、回访、理货、补货或收款），送货品种、数量、金额，结款方式等。4）客户销售或使用情况栏。主要记录库存、上柜、缺货、货物陈列等情况。5）市场情况栏。主要记录客户、消费者评价、意见反馈及竞争者情况。6）小结栏。简要总结当日工作业绩、感受、存在问题及对策，提出次日工作计划、建议。

（2）要求业务员每日填写。

推销日报表的内容因企业、产品、市场的不同有所差异，在内容及要求上因企业而异。但管理规范的企业一般都要求相关业务人员每日填写，以使推销工作有计划、有规范，便于跟踪检查和管理。一般而言，一份推销日报表应满足一些基本要求：包含推销工作的主要任务项目；反映客观推销业绩或工作成果；反映工作过程的主观努力和客观工作量；简单，易于填写；格式化，便于统计、比较；反映推销员的工作日期、地域；反映市场信息等。

（3）填写推销日报表的作用。

推销日报表是推销人员每日销售活动的当日小结，也是制定次日销售活动计划的基础，其中包含次日销售活动计划的内容。它是企业规范销售活动过程管理的重要工具，也是推销人员实现自我管理的一种重要方法。它的主要作用体现在以下几个方面：1）帮助企划、市场部门了解市场需求、竞争者情报、顾客意见等市场信息；2）便于主管掌握推销员在业务过程中的效益、质量，并及时指导；3）推销人员可以通过日报表自我评价推销目标达成率，分析得失，总结经验；4）推销日报表是销售效益分析、销售统计的原始资料；5）能反映不同阶段的推销工作状况。

2. 建立客户资料卡

客户资料卡是推销人员对客户进行管理的重要工具，它记录了客户的基本情况及与公司的业务往来情况。一个客户建立一个独立的客户资料卡，以便分析掌握客户业务发展情况，做到心中有数、有的放矢。可以建立纸质卡或者电子卡。

客户资料卡主要包含：

（1）客户档案栏。

包括客户名称、地址、电话、联系人、账号、税号、法人代表、经营状况、结算规定等，有时还包括信用额度、信用期限等内容。

（2）业务往来栏。

按日期填写历次货物送或退的品种、数量、价格以及销售奖励、结算方式、结款额、应收账款额和累计账款额。

（3）客户建议栏。

填写客户对公司的要求、建议及公司的处理情况。

（4）评价栏。

对客户在信用保证、销售能力、发展潜力、对公司支持度等方面进行综合评价，有的公司还定期对客户进行评级，如惠普的 4A、3A、2A 客户评定。

通过客户资料卡的管理，推销业务人员可以了解目标市场的业务发展情况、客户生意的发展情况，从中发现潜力客户或优质客户进行重点关注，进而培养成为公司的重点客户，为公司销售业绩提升提供保障。同时也可以发现问题客户，进行及时处理和矫正，以避免大的销售风险，如账款风险等。所以，客户资料卡的建立和管理对总结业务经营成果、发现问题和解决问题、发展良好客情关系、保证货款回收等都具有重要意义，是企业提高经营绩效的一项重要工作。推销业务人员要认真填写客户资料卡，以保障资料的客观性和分析结果的准确性。

3. 填写推销周报、月报表并及时进行分析处理

推销业务工作周报、月报表的作用在于及时总结每周、每月推销员的工作情况与工作成果，为销售主管提供了解市场信息、开展业务管理的依据，也是对推销员的工作成效进行监督管理的工具。通过对周报、月报表的研究分析，总结成功经验，找出问题所

在，为下一步工作计划的制定和应对策略的实施提供依据。

推销周报、月报表的填写是建立在详细的推销日报表及客户管理资料基础之上的，其主要内容是阶段性工作成效的回顾总结、业绩汇总、工作方法分析、计划完成率（市场目标完成率、销售额目标完成率、毛利润完成率、回款率）分析等，它为上级主管领导的推销管理工作提供了有力的管理依据。

同时，推销周报、月报表的填写还能够使推销人员清楚自己的业务开展情况，促使推销人员有的放矢，更加有效地开展工作以完成销售目标，因为每一位推销人员都希望自己的推销周报、月报表能够内容充实，让领导看起来满意，让自己满意。对推销人员来讲，推销工作周报、月报表的填写既是一种工作压力，同时也是一种激励动力。

推销压力管理

1. 什么是压力

压力（stress）指的是两个同时的事件：称之为压力源的外部刺激，以及对刺激产生的生理和情感反应（焦虑、担心、肌肉压力、心跳加速等）。压力分为生理的和心理的压力，通常主要指心理的压力。消极的、威胁性的或者令人担忧的事情随着时间的积累，可以让人消沉和筋疲力尽、身体不舒服，失去上进心和战斗力。在人员推销中，存在太多的负面压力容易影响推销活动的开展和推销效率。所以，压力需要正确认识和缓解，压力问题需要提到管理日程中。

2. 为什么要进行压力管理

人员推销过程会产生一定的推销压力，这主要因为销售工作的挑战性，以及来自销售任务目标和竞争对手的压力，有时甚至是来自个别不讲道理的顾客的压力。推销人员每一天都有不同的经历，都会遇到各种各样的事情，特别是遭遇挫折和困难，可能会直接产生压力。比如拜访陌生顾客，有些推销人员可能会感受到压力；遇到竞争对手或担心任务完不成可能会感受到压力；工作时间太长、工作环境艰苦、休息不够以及和家人在一起的时间太少也可能导致压力。尽管感受生活、工作的压力是一种必然，但是一个人能够承受的压力是有限的。所以，如何正确地处理好生活与工作的关系，如何从生理上和心理上有效地释放、缓解与工作相关的压力，是推销人员自我管理的一项重要内容，也是销售主管的一项重要工作。只有学会把工作处理得有条不紊，把生活安排得井然有序，在轻松的环境中生活和工作，才能发挥最大的潜力，这是销售成功的关键。

压力并不一定都是有害的，有些压力是有益的，压力可以转化为动力，保持适当的压力可以帮助推销员保持动力、增强活力，但是过多的压力如不加以控制将不利于人的身心健康。努力完成销售指标或者计划，走遍销售区域都会导致压力；错过与客户的约会、在众人面前进行演示，以及缺乏对自己表现的反馈和信心也会带来压力；许多推销人员感觉他们每天 24 小时都在随时待命，这让他们神经紧张，感到工作的压力。在信息时代的今天，一个重要的新问题就是信息过剩替代了信息匮乏，处理太多的信息让人感到压力。另外，越来越多的知识人士声称感到来自同事的压力、失去工作满意感和面临由于信息过剩导致的紧张的人际关系。总之，太多的信息、太多的变化、任务完成和销售竞争，构成现代推销人员面临的种种压力。完全消除压力是不可能的，重要的是我们可以采取压力管理战略来帮助自己处理生活中的压力，排解工作上的压力，以提高推销效率。

3. 压力管理的主要策略

一个人不管生理上的还是心理上的压力都需要释放、排解，否则就会像充气过量的皮球一样发生爆炸，所以，压力管理工作对于企业销售队伍的管理非常重要。然而，每个推销人员面对的情况不一样，心理承受能力也有差异，其排解压力的方式也必然有所不同。但归根结底，压力管理的道理是一样的。推销人员必须针对自己的情况设计不同的压力释放方式，以保障自己良好的工作状态。有以下几种方式可供参考。

（1）保持乐观的工作态度。

乐观主义者倾向于把问题仅仅看作暂时的挫折，他们打心眼里认为未来一定可以成功。他们关注潜在的成功，而不是失败，遇到困难和挫折时，他们总能够化解紧张的压力。相反，悲观主义者则倾向于认为坏事会持续很长时间，在面对挑战时更容易沮丧，并轻易放弃。对于消除压力，保持积极乐观的心态是很重要的。而乐观也可以后天习得，你可以尝试让自己乐观起来，遇事想开一点，逐渐形成习惯。例如，你可以花更多的时间想象你自己取得了成功。如果你想要取得某方面的成功，就想象你真的成功了。想象的过程需要一遍又一遍地重复。乐观的思维可引发积极的态度，改善与顾客的有效关系，帮助你化解压力和取得成功。

（2）建设无压力的家庭办公室。

推销是一种比较自由的职业，许多推销人员在家里办公。一个人只要经过一些努力，创造一种压力较少的家庭办公环境是可能的，也是可行的。比如安装一条仅在家庭办公室使用的专用电话线（电话和传真），防止其他家庭成员接听商务电话而有损职业形象。如果你的家庭办公室不是适当的会客地点，建议改到客户的办公室或者餐厅、酒吧、茶室会面。确定平时工作比较固定的时间，不要让工作时间延续到晚上和周末。让你的邻居或者朋友知道你保留有办公时间，让他们不要在工作时间打扰你，等等。

（3）保持健康向上的生活方式。

在长期的工作压力之后，进行适当的娱乐、休闲、聊天、朋友聚会、家务活动，甚至开展一项有意思的体育运动——慢跑、网球、羽毛球、游泳或者打牌、下棋等任何其他自己喜欢的项目，都可以"燃烧"掉在你的血液中积累的有害物质，有效释放你的烦躁情绪。健康专家认为，我们每天所吃的食物——高脂肪、精制糖、添加剂、咖啡因、太多的盐——不利于人们应对压力，而休闲娱乐、体育锻炼给人们提供了放松和消除与工作相关的压力的机会。应对压力的一种方式就是在休息好、放松好之后再工作，很多销售主管鼓励推销人员最大限度地利用休假，以帮助他们解决工作负荷问题，使他们能够享受休假时光，很好地放松、充电，带来好心情。

应对管理压力的最有效策略之一就是有节制地生活，保证足够的高质量睡眠。保证身体健康所需的睡眠时间因人而异，但是对于大多数人而言7～8小时的睡眠是合适的。关键的检验标准是早上醒来你感到休息好了并准备好开始一天的活动。另外，在很多方面，推销人员都必须像职业运动员一样进行自我约束，管理好自己的身体，避免透支。因为销售工作对身体素质的要求很高，缺乏适当的休息、不当的饮食习惯、饮酒过度、缺乏适当的锻炼都可能会削弱一个人应对压力及紧张的能力。

（4）学会正确地倾诉情感。

当心理压力出现时，你可能会感受到生理和心理的变化：心跳加快、血压升高、精神高度紧张。这时需要释放，否则对身心健康有损害，释放的最好方式是找到合适的对象倾诉自己的情感，可以达到立竿见影的效果。

人遇到压力，有“抗争”或者“逃避”两种选择。选择抗争意味着胡言乱语、肆意宣泄、不顾他人感受，效果很差。这种行为并不可取，它可能损害和团队成员、顾客或者顾客支持人员的关系。逃避是回避问题的做法，面对困难时，不是直接面对问题而是扭头就走。这种逃避反应通常并不令人满意，问题很少会自然而然地消除。

如果你对不切实际的销售定额感到压力，就应该和销售经理谈谈，努力降低定额。不要仅仅是消极地妥协应对。如果你和家人、朋友在一起的时间太少，就要重新审视你的业务管理计划，并努力制定一个更加有效的方法来进行销售拜访，以平衡时间。如果你不断地感到来自工作要求的压力，而你又不能通过沟通获得一个更加轻松的工作日程规划，那么离开这个充满压力的环境可能是唯一的解决方案。总之，通过倾诉可以有效排解心理压力，保持身心健康是提高推销员战斗力的保障。

推销时间管理

1. 时间管理的意义

时间对于任何人而言都是有限的，也都是重要的，对于推销人员来说更是意味着效益和利润，所以，对时间的有效管理和利用，对于提高推销人员的销售业绩和企业经营效益具有举足轻重的意义。然而，很多人在处理工作和生活中的各种事务时，往往会因不善于管理时间而影响了工作效率，忙于应付一些偶发事件或干扰性杂事，牺牲了许多享受生活乐趣的时间和处理重要事情的时间，进而影响取得成就的机会。生命由时间构成，我们的一生中除去睡眠和用餐、交通、休闲等时间外，用于工作和学习的时间只有不到 20 年的光阴，一个人的一生是短暂的，应该好好珍惜，对于推销员来说，销售青春更为宝贵。但仅仅知道珍惜是不够的，还要学会如何科学地利用和管理时间以提高效率。

2. 时间管理能力测验

通过回答下列问题，可以大致判断你的时间管理能力。

（1）你是否清楚做一件事达到几个目的与分别做几件事之间的差别？

（2）你是否有意识主动掌握和安排自己的时间？

（3）你是否经常授权给下属去办理一些事情？

（4）你的助手是否在出现问题时才将工作计划汇报给你？

（5）你是否有意识拒绝陌生拜访？

（6）你是否在办事时遵照先易后难的规则？

（7）你是一个能够快速作出决定的人吗？

（8）你是否有勇气拒绝别人的邀请？

（9）你是否经常回顾检查自己的日常工作？

（10）你是否注重工作与休息的平衡，即努力地工作，愉快地生活？

对以上问题的回答，“是”代表一种正确的选择，回答“是”越多，说明你的时间管理能力越强。回答“否”多了，说明你管理时间不力，应注意加强时间管理。

自我检测一下：每小题计 10 分，如果得分在 70 分以上，恭喜你，说明你是一个比较善于管理时间的人，应该发扬；如果得分在 60 分以下，鞭策你，说明你是一个不太善于管理时间的人，应该加强。

3. 经理人员的时间管理

（1）利用时间分析表安排时间。

推销经理应将日常活动与所需要花费的时间对应起来，建立一个时间分析表进行时间管理，分析确定日常活动所需时间和事情的轻重缓急，确定业务行动的先后次序。这样的表格有两个基本作用：一是可以有效地安排时间；二是能够记录每一时间段所进行的活动，便于检查和评价。如甘特图就是一种基于项目进展的时间管理方法。推销经理时间分析表如表 11－1 所示。

表 11－1　推销经理时间分析表

时间	主要工作内容	重要或紧急程度	工作完成方式
8：00			
8：30			
9：00			
9：15			
9：30			
10：00			
10：30			
11：00			
⋮			

在做好时间分析表后，考虑下列问题：

1）工作任务的完成情况与时间消耗的关系如何？效率是否提高？为什么？

2）最长的一段无干扰工作时间有多长？

3）按照重要次序，哪项工作花费的时间成本最大？

4）可以采取哪些措施消除或控制工作中断？

5）会议时间是否太长了？效果与时间的关系怎样？

6）一天所做的工作有多少与目标特别是长期目标相关？

7）是否有自我改进的意识？

8）有没有提高工作效率的有效方法？

（2）根据事情的轻重缓急安排时间。

许多经理经常采用什么事先发生就先处理的原则，按文件的时间顺序往后做，没有区分事情的轻重缓急，结果往往是本来该优先处理的重要事情压在了下面，拖了很久一直无法解决，无关紧要的杂事却浪费了时间，新的文件、新的问题又不断积压上来。

解决这一问题的方法是每天下班前或每天上班先查看一下放在办公桌上的文件、报告，大致了解一下应处理事件的情况，作出轻重缓急的判断，并对应处理的重要事件进行优先的时间安排和处理。重要的事先做，次要的事后做；急的事先做，不急的事后做。依轻重缓急列出当日处理事项清单，每完成一项即划掉一项，做到有条理、有计划、不遗漏。

（3）合理安排下属的工作以节省时间。

作为一个推销经理，不能事无巨细均亲自处理，这样会将大量的精力浪费在一些繁杂的小事上。作为一个优秀的时间管理者，应该合理地将任务委派给下属，让他们分担一部分工作，而将时间用在部门工作安排和重大事件处理上。在分配下属任务时，应注意根据职责和能力有效授权，明确分工，并进行监督检查。即使是一个应由自己处理的问题，也可以将其中一些简单但费时的环节交给秘书或助手去完成。在任务分派以后要列出自己应亲自做的工作，然后逐项完成，以免遗漏。

（4）做好周工作计划以有效利用时间。

周六、周日是员工放假的时间，但推销经理必须在这段时间里做一些未雨绸缪的事情，其中很重要的一件事就是做下周的工作计划，安排下周活动及时间进程。因为一周为一个明显的工作时段，而周六、周日又比较静心，将事情考虑周密、安排得当，可以使下周的工作进行得更有秩序，效率更高。

（5）预先考虑一些可能发生的困难及对策。

在制定工作时间计划时，应考虑一些可能发生的不确定事件，并留出机动时间处理。比如突如其来的销售价格战、参加社会活动的通知等。所以在紧密安排工作时间的同时，应适当留有一定的空余时间，或者在完成某件事时通过提高效率节约一些时间，这样不至于因意外事情发生占用时间而影响工作效率。

4. 推销员的时间管理

作为推销人员，勤奋而善于管理时间者往往体现高效率、好业绩，相反，懒散而经常浪费时间者则体现出低效率与差业绩，两者差异是很大的。推销员的工作有比较大的自由度，工作上容易养成因时间观念不强而浪费时间的不良习惯。加之推销员面临的事务多，环境复杂，因此在时间管理上难度较大。有时推销员虽然每天忙忙碌碌，但最终也没有取得好的业绩。正因为如此，推销员的时间管理对于推销人员的成长和创造佳绩就显得尤为重要。推销人员的时间管理重点表现在两个方面：一是杜绝时间浪费；二是更有效地利用时间。

小知识　习惯把事情一拖再拖怎么办?

根据经济学的80/20原则，公司业务量的80%来自20%的客户；公司推销业绩的80%是由20%的推销员创造的，推销员20%的时间创造了80%的业绩。因此，一个优秀的推销员应懂得抓住重点，有效利用时间，将主要的精力放在销售量或销售潜力大的客户身上，而不要对无潜力的小客户耗费太多的时间。每个推销员都应该明白，时间是一种推销成本，必须做有选择的推销，做有重点的业务工作，这是推销员时间管理的重要环节。

另外，在日常的工作中，注意一些细节也会让你节省不少时间，提高销售效率。以下是提高推销时间管理能力的一些注意事项：

（1）事先联络好客户，确定好时间，以免无谓等待或白白浪费时间。

（2）不要一味等待客户，如果正巧客户外出或有事不能见面，应尽可能在附近开展其他相关工作，可以提前做些相关准备。

（3）不要在销售的黄金时间（上午10：00～11：00，下午14：00～16：30）去干杂事，无关紧要的杂事可以利用中午或其他零散的时间去做。

（4）只要可能，尽量在电话或网络对话中将一些问题谈清楚，减少因小事会面的情况。

（5）事先设定好业务活动路线，将同一路线上应拜访的客户和应做的其他事情都做完，避免为一件事单独跑很远的路。

（6）对不感兴趣的客户要判断其潜力，如果客户既无兴趣，销售潜力也不大，则不要为此浪费太多时间。

（7）对客户资料进行审查，不要在无权决策或根本没有购买能力的人身上浪费时间。

（8）想办法弄清客户的工作时间特点，尽量在客户方便的时间和地点接洽。

（9）上下班途中可以沿路观察市场的概况，有时可选择不同路线回家收集业务信息。

（10）不要和与业务无关的工作人员应酬太长的时间，否则会耽误你的工作，也会引起你的客户及主管的不满。

聚沙成塔，滴水成河。树立时间管理意识，掌握一些在细节上节省时间的方法，养成有效利用时间的好习惯，会帮助一个人成就一生的事业。重要的是，作为一个推销员，你工作的大多数时间不应用在办公室，而应用在你的客户身上；你的时间主要应用在业务工作开展上，而不是用于其他的休闲（逛街、购物或聊天）。从长期来看，你在客户身上投入的时间越多，你收获的也将越多；你的时间管理得越好，你的工作业绩也将会越好。

11.2　推销组织设计

推销组织是企业在营销战略环境下为实现推销职能、实施推销计划而建立的推销业务运作系统。推销组织设计决定企业推销工作开展的形式，是企业销售目标得以实现的制度保证。合适的推销组织能够帮助企业提高推销效率，改善经营效益。所以，企业进行推销管理，首先要建立符合市场规律和企业发展实际需要的销售组织，并确定、培养一批符合现代市场竞争要求的推销人员，以保障企业推销业务的有效开展。

推销组织设计的原则

1. 有利于目标任务的原则

企业推销组织的设计、建立、调整、建设都应以对其实现销售目标是否有利为标准来衡量，以有利于达成销售目标为原则，哪种推销组织模式有利于达成销售目标就采用哪种推销组织模式，当然还要考虑企业的具体条件（资源状况、战略目标、企业文化、领导人偏好等），推销组织的建立应与企业总体发展战略和经营计划相一致。

2. 组织成员分工协作的原则

企业的推销工作是一个整体运作系统，组织中的每一位成员都为这个系统的目标尽自己的责任。因此，在建立企业推销组织时，一方面，首先应将总体任务分解，根据任务的性质、范围、数量明确各自的工作内容和分工范围；另一方面，推销工作虽然具有个人独立性的特点，但在推销组织中，成员之间相互协作还是非常重要的，如推销前的信息交换、针对某些客户的交叉销售、对组织市场的推销、市场推广中的相互协调等，都要求组织成员分工协作。

3. 责、权、利相结合的原则

推销组织成员在实施推销职能时，必须明确自己的职责和任务，同时企业也应授予推销组织和推销人员相应的权力，以便于他们更好地完成任务。责任与权力是对等的，权力越大，责任也越大；同样，责任越大，授予的权力也应该相应增加。切忌出现下面两种情况：一是推销员对销售决策没有相应的权力，什么事都不能决定，从而影响工作效果；二是推销员滥用权力，作出有违企业政策的决定，造成损失和负面影响。另外，责权制度还必须与相应的经济利益相结合，一分付出一分回报，以激发业务人员的销售热情。

4. 推销组织精干高效的原则

企业在建立推销组织时，应根据企业的实际情况，包括目标市场、企业规模、客户类型、分销方式等，结合推销人员完成任务的能力，确定合理的机构规模和组织结构形式，尽量实现组织机构的扁平化，提高推销组织的管理效率，避免机构臃肿和人浮于事。精干不等于精简，要使推销组织处在有效的工作状态，各尽其责，相互协作；同时，要保证企业有充分的推销管理与执行能力，以市场份额最大化、销量最大化为目标。

典型推销组织模式

在设计一个公司推销组织模式时，要考虑企业战略目标、资源状况、企业文化、偏好等企业条件，遵循销量最大化和市场份额最大化的目标，在综合考量的基础上进行优化整合和设计筛选，以选择最有利于实现企业经营目标的组织模式进行设计和建设。目前主要的推销组织模式有：地域型、产品型、市场型、职能型、客户型等。

1. 地域型

地域型推销组织是指以自然地理区域为管理单元，把销售人员分配到不同的地理区域，并且在该区域内开展面向所有客户的全部推销活动。这是一种除了在地域上专业化外没有其他专业分工，在推销努力上不重复的最常见的推销组织类型。因为地域有界线，易于划分和管理，我国绝大部分企业采用这种推销组织模式。就我国的地域划分和地域型推销组织的设立习惯看，一般把我国市场划分为东北、华北、西北、华东、华南、华中、西南七个大区，也可以按照各个省份进行划分和管理（如图 11 - 1 所示）。

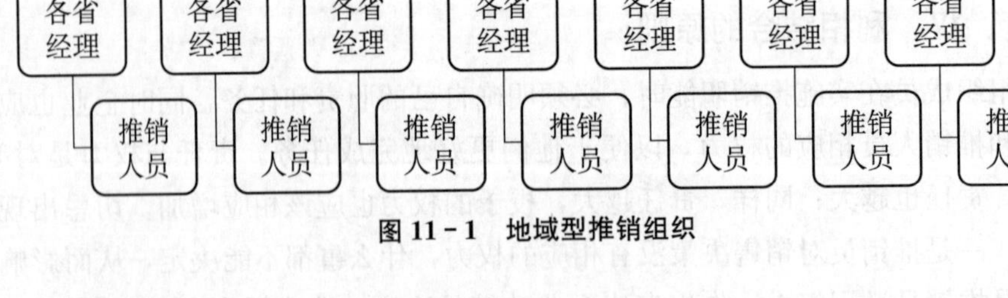

图 11 - 1 地域型推销组织

2. 产品型

产品型推销组织就是按产品或产品线分配销售人员，实行产品专业化销售。公司依据产品线设置相对独立的事业部（如图 11 - 2 所示），组建相对独立的销售队伍，对那些有许多不同的产品线或产品线之间关联性不大的公司来说，这是一种最为有效的实现产品最大化覆盖的经营模式。如宝洁公司就采用了这种推销组织模式。产品型的推销队伍可以使推销人员成为该产品类别中的专家，有利于更好地满足客户专门化的需求，有利于产品的推销，便于监控某一产品的营销过程，便于制定专门的营销政策。但这种模式也会导致销售地域的交叉和推销工作的重复，增加推销成本。

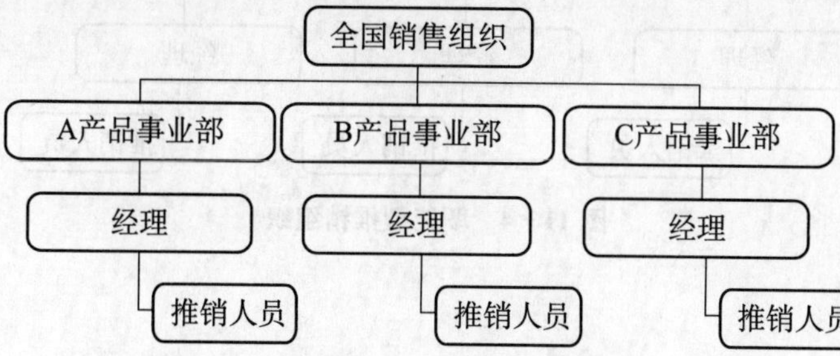

图 11－2　产品型推销组织

3. 市场型

市场型推销组织指推销队伍按照市场类型来分配和设定，一部分推销人员专门为某一类特定的市场（顾客）服务的销售管理模式。一般来讲，我们可以把市场划分为组织市场、消费者市场和特殊市场，设立对应的推销机构开展推销（如图 11－3 所示），通过顾客专业化提高推销工作的效率。市场型推销队伍的目标是让销售人员理解特定顾客群如何购买和使用公司的产品，如何更好地满足他们的需求以实现销售目标。市场型推销组织以特定顾客为对象，可以更好地满足不同细分客户的多样化需求，避免同一地区推销人员的重复劳动，但可能存在不同顾客类型在数量、分布、需求、销售价格方面的不平衡问题，管理起来有一定难度，需要制定相关政策进行协调。

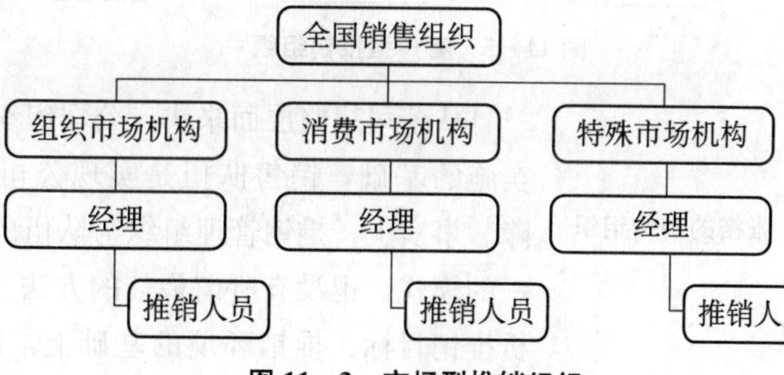

图 11－3　市场型推销组织

4. 职能型

职能型推销组织是依据推销活动的具体任务来组建机构和安排销售人员，以体现多种不同的推销功能及特点，如代理、直销、电话销售、连锁经营等（如图 11－4 所示）。当需要不同的专业人员来实现不同的推销职能时，企业适合采用职能型推销组织。职能型推销组织有利于培养和发挥推销人员的专业特长，但可能导致成本的增加，同时增加管理的难度。

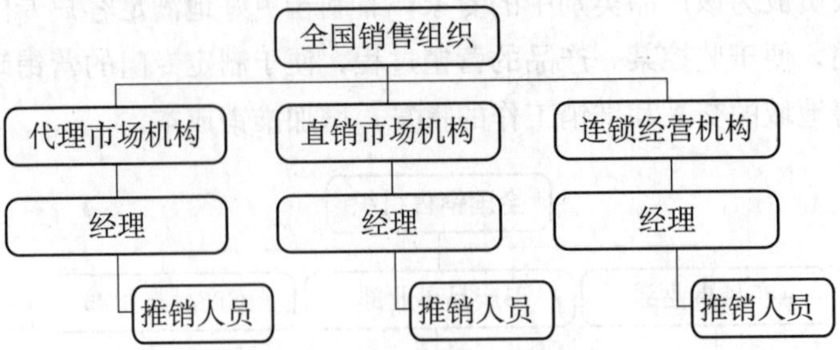

图 11－4　职能型推销组织

5. 客户型

客户型推销组织是指以客户的性质、规模和重要性、复杂性为基础来配置推销人员进行专门化推销管理的推销组织模式。每一个公司都有一些对公司的销量贡献、利润贡献或品牌贡献很大的客户，称为大客户或重要客户。他们对公司的发展非常重要，需要给予特别关注和管理，因此一些公司采用客户型推销组织模式，专门设立独立的销售队伍负责对他们的跟进服务和管理（如图 11－5 所示）。

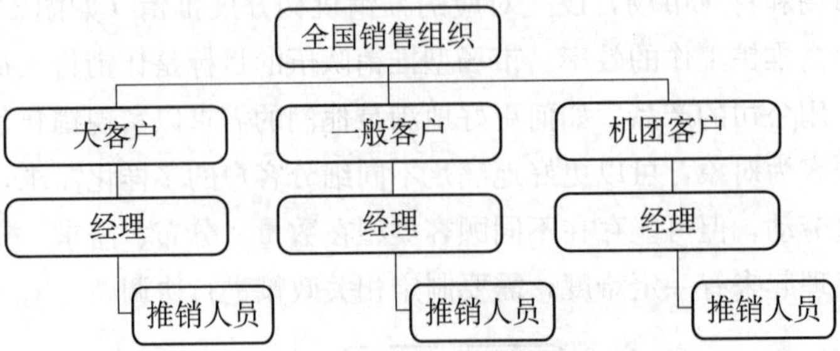

图 11－5　客户型推销组织

例 11－1　张裕的销售组织

从公司战略层面来讲，公司组织与制度是战略实施的基础，销售队伍是实现公司经营目标的保障。事实上，推销管理组织与队伍的设计并没有统一的模式，也没有所谓最佳的方法。企业必须在分析推销目标、推销环境的基础上，结合公司产品、渠道、客户、人员及所处地理区域等因素综合考量和取舍，来选定一种合适的推销组织模式进行建设，以体现公司推销队伍的特点，提高推销效率和效益。

11.3　销售队伍管理

人是管理活动的中心，销售队伍的建设与管理是推销管理工作的一项重要内容，它包括销售人员的招聘、培训、薪酬设计考核与激励等重要环节。

销售人员招聘

销售人员的招聘，可选择从企业内部选拔和企业外部招聘两种最典型的方式，主要有以下四种具体途径。

1. 公开招聘

所谓公开招聘就是面向社会，向公司外部的一切合适人选开放，按照公平竞争的原则公开招聘销售业务人员。具体包括：

（1）通过人才交流会招聘。

各地每年都会组织大型的人才交流见面会。用人单位为此花一定的费用在交流会上摆摊设点，以便应征者前来咨询应聘。如各地几乎每年都举办春、秋季人才交流会，还举办特殊专题（如营销、中小企业）人才交流会和外资企业人才招聘会。这种招聘方法的主要优点是可公事公办，按标准招聘，可直接获取应聘人员有关资料，如学历、经历、意愿等，根据需要招聘紧缺人才。这种招聘会对象集中，节省时间和经济成本，是主要招聘形式。

（2）利用媒体广告招聘。

目前企业最普遍的招聘广告大多利用报纸媒体。这种途径操作便捷，又便于保存和查询，且报纸发行量较大，信息扩散面广，可吸引较多的求职者，备选比率大，并可使应聘者事先对本企业情况有所了解，减少盲目应聘。但通过这一途径招聘销售人员也会存在以下几个问题：

1）招聘对象来源、数量不稳定，质量差别较大。

2）招聘广告费用较高，并有不断上涨的趋势。

3）广告篇幅拥挤狭小，千篇一律，内容单调。

4）广告位置不醒目，各类广告混杂在一起，使招聘广告效果不佳。

（3）通过网络进行招聘。

随着信息技术和互联网的发展，越来越多的企业通过互联网招聘人才，这种方式成本低，可以长期持续招聘。一部分企业通过专业人才招聘网站招聘人才，付给少量费用。我国知名的招聘网站有深圳南方招聘网、上海人才招聘网、北京人才招聘网、前程无忧招聘网、智联招聘网、研究生就业网等。目前更多的企业通过自己的网站招聘人才，这样可以随时招聘，但也存在招聘信息不能及时到达的问题。

2. 内部招聘

内部招聘就是由公司内部职员自行申请适当职位，或由他们推荐其他候选人应聘。许多规模较大、员工众多的公司经常采用这种方式。这种招聘方式主要是挖掘内部人才潜力，让人才各得其所，或者本着“内举不避亲，外举不避仇”的原则，让内部职员动员自己的亲属、朋友、同学、熟人，经过介绍加入公司的销售业务队伍。内部招聘有以下优点：

（1）一方面，应征者已从内部职员那里对公司有所了解，既然愿意应征，说明公司对他有吸引力，招聘人员具有相对稳定性；另一方面，公司也可以从内部职员那里了解有关应征者的许多情况，从而节省部分招聘程序和费用。

（2）由于应征者已对工作及公司的性质有相当的了解，工作时可以减少因生疏而带来的不安和恐惧感，从而降低人才流失率。

（3）有时因录用者与大家比较熟悉，彼此有责任把工作做好，相互容易沟通，有利于提高团队作战的效率。

但是，如果利用不好，这种内部招聘也会带来诸多弊端，如内部职员引荐录用的人多了，容易形成小帮派、小团体和裙带关系网，牵一发而动全身，造成内部管理上的困难。

3. 委托招聘

委托招聘就是委托专门机构负责推荐、招聘人才，主要有以下几类：

（1）职业介绍所。

许多企业利用职业介绍所获得所需要的销售人员。一般认为职业介绍所介绍的求职者，大多数是能力较差、不易找到工作的人。不过如果有详细的工作说明，让介绍所的专业顾问帮助筛选，既能使招聘工作简单化，也可以找到不错的人选。

（2）人才交流中心。

它们是政府劳动人事部门或企业设置的常年人才市场。它们掌握人才储备、人才的介绍与推荐，乃至人才招聘以及社会人才的管理。北京、上海、广州、深圳、武汉等大城市的人才交流中心都有大量的人才储备。

（3）行业协会。

行业组织对行业内的情况比较了解，他们经常访问、接触行业内厂家、经销商、销售经理和销售人员，往往拥有行业人才需求与供给的资源，如中国市场协会、各省市行业市场研究会、专业俱乐部等，企业可请它们代为联系或介绍销售人员。

（4）公司客户。

公司在开展业务过程中，会接触到顾客、供应商、代理商、非竞争同行及其他各类客户人员，这些人员都是销售人员的可能来源。

（5）猎头公司。

猎头公司是掌握高素质人才信息，并与高素质人才有密切联系的专业人才经营公司。它们的主要任务是掌握高端人才信息并建立人才资料库，为企业引荐高端人才并收取一定费用。企业通过猎头公司推荐人才需要付出较高的费用。

4. 定向招聘

所谓定向招聘，是指企业到大专院校或职业学校挑选销售业务人员的方式。通过这种渠道招聘销售人员有以下几个优点：

（1）能够比较集中地挑选批量的销售业务人员，从而节约成本。

（2）大学生受过良好的专业基础知识和综合素质教育，为今后的人才培训奠定了基础。

（3）大学生往往因为刚刚参加工作，对销售工作充满热情，较为积极主动。

（4）从薪金上，招聘应届大学生比招聘具有销售经验的销售人员代价要小些。

但这种方式也有很大的缺陷，主要是大学生缺乏销售经验，适应工作较慢。

5. 销售人员选拔程序

（1）填写申请表。

应聘者要先填写一般的人事资料登记表，内容应包括姓名、性别、身高、年龄、健康状况、学历、工作经历、家庭成员、本人特长、居住地址、电话号码、个人主页或电子邮箱、邮政编码等。

（2）企业面试。

面试由企业销售经理和人力资源部负责人主持，可以请有丰富推销经验的推销人员参加。通过个别沟通、集体谈话和侧面观察相结合的方法，考察应聘者的人品态度、知识水平、反应能力、仪表风度、健康状况以及有无心理或生理缺陷等。同时向应聘者如实介绍企业的概况、工作任务的艰苦性，以判断其申请态度是否诚恳，对本企业的工作岗位和待遇是否满意等。

（3）业务考试。

对面试合格者要进行业务专题考试，考试内容包括专业知识考试、综合素质测试、心理测验等诸多方面的内容，主要考察准业务人员的业务能力、综合素质与心理、性格特征。企业还可通过特殊的测试方式测试应聘者的特殊技巧或进行某项工作需要的特殊智能。

（4）体检。

对业务考试合格、企业准备录用的人，录取前还须对其进行身体检查，以确定其是否符合推销业务工作的体能要求。

销售人员培训

销售人员对顾客的需求必须有清醒的认识，需要不断地学习新的知识和技能以满足顾客不断变化的需求。不论是新人还是老手，都必须不断地“充电”，以提高专业知识和技能水平。所以，对推销人员的培训是推销管理过程当中一个重要而且必不可少的环节。

销售培训（sales training）的目的是使推销人员树立正确的销售理念，确立积极的销售态度，获得有关推销工作的专业知识和技能，从而改善推销工作绩效。

1. 销售培训的内容

销售培训是一个系统工程，其内容涉及面较广，一般包括知识培训、技能培训和态度培训多个方面。

（1）企业知识的培训。

有关企业知识的培训内容包括：1）本企业过去的历史及成就；2）本企业在社会及

国家经济结构中的重要性；3）本企业在所属行业中的地位；4）本企业的各种政策，特别是市场、人员及公共关系等方面的政策；5）销售工作对企业发展的重要性，公司对销售人员的期望及任务安排；6）行业与市场的发展特点等。

（2）产品知识的培训。

有关产品知识的培训内容包括：产品的类型与组成、产品的品质与特性、产品的优点与功能利益点、产品的制造方法、产品的包装情况、产品的用途及其限制、产品的售后服务（如维护、修理等）、行业生产技术的发展趋势、相关品与替代品的发展情况等。

（3）销售技巧的培训。

销售技巧的培训内容包括：如何做市场分析与调查，如何注意仪表和态度，访问的准备、初访、再访以及推销术语，如何进行产品说明，如何争取顾客好感，如何应对反对意见，如何坚定推销信心，如何克服推销困难，如何获得推销经验，如何更新推销知识，如何制定销售计划等。

（4）客户管理知识的培训。

有关客户管理知识的培训内容涉及：1）如何寻觅、选择及评价潜在的顾客；2）如何获得约定、确定接洽日程，如何做准备及注意时效；3）如何明了有关经销商的职能、问题、成本及利益；4）如何与客户建立持久的业务关系；5）如何了解客户的消费行为特点等。

（5）销售态度的培训。

有关销售态度的培训内容包括：对公司的方针及经营者的态度，对上司、前辈的态度，对同事及服务部门、管理部门的态度，对客户的态度，对工作的态度等。

（6）销售行政工作的培训。

有关销售行政工作的培训内容包括：1）如何撰写销售报告和处理文书档案。具体包括：编制预算的方法，订货、交货的方法，申请书、收据的做法，访问预定表的做法，日月报表的做法，其他记录或报告的做法。2）如何答复顾客查询。3）如何控制销售费用。4）如何实施自我管理。具体包括制定目标的方法、工作计划的拟定方法、时间的管理方法、健康管理法、地域管理法、自我训练法。5）经济法律知识的学习等。

总之，对销售人员的培训是提高队伍战斗力的一种主要手段，是一项系统而复杂的工程。对于企业管理者而言也是一项细致而艰巨的工作，它需要企业成立专门的机构、配备专门的人员开展专业化的培训工作。

2. 销售培训的过程

磨刀不误砍柴工，销售队伍的培训工作需要长期、持续地开展，才能提升队伍的凝聚力、战斗力，保持销售队伍的活力。一般销售队伍的培训包括以下几个方面的程序和内容：明确培训需求、制定培训目标、设计培训方案、实施销售培训和测定培训效果。

（1）明确培训需求。

通过调研找到销售队伍的欠缺及问题所在，有的放矢地提供专题培训。培训需求确定的目的是比较与绩效有关的技能、态度、洞察力差距，明确推销成功所必需的知识与能力，提供针对性培训。培训的主题内容应有助于推销人员提高其推销绩效，主要有销售技巧、产品知识、顾客知识、竞争知识、时间与区域管理等方面的内容。

（2）制定培训目标。

多数公司把销售培训的目标确定为增加销售额、利润和提高效率等短期目标，但事实上销售培训不完全局限于此，其目标内容包括：1）帮助推销人员成为好的销售主管；2）辅导新手熟悉推销工作；3）改进有关产品、公司、竞争者及推销技能方面的知识；4）提高访问率，稳定销售队伍；5）转变对销售工作的认识和态度；6）降低推销成本；7）培养适合推销事业的个性品格；8）获取反馈信息；9）提高对某个特定的产品或某类特定顾客的销售能力等。

（3）设计培训方案。

培训方案是针对某个特定培训目标所拟定的具体培训行动计划，合适的培训方案能够帮助增强培训效果。培训方案包括培训目标、培训内容、受训范围、培训时间、培训地点、培训师资、培训方法及经费预算等具体内容。

（4）实施销售培训。

在完成前几步的基础上，销售培训的实施是水到渠成的事情，但实施过程中销售经理要监控培训的整个进程，了解受训人员学习的意愿和成效，加强培训工作的过程管理，保证培训目标的顺利实现。

（5）测定培训效果。

培训效果的测定是一个很棘手的问题。有时候很难对培训目标作明确的陈述，即使陈述清楚，也难以量化，因为推销业绩的好坏受到很多因素的制约和影响，我们不可能分辨出销售业绩的增长是由于培训的原因，还是其他某个方面原因所造成的结果。尽管如此，我们还是需要对销售培训进行评估，以了解培训的价值。一般可通过培训前后基础知识的测试、培训前后顾客对推销人员服务及态度的评价变化情况、培训前后推销人员销售业绩的变动情况等来了解销售培训效果。事实证明，有效的销售培训能够提高推销员的销售技能，促进公司销售业绩的增长。

销售人员薪酬设计

常言道：要想马儿跑得好，要给马儿吃好草。要充分调动推销人员的销售积极性，设计一种公平而富有激励性、挑战性的薪酬制度是一个关键性保障。销售人员薪酬的设计要遵循如下几条基本原则：

（1）“三公”原则。薪酬设计要公平、公正、公开，不厚此薄彼。

（2）差异性原则。薪酬设计要考虑适当拉开销售人员的收入差距。

（3）激励性原则。薪酬设计要能够达到奖勤罚懒、奖优罚劣的目的。

（4）经济性原则。薪酬设计要考虑企业的经济效益和承受能力。

（5）合法性原则。薪酬设计要符合国家的政策和法律规范。

销售人员的工作具有很大的独立性、流动性和自主性，他们的工作环境极不稳定，风险较大，所以，薪酬制度的设计首先要考虑推销员的收益，要能够留住优秀推销员，同时又要兼顾企业利益，考虑企业的特征、企业的经营政策和目标、财务及成本上的可行性、行政上的可行性和管理上的可行性等因素。销售人员的薪酬模式主要有纯薪金制、纯佣金制、基本薪金加奖金制等。

1. 纯薪金制

所谓纯薪金制，就是企业每月支付给销售人员固定的薪水，不考虑其业绩以及其他的成就、表现的一种薪酬制度。换句话说，无论推销员的业务成绩如何，均可以在一定的工作时间内获得定额的报酬。这种薪酬形式主要以工作的时间为基础，是计时工资的一种形式，与推销工作效率没有直接联系，没有激励作用，所以较少在业务部门采用，行政部门采用较多。

纯薪金制的优点包括：第一，有安全感，在推销业务不足时不必担心个人收入。正在受训的推销员以及专门从事指导购买者使用产品和开辟新销售区域的推销员，都愿意接受纯薪金制。第二，有利于稳定队伍。因为推销员的收入与推销工作业绩并无直接关系，不少人愿意接受这种固定收入模式，因为它意味着有一份相对稳定的工作。第三，管理者能对推销员进行控制，在管理上有较大的灵活性。因为收入与推销工作效率不直接挂钩，所以根据需要在推销区域、顾客、所推销的产品等方面进行必要的灵活调整时，矛盾一般也比较少。

纯薪金制的弊端在于：缺乏弹性，缺少对推销员激励的动力，较难刺激他们开展创造性的推销活动，容易使推销员产生惰性心理，导致平均主义，形成“吃大锅饭”的局面，企业业务部门很少采用这种形式。

纯薪金制适用的情况是：企业希望推销员服从指挥、服从工作分配；某些推销管理人员，如企业的中高级推销管理者希望工作稳定；需要集体努力才能完成的推销工作（大型项目）；或者该产品的推销比较容易，不存在多少难度（如垄断行业）的推销工作。总的来讲，这是一种比较保守、落后的薪酬模式。

2. 纯佣金制

所谓纯佣金制，就是只按业绩完成情况的一定比例提取佣金作为推销员的全部收入的一种薪酬制度。佣金制与薪金制不同，它有较强的刺激性，即企业根据推销员在一定时期内的推销工作业绩来支付报酬，多劳多得。推销员的推销工作业绩通常以推销员在既定的时期内完成的推销额为基础来计算，有时也以利润额来计算。推销人员的收入主要取决于两个因素：一是在既定的时期内完成的推销额或利润额；二是给定的提成率。

纯佣金制的优点包括：第一，能够把收入与推销工作效率结合起来，鼓励推销员努力工作，促进销量提高。第二，有利于控制推销成本。第三，简化了企业对推销员的管理。第四，促进推销员业务水平提高。为了增加收入，推销员必须努力工作，并不断提高自己的能力，不能吃苦或没有推销能力的则淘汰。

纯佣金制的缺点在于：第一，收入不稳定，推销员缺乏安全感。第二，企业对推销员的控制程度较低，因为推销员的报酬是建立在推销额或利润额的基础上的，因而推销员不愿推销新产品，不愿受推销区域的限制，也不愿意干推销业务以外的工作。第三，企业支付给推销员的佣金是一个变量，推销的产品越多，佣金也就越多，这样，推销员往往只关心销量的增长，重结果而不重过程，重眼前而忽视企业长远利益，甚至可能出现用不正当的手段来推销产品的短期行为。第四，容易导致地区业务和推销员收入的两极分化，不利于公司业务的全面开展，不利于销售队伍的稳定和良性发展。

纯佣金制一般适用于：某种产品积压严重，需要在短时间内削减库存，回收资金；某种新产品为了尽快打开销路，需要进行特别积极的推销。总的来讲，这是一种过于粗放、简单而危险的薪酬模式，容易导致窜货、乱价、不正当竞争等行为。

3. 基本薪金加奖金制

基本薪金加奖金制是上述两种形式的结合，即在支付销售人员基本薪金的同时，利用奖金（或佣金）来刺激销售人员的工作积极性。基本薪金提供生活保障和基本职位价值体现，它包括职位工资、职位津贴、住房补贴、电话补贴、交通补贴、误餐补贴、医疗补贴、保险、公积金、出差报销（或补贴）等，它构成了销售人员收入的主要部分。而奖金（或佣金）是拉开差距、鼓励优秀的收入项目，主要根据销售人员的业绩来计算和发放，计算比例和考核方式因企业而异。

这种报酬形式通常是以固定薪金为主，以奖金（或佣金）为补充，它尽可能地吸收了薪金制和佣金制的优点，又尽量避免了两者的缺点。这种形式既可以保证推销员获得稳定的个人收入，具有安全感，又有稳定性，同时便于对推销员的控制，还能起到激励的作用，求得在安全与激励之间的某种平衡。正因为如此，目前绝大部分企业实行这种薪酬模式。

但值得注意的是，企业必须处理好固定工资和佣金之间的比例关系，既要体现固定薪金带来的心理安全感，又要体现弹性佣金带来的挑战性和刺激感，以求得稳定和发展的平衡，追求企业销售工作的最佳绩效。

此外，年终红利制度、员工股份制度等都不失为很好的薪酬福利补充制度，在一些企业年终红利和员工股份作为销售人员年终福利发放，具有很好的激励效果。但年终红利和员工股份制目前还主要是针对销售管理高层实施，未来也有希望全面实施。总之，销售人员的薪酬没有固定模式，企业可以根据自身的产品特点、资源状况、推销目标灵活机动地选择，重要的是因地制宜，整合制定，目的是既能激励销售队伍，又能为企业带来高绩效和高效益。

销售人员考核

销售人员考核是推销业务管理的重要内容，它为企业薪酬与激励制度的实施提供依据。

1. 销售人员考核的必要性

（1）销售人员考核是决定推销员薪资水平的依据。推销的业绩决定了推销员的佣金或奖金的多少，这是推销员收入的主要部分，体现了多劳多得的分配思想。

（2）销售人员考核是对推销员进行奖励、提升的依据。推销员是否优秀，取决于推销员的综合业绩的表现，业绩的好坏是企业奖励、提升优秀推销员的有力证明。

（3）销售人员考核是对推销员进行管理监督的依据。推销员掌握公司产品和资金的流动，其工作具有非常大的灵活性和弹性，所以推销员是需要进行监管的，而考核恰恰就是对推销员进行有效监管的有力工具。

（4）销售人员考核是了解推销员培训需求的依据。推销员需要全方位的培训，包括知识、方法、技能等方面，但针对推销员或某个推销员群体，究竟他们在哪方面比较欠缺，哪方面亟须优先培训，只有通过考核才能发现，才能找到培训的突破口。

2. 销售人员考核的内容

对销售人员进行考核应该是全面的、具体的，其内容包括推销业绩、工作态度、客情关系、专业知识、团队协作等能力与效果的考核，其中业绩是最主要的考核项目。

（1）推销业绩考核。推销业绩考核包括推销员个人的销售量、推销金额、回款率、毛利率、新客户开拓数、拜访客户次数、市场占有率等。在制定考核标准时，一定要考虑不同推销人员的差异，包括推销区域的市场发育状况差异、推销产品差异、基础客户的条件差异等，用设立考核系数的方式缩小个人及区域差异，避免两极分化。

（2）客情关系能力考核。客情关系能力考核包括现有客户数、解决客户问题能力、支持客户能力、管理客户能力及管理状况等。注意对不同类型客户进行分别考核。

（3）专业知识及能力考核。专业知识及能力考核包括企业知识、产品知识、对市场的了解、对客户情况的掌握、对竞争者情况的分析、推销技巧及管理知识等。

（4）团队协作能力考核。团队协作能力考核包括对公司环境的了解，对公司的忠诚度，与同事友好相处、协调共事的能力，与主管及同事良好沟通的能力等。

（5）其他考核。其他考核包括业务形象、推销信心、语言表达、综合办事能力等。

3. 考核的方法

考核的方法很多，比较具有代表性的是横向比较法、纵向比较法和指标考核法。

（1）横向比较法。

这是一种把各个推销员的销售业绩进行比较和排队的方法，把销售额进行对比，还要考虑推销员的销售成本、销售利润、客户对其服务的满意程度等因素。这种方法有利于衡量推销员业务工作的优劣。

（2）纵向比较法。

这是将同一推销员现在和过去某时段的工作成绩进行比较的方法，包括对销售额、毛利、销售费用、新增客户数、流失客户数、客户平均销售额、客户平均毛利等数量指标的分析。这种方法有利于衡量推销员业务工作的改善状况。

(3) 指标考核法。

这是将考核的各个项目都配以考评指标，制作出一份考核比例表加以考核的定量考核方法。在考核表中，可以将每项考核指标划分出不同的等级考核标准，然后根据每个推销员的表现按实际评分，并可对不同的考核指标按其重要程度赋予不同的权重，最后核算出总的得分，以评定其综合业绩（如表 11－2 所示）。

表 11－2 推销人员业绩指标考核表

评价指标	推销员 1	推销员 2	推销员 3
指标 1：销售量			
(1) 权重	5	5	5
(2) 销售目标	300 000	200 000	400 000
(3) 实际完成	270 000	160 000	360 000
(4) 完成率（实际完成/销售目标）	0.9	0.8	0.9
(5) 成绩水平（权重×完成率）	4.5	4.0	4.5
指标 2：订单平均批量			
(1) 权重	3	3	3
(2) 销售目标	500	400	300
(3) 实际完成	400	300	270
(4) 完成率（实际完成/销售目标）	0.8	0.75	0.9
(5) 成绩水平（权重×完成率）	2.4	2.25	2.7
指标 3：销售量			
(1) 权重	2	2	2
(2) 销售目标	30	25	40
(3) 实际完成	20	22	36
(4) 完成率（实际完成/销售目标）	0.67	0.88	0.9
(5) 成绩水平（权重×完成率）	1.34	1.76	1.8
业绩合计	8.24	8.01	9.0
综合效率	82.4%	80.1%	90.0%

销售人员激励

作为推销管理的一项重要内容，制定政策激励销售人员是一个企业推销部门主管的重要工作。正确的评价、适时的激励，对于提高推销员的信心、激发推销员的工作热情、挖掘推销员的最大潜能和提升企业销售业绩都是至关重要的。

小知识 胡萝卜加大棒理论

1. 销售人员激励的必要性

有些推销人员即使没有管理部门的督促也会尽心竭力工作，对他们来说，推销是世界上最刺激且富于挑战性的工作，他们胸怀大志，积极主动，收入丰厚，具有工作动力。但是对于大多数推销员来说，推销是一项艰苦且有压力的工作，需要鼓励和特别的刺激，才能使他们的工作取得佳绩。推销人员需要激励，原因在于：

（1）工作的性质所决定。

推销员通常要独立工作，推销工作经常受到挫折，存在销量的压力。他们的工作时间是不规律的，还要经常离家在外，面临孤独和有压力的工作环境，他们常常因为无法赢得理想客户或失去好客户、大订单而失望，这个时候特别需要激励以激发推销员的斗志。

（2）人性的弱点所决定。

根据管理学的“X理论”，人的本性是懒惰的，人们不愿承担责任，一有机会就会逃避。大多数推销人员如果没有特别的激励，如金钱、荣誉和社会地位等，就会放松工作，回避困难，就不能发挥其最大潜能。推销员需要不断的激励和鞭策，才能保持上进心。

美国推销专家福特·沃克曾经对推销员激励的问题作了深入的研究，提出了推销员激励的基本行为模式（如图11－6所示）。

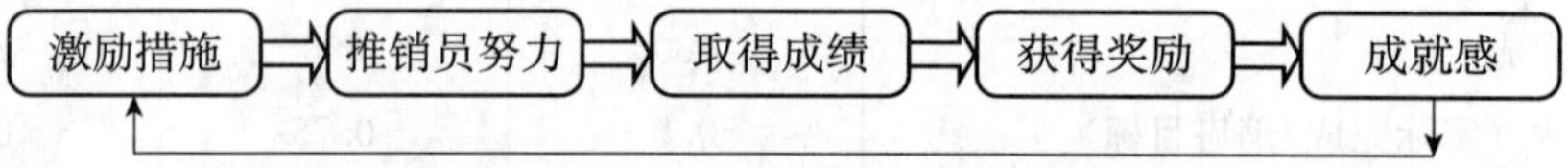

图11－6　推销员激励的基本行为模式

上述模式表明，对推销员的激励越大，他付出的努力也就越大。更大的努力将会带来更好的业绩，更大的业绩将会带来更多的奖赏，更多的奖赏将会产生更大的满足感和成就感，而更大的满足感和成就感又会给推销员提供更大的精神动力，帮助推销员创造更辉煌的业绩。这是一种正向的激励原理，也是一种良性的循环。

2. 推销激励的基本原则

一个企业销售目标的实现，与推销队伍的士气有着密切的联系，激励是鼓舞士气的有效手段。企业要通过有效的、科学的激励方法，引导、激发推销员的内在潜力，使他们的积极性和创造性得以充分发挥，从而取得最佳的工作绩效。推销激励的基本原则是：

小知识　公平理论

（1）公平合理原则。

激励必须建立在合理确定目标任务基数的基础上，做到标准统一、一视同仁、公平合理，否则就失去了奖勤罚懒的积极意义。

（2）及时兑现原则。

及时兑现原则即趁热打铁，及时奖励，及时表彰，对提高推销员工作热情和工作绩效有积极刺激作用，有直接的利益驱动意义。

(3) 稳定有效原则。

激励具有长期性、相对稳定性，作为一种管理手段、管理制度要长期保持，才能收到更大的激励效果。激励对于个人是短期的，但对于企业的生意来说应该是长期的，要将激励的短期效用与企业的持续发展结合起来。

(4) 目标一致原则。

激励的目标、定量、范围和方法要简单明确，易于操作，使每个推销人员都明确认识到自己应该做什么和不应该做什么。而且，激励个人的目标要尽量与组织的目标一致，才能帮助企业达成经营目标。

(5) 投入产出原则。

企业是经营实体，要考虑成本、利润问题，效率和效益问题，即经营的经济性问题。所以，业务激励也要考虑投入和产出状况，量力而行。

(6) 物质与精神相结合原则。

根据行为学家的实验，人们有物质和精神两方面的需要，人的全部潜能的发挥，有60%是由物质因素引发的，有40%是靠精神因素引发的。所以，对推销人员进行激励时，不能只用物质奖励方法，还必须使用精神奖励方法。

3. 推销激励的主要类型

马克思把人的需要简要地概括为物质需要与精神需要两大类。通过对销售人员物质需要与精神需要的满足，可以达到激励的效果，所以有人把激励分为物质激励与精神激励两大类。也有人站在企业的角度，把激励分为内部激励与外部激励两个方面。

(1) 物质激励与精神激励。

1) 物质激励。“钱不是万能的，但没有钱是万万不能的。”物质需要是人的基本需要，物质刺激是最基本的激励手段，因为工资、奖金、住房等决定着人们的基本需要的满足。企业可以运用的物质激励手段包括工资、奖金和各种公共福利的提供，恰当运用这些手段可调动销售人员的工作积极性。物质激励是基础，它对处于社会基层的销售人员来说尤为重要，因为销售人员的收入水平及居住条件也影响其社会地位、社会交往，甚至学习、文化娱乐等精神需要的满足。当然，在应用时要十分注意把握物质激励的度，过与不及都达不到应有的激励效果。

小资料 推销激励金点子

2) 精神激励。精神需要是人的更高层次的需要，在物质条件基本满足的情况下，人们更加注重对精神愉悦和成就感的追求。现代企业管理实践表明，人总是需要一点精神的，物质激励必须同精神激励相结合，才能产生最大的激励效果。精神激励包括表扬、授予光荣称号、授予象征荣誉的奖品和奖章、职位晋升、受到认可和尊重等，这是对销售人员贡献的公开认可，可以满足他们的自尊需要和自我价值实现需要，从而达到激励的效果。正如IBM副总裁巴克·罗杰斯在其《IBM道路》一书中所说的：“几乎任何一件可以提高自尊心的事情都会起积极作用。我并不是说光凭赞美、头衔和一纸证书就会使一个付不起账单的人满足，但是，这些做法在物质奖励的基础上是对作出贡献的人的一个很好的、公正的评价。”

（2）内部激励与外部激励。

1）内部激励。内部激励（internal motivation）是当一项职责或任务完成后公司对当事员工的内在奖赏，如成就、挑战、责任、肯定、表彰、提升、成长、工作本身的乐趣和参与感等。如果销售人员喜欢拜访顾客并乐于解决他们的问题，那么这一活动对销售人员本身就是一种奖励，属于一种自我激励，因为销售人员能够从中感受到乐趣和价值。

内部激励常常是当销售职位提供了成就和个人成长的机会时引发的。内部激励因素常常比外部激励因素对雇员的态度和行为有更长期的影响、更大的激励效果。在许多销售案例中我们发现，销售绩效与销售经理对出色完成工作的销售人员的赞许直接相关，而且是正相关。内心对工作满意的销售人员更倾向于努力工作以达到高绩效的销售水平。

2）外部激励。外部激励（external motivation）是由其他人采取的行动，包括奖励及其他形式，从而使员工积极行动以确保得到奖励的管理方式，如开展竞赛、发放奖品、确定定额等。公司对达到销售目标的销售人员给予现金奖励就是外部激励的一种典型做法。

许多销售经理认为，企业可以通过举办更多精心设计的销售竞赛、给予更多昂贵的奖品或者挑选真正具有异国风情的开会地址来提高销售生产力，这就是外部激励的威力。这一观点忽略了我们确信的有关动机的两个基本点：第一，动机是个性化的。满足了一个人的需要的东西可能对于另外一些人来说并不重要，如一个销售人员对社会地位（阶层）的欲望就可能如此。第二，动机在我们的一生中都会发生变化。因为人们把不同的兴趣、驱动力和价值观带到了工作场所，所以他们对各种激励方式的反应各不相同。激励问题专家提出，公司应该提供外部激励和内部激励的组合策略，这样才能取得最大的激励效果。

4. 推销激励的有效方法

推销激励的核心是对推销员的推销工作成果进行奖励。实践表明，最有价值的奖励是增加业务员工资，随后是职位提升、个人发展机会和作为某阶层群体成员的成就感。价值最低的奖励是好感与尊敬、安全感和表扬。换句话说，工资、有出人头地的机会和满足成就感的需要，对推销员的激励最为强烈，而表扬和安全感的激励效果较弱。对策总比困难多，推销激励有各种方法。

（1）目标激励。

目标激励是推销员达成销售目标就进行奖励的方法。企业应制定的主要考核目标包括每年或每月销量目标、利润目标、访问客户的次数目标、开发新客户的目标、销售增长目标、订货单位平均批量目标等。目标能激励推销员上进，是他们工作的方向。为使目标成为有效的激励工具，目标必须同报酬紧密联系，推销员达到目标就一定兑现奖励。目标激励的好处在于企业的目标变成了推销员自觉的行动，使他们看到自己的价值与责任，工作也增添了乐趣。所以，目标既是一种压力，也是一种动力。

（2）榜样激励。

榜样的力量是无穷的。俗话说：拨亮一盏灯，照亮一大片。大多数人都不甘落后，但往往不知应该怎么干或在困难面前缺乏勇气。通过树立先进典型和领导者的宣传与示范，可以使销售人员找到一面镜子、一把尺子和一条鞭子，为销售人员增添克服困难去实现目标、争取成功的决心及信心。企业要善于运用国内外优秀销售人员成功的案例来激励大家，并要选拔本企业的优秀销售人员，使大家看得见、摸得着，从而激励整体素质的提高。如有的公司每年都要评出“冠军销售员”“优秀业务员”“销售状元”等，效果很好。

（3）工作激励。

行为科学理论认为，对员工起激励作用的因素分为两类：一类是与员工工作直接相联系的，即从工作本身产生的激励因素，称作“内在激励”；另一类是与员工工作间接有关，但不是工作本身产生的激励因素，称为“外在激励”，例如工资、奖励、职业地位、表扬、批评、提升等。这两种激励都是必不可少的。工作激励首先是合理分配销售任务，尽可能使分配的任务适合员工的兴趣、专长和工作能力；其次是利用“职务设计”方法，即充分考虑到员工技能的多样性、任务的完整性、工作的独立性，并阐明每项任务的意义，使员工体验到工作和所负的责任的重要性，从中产生高度的内在激励作用，形成高质量的工作绩效及对工作高度的满足感。工作激励的关键在于知人善任，发挥所能。

（4）竞赛激励。

人都有好胜的本能，可以通过开展销售竞赛激发销售业务员的竞争精神。因为推销是一项具有挑战性的工作，每天都要从零开始，充满艰辛和困难，推销主管要不时地给推销员加油或充电，开展业绩竞赛是一种好形式，能够激发销售队伍的活力。竞赛奖励的目的是鼓励推销员付出比平时更多的努力，创造出比平时更好的业绩。竞赛实施需要对竞赛主题、参赛对象、竞赛方法、入围标准、评奖标准、评审过程、奖品选择等各个方面进行深入细致的准备。

竞赛激励的组织实施要注意以下要点：1）奖励设置面要宽，要设法让更多的参加者有获得奖励的机会；2）业绩竞赛要和年度销售计划相配合，要有利于公司整体销售目标的完成；3）要制定具体的奖励颁发标准，奖励严格按照实际成果颁发，杜绝不公平现象；4）竞赛的内容、规则、办法力求通俗易懂、简单明了；5）竞赛的目标不宜过高，应使大多数人通过努力都能达到；6）专人负责宣传推动，并将竞赛情况适时公布；7）要安排宣布推出竞赛的聚会，以快讯、海报等形式进行追踪报道，以渲染竞赛的热烈气氛；8）精心选择奖品，奖品最好是大家都希望得到，但又舍不得花钱买的东西；9）奖励的内容有时应把家属也考虑进去，如奖励去香港旅行，则应将其家属也列为招待对象；10）竞赛完毕，

小知识　人员激励“三大法宝”

马上组织评选，公布竞赛结果，并立即颁发奖品，召开总结会。

此外，销售人员激励的手段还有：提供好的生活条件和工作环境；关心推销员的思想、生活情况；为推销员解决各种个人困难；任人唯才，任人唯德，不任人唯亲；根据推销员能力、特点合理安排工作；提供考察、学习机会，促进他们成长等。

11.4 应收账款控制

应收账款控制问题是推销管理的重点和难点。因为销售就是把产品卖出去，把货款收回来，并从中获利的企业经营行为。销售的重心在回款，只有把货款收回来了，一个单元的销售工作才算完成。一些新的推销员在缺少销售经验的情况下，为了追求业绩，往往陷入一种误区，希望把产品“推”出去而急于求成，忽视了收款的环节，稍一疏忽，就会给企业带来应收账款风险，甚至造成呆账坏账，给企业经营带来危害。而不少企业把应收账款管理当作一种事后行为，等到呆账坏账发生了才去想办法催收，等于是亡羊补牢，这是很危险的。因此，我们应该学会运用管理学过程控制、重点控制、例外控制的思想和方法有效防范应收账款风险的产生，把握应收账款的“例外”，进行及时有效的催收。

应收账款的内涵

所谓应收账款，顾名思义就是企业销售产品以后按理应该收回，但还没有实际收回的销售货款。最后由于对方企业倒闭、恶意拖欠等原因造成的企业实际无法收回的账款，叫做呆账坏账，一般超过应收日期6个月以上不能收回就会被视为呆账坏账纳入处理程序。应收账款从理论上视为可回收货款，从财务上计入企业的流动资产。应收账款过多就会使企业现金流不足，重则造成企业资金链断裂而出现严重经营风险。应收账款如果不能及时催收，超过一段时间就会转变为呆账坏账，给企业带来严重的经济损失。

小知识　过程控制、重点控制与例外控制

在现代市场经济条件下，企业将产品推销出去并不等于经营成功，成功的经营是将产品转变成现金流，而不是将产品转变成债权。但激烈竞争的市场环境使赊销行为无法回避，特别是中小企业销售困难，为了生存不得不赊销，引发应收账款问题。行内有句俗话：“不赊销等死，赊销找死。”这种情况下，很多企业选择销量，甘愿冒风险，因此陷入应收账款的泥潭。赊销在我国是一种常见的销售行为，也意味着一种经营风险，所以，应收账款问题需要预先防范。

应收账款的成因

罗马不是一天建成的，企业应收账款问题也并非一朝形成。有人说现款现货或者说先款后货是避免推销过程应收账款产生的最好办法，的确是这样，但是，在如今的买方市场条件下，现款现货或者说先款后货政策较难执行。市场上有众多竞争对手，你不允许赊购，而别的企业允许，你的竞争对手就会因此而抢走你的客户。在我国消费品行业，赊销甚至已成风气，不赊销就没法销售，所以，赊销现象的普遍存在是应收账款产生的最主要原因。

当然，在推销过程中，其他因素也会导致应收账款的发生，总结起来有以下几个方面。

1. 公司销售政策方面

公司如果采用单纯的销量导向，单纯以销量考核业务员并计算报酬，推销员为了完成销量任务不得不冒险赊销，有时甚至明知故犯。

2. 推销员主观心态方面

有的推销员具有消极心态，由于没有认识到应收账款的危害，对货款回收问题采取无所谓的态度，在销售活动中容易出现疏忽、松懈，导致把关不严。

3. 公司销售管理方面

表现为公司销售管理环节松懈，制度不严或者是管理不力，比如在发货管理和信用审批发放环节出现漏洞，或因客户流失或客户人员异动导致应收账款产生。

4. 推销员专业知识方面

由于很多新推销员缺少警惕性，欠缺销售方面的知识和经验，只知道发货不知道收款，容易轻信客户的承诺而误入陷阱。特别是新推销人员的畏惧心理会导致应收账款产生。

5. 客户方面的原因

部分客户因经营道德水平低下，出现恶意拖欠的不道德商业行为，这类客户从一开始就没有打算回款，他们的经营目的就是"滚款"。有的因为对企业的政策有所不满，就以拖延货款来报复。一些客户则因为自己经营不善而无法偿还，或者希望通过拖欠货款来获取经营资金。

根据对应收账款成因的分析我们发现：推销员必须尽可能现款交易，因为收不回资金的销售，比没有销售更糟糕；要账比销售更困难，与其将大量的时间和精力花费在要账上，不如用这些时间去开发更多更好的客户；企业现金流才是根本，宁可失去某些生意，也不抱着侥幸心理冒险赊销；客户尊重做事专业而且严谨的企业，在账款问题上的妥协不可能换来客户的友情，也不可能换来客户的尊重。

应收账款的危害

应收账款只是账面销售、账面利润，一旦应收账款成为呆账坏账，是需要企业用其他盈利来冲抵的。不良账款吞噬销售额、侵蚀企业利润，为压缩成本、增加利润，企业必须控制赊销账款。应收账款问题使企业的渠道运营成本增加，主要表现在以下方面：

（1）费用支出增加——税金、账款管理成本、讨债费用等，当然最重要的是财务费用和税金。客户欠着你的钱，你还得替这笔钱支付利息和税金。

（2）导致周转不良——应收账款使企业的产品转化为现金的时间拉长，不良资产增加，使企业的流动资金困难。应收账款的产生，使资金停止参与循环，就如同血液停止循环。

（3）呆账坏账损失——不是所有的账款都能收回来，如果应收账款变成了呆账坏账，造成直接经济损失，后果更加难以弥补。

（4）市场运作困难——如果被不良客户和已发生的账款牵制，要账也不是，不要账也不是，还不能停止供货，结果是应收账款越积越多，企业越陷越深，形成恶性循环。

（5）精力、心理上的危害——许多企业为要账问题所累，明明是别人欠你的钱，而你却要为之支付利息、税金，想要回自己的钱，还要付出应酬费，耗费精力和财力。

所以，作为一种投资，赊销如果控制得好可以提升销售业绩，提升竞争力，增加经营利润。但如果管理不当会陷入应收账款泥潭，造成经营被动，失去市场竞争力。应收账款要以10倍、20倍的销售额来弥补，呆账坏账犹如洪水猛兽侵蚀着企业的利润。

应收账款的防范要领

应收账款的控制是一件未雨绸缪的事情，应收账款的防范必须抓住以下几个要点：

（1）树立应收账款风险意识。

推销人员大多对应收账款的危害性认识不足，对自己赊销行为的可能后果认识不足，对客户可能的阴谋手段认识不足，于是有意无意之中就会造成应收账款。这就需要加强培训，让员工认识到应收账款问题的极端危害性，认识到自己肩负的责任，以提高应收账款风险的防范意识。

（2）树立良好的收款心态。

应收账款的形成有客观因素，也有主观因素。有的应收账款是由于推销员的胆怯、软弱和碍于情面造成的。应该认识到，客户是利用我公司品牌赚钱的，赚钱之后支付货款是天经地义的，我催收货款也是理所当然的，不要不忍心，碍于情面，没有什么难为情的。

（3）掌握适当的收款方法。

收款是一门学问，光有胆量还不行，还必须有相当的耐心，讲究方式方法，比如收款时机的掌握、提前准备提前催收、死缠烂打、整存零取、利用第三方的压力催收等。

（4）坚决催收，形成习惯。

一旦应收账款形成，必须坚决催收，采用逼迫式打法，让对方不得安宁，收到为止。如果客户恶意拖欠或抵赖，那就坚决诉诸法律。

应收账款的催收方法

应收账款的催收是一项艰苦而富于挑战性的工作。以下催收方法可供参考：

（1）账款发生后，要立即催收。根据英国销售专家波特・爱德华的研究，赊销期在 60 天之内，要回的可能性为 100%；在 100 天之内，要回的可能性为 80%；在 180 天内，要回的可能性为 50%；超过 12 个月，要回的可能性仅为 10%。另据国外专门负责收款的机构的研究，账款逾期时间与平均收款成功率成反比。账款逾期 6 个月以内应是最佳收款时机。如果欠款拖至一年以上，成功率仅为 26.6%；超过两年，成功率则只有 13.6%。

（2）对那些不会爽快付款的客户，经常催收。如果推销员要账时太容易打发，客户就不会将还款放在心上，他会觉得这笔款对你来说不重要，能拖就多拖几天。推销员经常要账会使得客户很难再找到拖欠的理由，不得不还你的账款。

（3）对有信誉、只是一时周转不灵的客户，适当给予延期，诚信催收，并尽可能为他出谋划策，帮他联系业务等，以诚心和服务打动客户，达到收回账款的目的。要注意在收款完毕后再谈新的生意。这样，生意谈起来也就比较顺利。

（4）对于支付货款不干脆的客户，提前催收。如果只是在约定的收款日期前往，一般情况下收不到货款，必须在事前就催收。事前上门催收时要确认对方所欠金额，并告诉他下次收款日一定准时前来，请他事先准备好这些款项。这样做一定比收款日当天来催讨要有效得多。

（5）对于付款情况不佳的客户，直截了当催收。一碰面不必跟他寒暄太久，应直截了当地告诉他你来的目的就是专程收款。如果收款人员吞吞吐吐、羞羞答答的，反而会使对方在精神上处于主动，在时间上做好如何对付你的思想准备。

（6）为预防客户拖欠货款，明确付款条款。在交易当时就要规定清楚交易条件，尤其是对收款日期要作没有任何弹性的规定。例如，有的代销合同或收据上写着“售完后付款”，只要客户还有一件货没有卖完，他就可以名正言顺地不付货款；还有的合同或收据上写着“10 月以后付款”，这样的模糊规定容易扯皮。双方的约定必须使用书面形式（合同、契约、收据等），并加盖客户单位的合同专用章。

（7）到了合同规定的收款日，上门的时间一定要提早，这是收款的一个诀窍。否则客户有时还会反咬一口，说他等了你好久，你没有来，他要去做其他更要紧的事，你就无话好说。登门催款时，不要看到客户处有客人就走开，一定要说明来意，在旁边等候，这本身就是一种很有效的催款方式。因为客户不希望客人看到他的债主登门，这样做会搞砸他别的生意，或者在亲朋好友面前没有面子。在这种情况下，只要所欠不多，一般会赶快还款，打发你了事。

（8）如果客户一见面就开始讨好你，或请你稍等一下，他马上去某处取钱还你（对方说去某处取钱，这钱十有八九是取不回来的，并且对方还会有“最充分”的理由，满嘴的“对不住”），这时，一定要揭穿对方的把戏，根据当时的具体情况，采取实质性的措施，迫其还款。

（9）如果只收到一部分货款，与约定有出入，你要马上提出纠正，而不是等待对方说明。如果你的运气好，在一个付款情况不好的客户处出乎意料地收到很多货款，就要及早离开，以免他觉得心疼。

（10）如果经过多次催讨，对方还是拖着不肯还款，就要开动脑筋，采用一些非常规的手法灵活催收。或者得知对方手头有现金时，或对方账户刚好进了一笔款项时，就立刻赶去逮个正着。

案例分析

老板的良苦用心

有个30多岁的业务员，为了销售公司的产品，整整一年没有回过家。到了年底，回到了公司，他创造了全公司销售第一，获得了销售冠军的称号，非常高兴。按照公司销售提成比例的规定，他应该得到3万元。而庆祝会开完后，他却只拿到1万元的销售提成。他十分恼怒，准备找老板谈谈，大干一场，然后拍桌子走人。就在这时，老板约他去吃年饭。当他匆匆忙忙赶到酒店时，愣住了，在酒店的包间里，除他一年没见的父母亲和他的妻儿，没有旁人。老板笑呵呵地说道：“来来来，辛苦辛苦，好好吃一顿团圆饭吧。”然后，老板对他的父母亲说道：“感谢两位老人，为公司培养出这么优秀的人才，我代表公司向二老表示深深的敬意！送1万块给你们过个好年吧。”又对他的妻子和孩子说道：“对不起你们，公司对你们关心不够，这1万块是给你们的，是要奖励你们，因为你们有一个好丈夫和一个伟大的父亲，就是陪你们的时间太少了！”这时，这位业务员再也忍不住了，激动地说道：“老板！你放心，明年我一定还是最优秀的！”

这是人性的管理、人心的沟通的更深层次的运用，这位老板不但运用了现代生活中讲诚信的品质，而且巧妙地将管理艺术发挥得淋漓尽致。

问题

1. 你认同销售公司经理的这种做法吗？
2. 假如你是那个业务员，你会怎么想，怎么做？

重点名词

压力　客户型推销组织　内部招聘　应收账款

测试题

1. 根据过程管理理论，过程管理主要包括走动管理和________两种方式。

（1）区域管理　（2）现场管理　（3）看板管理　（4）流程管理

2. 目前主要的推销组织模式有：地域型、产品型、________、职能型、客户型等。

（1）稳健型　（2）市场型　（3）需求型　（4）风险型

3. 每一个公司都有一些对公司的________、利润贡献或品牌贡献很大的客户，我们称为大客户或重要客户。

（1）产品开发　（2）销量贡献　（3）广告支持　（4）创新贡献

4. 销售人员薪酬设计的“三公”原则主要指公平、公正、________，不厚此薄彼。

（1）公共　（2）公开　（3）公民　（4）公选

5. “不患贫而患不均”可以用管理学的________加以解释。

（1）期望理论　（2）公平理论　（3）需要理论　（4）胡萝卜加大棒理论

思考题

1. 时间管理对于推销员的业绩提升有什么意义？
2. 压力管理对于推销员的成长有什么价值？
3. 假如你是销售经理，你打算怎样制定销售队伍的激励政策？

参考文献

[1] 陈守则．现代推销学教程．2版．北京：机械工业出版社，2018.

[2] 陈守友．每天一堂销售课．北京：人民邮电出版社，2009.

[3] 崔利群，苏巧娜．推销实务．2版．北京：高等教育出版社，2009.

[4] 郭奉元，黄金火．现代推销技术．3版．北京：高等教育出版社，2014.

[5] 郭国庆．服务营销管理．4版．北京：中国人民大学出版社，2017.

[6] 李文国，夏冬．现代推销技术．2版．北京：清华大学出版社，2015.

[7] 谢和书，陈君．推销实务与技巧．2版．北京：中国人民大学出版社，2013.

[8] 岳贤平．推销：案例、技能与训练．北京：中国人民大学出版社，2018.

[9] 钟立群，李彦琴．现代推销技术．3版．北京：电子工业出版社，2013.

[10] 张启杰．销售管理实务．3版．北京：中国电力出版社，2013.

[11] 郑锐洪．营销渠道管理．2版．北京：机械工业出版社，2016.

[12] 郑锐洪．服务营销：理论、方法与案例．2版．北京：机械工业出版社，2019.

[13] 郑锐洪，刘建准．现代企业管理．2版．大连：大连理工大学出版社，2018.

[14] 曼宁，里斯，阿亨．现代销售学：创造顾客价值：第11版．北京：机械工业出版社，2011.

[15] 曼宁，里斯，阿亨．当代推销学：创造顾客价值：第11版．北京：电子工业出版社，2010.

[16] 菲茨西蒙斯，等．服务管理：运作、战略与信息技术：第7版．北京：机械工业出版社，2013.

[17] 泽丝曼尔，比特纳，格兰姆勒．服务营销：第7版．北京：机械工业出版社，2018.

[18] 沃茨，洛夫洛克．服务营销：第8版．北京：中国人民大学出版社，2018.

图书在版编目（CIP）数据

推销原理与实务/郑锐洪，李玉峰编著. --2版. --北京：中国人民大学出版社，2020.5
“十三五”普通高等教育应用型规划教材·市场营销
ISBN 978-7-300-27899-5

Ⅰ.①推… Ⅱ.①郑… ②李… Ⅲ.①推销－高等学校－教材 Ⅳ.①F713.3

中国版本图书馆CIP数据核字（2020）第024754号

“十三五”普通高等教育应用型规划教材·市场营销
推销原理与实务（第2版）
郑锐洪　李玉峰　编著
Tuixiao Yuanli yu Shiwu

出版发行	中国人民大学出版社		
社　址	北京中关村大街31号	邮政编码	100080
电　话	010－62511242（总编室）		010－62511770（质管部）
	010－82501766（邮购部）		010－62514148（门市部）
	010－62515195（发行公司）		010－62515275（盗版举报）
网　址	http：//www.crup.com.cn		
经　销	新华书店		
印　刷	北京市鑫霸印务有限公司	版　次	2016年6月第1版
规　格	185 mm×260 mm　16开本		2020年5月第2版
印　张	17.5插页1	印　次	2022年7月第3次印刷
字　数	376 000	定　价	42.00元

教师教学服务说明

中国人民大学出版社管理分社以出版经典、高品质的工商管理、统计、市场营销、人力资源管理、运营管理、物流管理、旅游管理等领域的各层次教材为宗旨。

为了更好地为一线教师服务，近年来管理分社着力建设了一批数字化、立体化的网络教学资源。教师可以通过以下方式获得免费下载教学资源的权限：

在中国人民大学出版社网站 www. crup. com. cn 进行注册，注册后进入“会员中心”，在左侧点击“我的教师认证”，填写相关信息，提交后等待审核。我们将在一个工作日内为您开通相关资源的下载权限。

如您急需教学资源或需要其他帮助，请在工作时间与我们联络：

中国人民大学出版社　管理分社

联系电话：010－82501048，62515782，62515735

电子邮箱：glcbfs@crup. com. cn

通讯地址：北京市海淀区中关村大街甲 59 号文化大厦 1501 室（100872）